MARISSA LANDRIGAN

Fleischessen für Vegetarier

MARISSA LANDRIGAN

Fleischessen für Vegetarier

Meine Suche nach einer ethischen und nachhaltigen Ernährung

Aus dem Amerikanischen von
Karoline Zawistowska

SALZBURG – MÜNCHEN

FSC
www.fsc.org
MIX
Papier aus ver-
antwortungsvollen
Quellen
FSC® C014138

1. Auflage
© 2018 Benevento Verlag bei Benevento Publishing,
eine Marke der Red Bull Media House GmbH,
Wals bei Salzburg

Medieninhaber, Verleger und Herausgeber:
Red Bull Media House GmbH
Oberst-Lepperdinger-Straße 11–15
5071 Wals bei Salzburg, Österreich

Satz: MEDIA DESIGN: RIZNER.AT
Umschlaggestaltung: b3K design, Andrea Schneider, diceindustries
Umschlagabbildung: © diceindustries
Printed in Czech Republic

ISBN 978-3-7109-0033-4

Inhalt

****

Kapitel Eins

****

Presskopf

Ich stand in kniehohen Gummistiefeln da und sah zu, wie Blut in schimmernden Pfützen zusammenlief und sich langsam auf die Abflüsse in der Mitte des schrägen Betonbodens zubewegte. Mein langes Haar war unter eine Plastikhaube gestopft, die mir bis über die Ohren ging und bis knapp über die Augenbrauen hinuntergezogen war. Ich sagte nicht viel, denn es war laut: das Dröhnen und Surren der elektrischen Säge, die durch Fleisch schnitt; das metallische Ruckeln eines Kettenzugs, der tausend Pfund schwere Körper zu den Balken hinaufzog; das widerhallende Stanzgeräusch des Bolzenschussgeräts und direkt darauf ein schweres Zusammensacken. Ich sah nur zu, wie die sechs Mitarbeiter von Black Earth Meats in Black Earth, Wisconsin, an einem Mittwochmorgen dem normalen Schlachtbetrieb nachgingen. Und ich starrte auf den gehäuteten Kopf eines Ochsen.

Der Unterkiefer war entfernt, die dicke Zunge herausgeschnitten und zum späteren Verpacken auf einen metallenen Rollwagen geworfen worden. Der Kopf war vollständig gehäutet. Nicht abgebrüht – die Augen und Muskeln waren noch intakt – aber die Haut war sorgfältig nach hinten abgezogen worden, und darunter kam das Gewirr aus Sehnen und Bändern zum Vorschein, das direkt unter der Oberfläche lag. Der Kopf hing keine zwei Meter von mir entfernt auf einem Haken, dessen scharfe Enden sich durch das bohrten, was zuvor der Gaumen des Ochsen gewesen war. Da hing der Kopf, mit aufgerissenem, halben Kiefer, und Metallspitzen, die wie Reißzähne unter der Zahnreihe hervorragten. Ohne schützende Lider wölbten sich die Augen hervor, starrten mich an, mit rasendem, verängstigtem und verwirrtem Blick.

Ich war von diesem Kopf völlig fasziniert. Ich konnte meinen Blick nicht von ihm wenden, von den wilden, verdrehten Augen, den roten Muskelsträngen, die sich wie eine Mullbinde übereinander wanden und um den weißen Schädel legten. Ich fand es wunderschön, das Innere eines Körpers so entblößt zu sehen und den Geheimnissen meiner Nahrung bis unter die Haut nachzugehen. Doch während ich so intensiv zusah, zuckte die tote Wange des Ochsen.

Ich fuhr zusammen und zitterte ein wenig in meinen geliehenen Gummistiefeln, und ich sah, wie ein Wangenmuskel des Ochsen immer und immer wieder zuckte, in unfreiwilligen Krämpfen, die den ganzen Kopf schüttelten. Ein Synapsenbeben. Ich erlangte die Fassung rasch wieder. Ich hatte genug über das Thema gelesen, um zu wissen, dass dies keinesfalls bedeutete, dass der Ochse noch lebte. *Er hat keine Haut mehr*, sagte ich mir, *und der Kopf ist vollständig abgetrennt.* Manchmal kommt es nach dem Tod zu reflexartigen Muskelkrämpfen. Das hat nichts zu bedeuten.

All das war mir bewusst, und deshalb sah ich wie gebannt zu, wie die freigelegten Muskeln des Ochsenschädels zuckten und tanzten, und seine wilden Augen mich noch im Tode blind, aber unverwandt ansahen, während er immerwährend mit halbem Maul auf den Zinken eines Fleischerhakens kaute. Obwohl ich so fasziniert war, dass mir der Mund ein wenig offenstand, konnte ich später sagen, dass der gehäutete Kopf des Ochsen in mir keinerlei tiefe emotionale Reaktion auslöste. Ich war neugierig, aber nicht angewidert.

Ich sah zu, wie sich mir der Schlachtvorgang wie ein Kunststück darbot. Ich sah, wie ein schnurbärtiger Mann mit einem Elektromesser die Haut vom Körper des Ochsen löste, von den Hinterbeinen und Lenden, vom Bauch und vom Rücken. Schnell und fast geräuschlos löste er das Fleisch ab und hängte dann die Hinterbeine des Tieres in eine riesige Kettenzugvorrichtung, die ein ächzendes Quietschen von sich gab und den toten Ochsen mühsam hoch und höher zog. Zwei weitere Männer mit Schürzen befestigten eine Art überdimensionale Zange an jedem herunterhängenden Hautlappen. Der Kettenzug und die Zangen zerrten am Ochsen, zogen die Haut in beide Richtungen und schälten sie vom toten Tier. Weißes Bindegewebe hielt sich hartnäckig an der Innenseite der Haut. Der Schwanz wurde vom Gewicht der Haut beinahe bis auf den Boden gezogen, schnappte dann aber nach oben und schlug gegen den Bauch des toten Ochsen. Nach nur fünf Minuten baumelte das Tier enthäutet und auf links gedreht von der Decke.

Ich schaute weiter hin, um möglichst viel zu lernen. Ich sah, dass es eine Säge gab, die kraftvoll genug war, um einen ganzen Ochsen in der Mitte zu zerteilen, durch alle Knochen hindurch. In einem Wirbel aus Klingen, Knochen und Blut stürzte sich der Rest der Mannschaft auf die Tierleiche, um einen toten Ochsen in Einzelteile zu zerlegen: zwei lange Seitenteile zur Weiterverarbeitung beim Metzger, Hufe und Hörner zum Vermahlen, Leber und Herz und Zunge als Innereien, und den gehäuteten Kopf am Fleischerhaken, der später zu Presskopf gekocht wurde.

Was ich aber an diesem Tag lernte, weil ich stiller war, als ich es mir jemals hätte ausmalen können, was ich am längsten in Erinnerung behielt, war das Bild eines Ochsen, der vom Bolzenschussgerät hirntot gemacht wurde. Ich stellte fest, dass einen niemand ansah, und es deshalb völlig in Ordnung war, wenn man beim Schuss zusammenfuhr vom ohrenbetäubenden Lärm eines Stahlbolzens, der durch einen Schädel getrieben wurde. Ich spürte das Zusammensacken bis in die letzte Faser meines Körpers, den dumpfen Aufschlag auf dem Boden.

Während es in meinem Kiefer zuckte, weil ich meine Zähne so lange zusammengebissen hatte, lernte ich, dass ein Körper nicht einfach still dalag, sondern seinen eigenen Todestanz aufführte. Das Tier strampelte wild. Seine Beine, von feuernden Synapsen angetrieben, schlugen aus, als wäre noch Leben darin, als würde ein elektrischer Impuls durch ihre Muskeln getrieben, als versuchten sie aufzustehen.

Als ich an jenem Tag im Schlachthaus stand, spürte ich genau, dass ich etwas lernen sollte. Ich wusste, dass ich nicht eine Sekunde lang von diesem gehäuteten Ochsenkopf wegschauen konnte. Unter der Haut lag für mich ein Geheimnis verborgen. Noch wusste ich nicht, was es war – bis jetzt stellten sich mir nur Fragen. Eigentlich war es nur eine einzige Frage, die mich nicht losließ, während ich den seltsamen, tanzenden, gehäuteten Ochsenkopf ansah: *Wie zum Teufel bin ich hier gelandet?*

Was war passiert? Was wollte die kleine eigentümliche Frau an einem angenehm kühlen Maimorgen inmitten der grün gefleckten Hügel im Südosten Wisconsins mit Wegwerf-Duschhaube ausgerechnet hier; wieso stand sie in einer Blutpfütze und sah zu, wie eine Ladung Rinder getötet wurden?

Kapitel Zwei

****

Al dente

Als Kind kam es mir nie in den Sinn, dass man ein aufklappbares Holzgestell auch zum Wäschetrocknen benutzen könnte, denn bei uns zu Hause trockneten wir darauf Pasta. Wir waren ein italo-amerikanischer Haushalt; einer, in dem es zu Heiligabend Ravioli gab, wo unter der Woche alle zusammen zu Abend aßen, und die Kinder samstags bei der Weinherstellung halfen und knietief in Stampfbottichen im Garten der Urgroßeltern standen. Eine Art Haushalt, der, wie ich inzwischen weiß, für amerikanische Kleinstädte der achtziger Jahre nicht unbedingt typisch war.

Meine Ur-Ur-Großeltern waren mit dem Schiff aus Italien gekommen. Vier Generationen später hatten meine Eltern unser Heim um eine italienische Küche herum aufgebaut, obwohl nur meine Mutter Italienerin war und mein Vater Ire – eine traditionsreiche Enklave im ländlichen New Hampshire, in der sich alle paar Monate meine gesamte Familie zur Nudelherstellung traf. Obwohl wir versuchten, unsere Pasta möglichst authentisch herzustellen, waren wir letztlich nicht in Italien, sondern in Merrimack, einer Stadt ohne Fleischerei oder Bauernmarkt. Also fuhren wir in bester Kleinstadttradition mit unserem eckigen kastanienbraunen Chrysler-Minivan zum Supermarkt und kauften Großpackungen Mehl, Butter und Eier.

Obwohl Merrimack ein gewisses ländliches Flair hatte, war das eher dem Alter der Stadt zu verdanken als einer tatsächlich noch existierenden Landwirtschaft. Als wir dorthin zogen, war es einfach eine typisch amerikanische Kleinstadt, in der meine Mutter und ich die meisten Samstage auf kalten Tribünen saßen und meinen Schwestern beim Fußballtraining zusahen, das mein Vater, immer mit seinem Klemmbrett unterwegs, von der Seitenlinie aus leitete. Die größten Arbeitgeber in der Stadt waren Fidelity Investment, ein Finanzdienstleister; BAE Systems, ein Unternehmen für Verteidigung, Sicherheit und Luftfahrt; die Brookstone-Läden und die Anheuser-Busch-Brauerei, deren Budweiser-Clydesdale-Pferde jedes Jahr in unserer Parade zum 4. Juli mitmarschierten. Es war eine echt amerikanische Veranstaltung, bei der es immer nach süßem Fleisch roch – von weißhaarigen beleibten Männern gegrillt. Es gab Wunderkerzen und Kinder mit zerzausten Haaren und klebrigen Händen.

Unsere Stadt hatte bessere Tage gesehen, war aber nicht heruntergekommen. Sie war eine Mischung aus geschichtsträchtigen, aber ein wenig verwahrlosten Bauwerken und halbleeren Einkaufszentren. Im alten Dorfkern gab es einen Friedhof mit Gräbern, die bis ins achtzehnte Jahrhundert zurückgingen. Zu einem davon radelten wir im Sommer oft, um die Inschrift auf Wachspapier abzureiben. Es gab Schilder, die auf die Geburtsorte berühmter Persönlichkeiten hinwiesen, zum Beispiel Matthew Thornton, Sohn der Stadt und Mitunterzeichner der Unabhängigkeitserklärung, aber es gab auch schmuddelige Waschsalons, vernachlässigte Ramschläden und überfüllte Schulen.

Was das Essen betraf, bestellten wir selten etwas und gingen auch nicht oft zusammen aus, aber wenn wir es doch einmal taten, dann in ein Restaurant namens »The Common Man«, Ableger einer Kette aus New England, das ein ganzes Haus in Beschlag nahm, einschließlich einer Bar unter dem Dach und steinernen Kaminen. Ich weiß noch, dass wir auf dem Weg dorthin an einer baufälligen Bowlingbahn, einem kleinen mexikanischen Restaurant und drei schmierigen China-Imbissen vorbeikamen.

In meiner Erinnerung war dazwischen alles Wald, obwohl die meisten Kiefernhaine inzwischen nicht mehr stehen. Es gab sanfte Hügel und dichtes Laub, sodass ich stets den Eindruck hatte, etwas über mir zu haben. Wenn ich nach oben sah, war immer etwas im Weg. Obwohl die Stadt inzwischen kein Dorf mehr ist, und die Bevölkerung eher der Mittelschicht angehört, erinnern diese Hügel und Wälder, genau wie die historischen Stätten, an die Forstwirtschaft, die New Hampshires Industrie prägte. Die Geschichte von Merrimack ist die Geschichte von Holzfällerhemden und Ahornsirup, langen Wintern und harten Schlachten.

Meine eigene Geschichte begann in einem grauen, für New England typischen Haus an einer ruhigen Straßenecke, oder genauer gesagt in einer lauten, engen Küche mit Klebeboden, der wie rote Ziegel aussehen sollte. Dieser künstliche Ziegelboden, auf dem ständig eilig Füße durcheinanderliefen, war der belebte Marktplatz meiner kleinen familiären Zivilisation. Meist beobachtete ich das muntere Treiben von meinem Versteck unter einem dunkel lasierten Küchentischungetüm aus.

Der Raum war in der Mitte durch einen großen Tresen geteilt, der an einer Wand befestigt war. Dieser schwere hölzerne Arm trennte den Essbereich von einem Bereich, der an drei

Wänden mit dunklen Hängeschränken aus Holz, weißen Arbeitsoberflächen und altmodischen Küchengeräten vollgepackt war. Ich habe keine Ahnung, wie all unsere Töpfe und Pfannen auf so engem Raum Platz fanden. Und noch viel außergewöhnlicher war es, dass meine Mutter, mein Vater, meine Schwestern und Großeltern auch noch hineinpassten. Aber Nudelherstellung war Gruppenarbeit, die den ganzen Tag in Anspruch nahm, und dazu brauchte man alle Hände.

Schüchtern wie ich war, versteckte ich mich, wenn es zu laut wurde, unter dem riesigen Tisch, den meine Eltern zur Hochzeit bekommen hatten. In all unseren Häusern – unserem, dem meiner Großeltern und dem meiner Urgroßeltern – gab es einen Küchentisch, selbst wenn außerdem ein Esszimmer im Haus war, und obwohl wir nie alle Platz daran hatten. Und ich kroch darunter, versteckte mich inmitten von Bücherstapeln vor dem Lärm und Geklapper und beobachtete von der Tischdecke geschützt den hektischen Tanz. Durch meine dicken Brillengläser sah ich, wie sich diese Tage meiner Kindheit wie ein Ritual gestalteten – viele kleine Schritte, die sich zu einem großen, gut funktionierenden Gefüge vereinten.

In Vorbereitung der Nudelzeremonie klappte mein großer irischer Vater das Trockengestell in der Ecke auf. Er hatte den Körper eines Bären, starke Arme und Beine, die ich nicht einmal mit beiden Händen umfassen konnte, helle irische Haut, Sommersprossen und dieselben eisblauen Augen wie ich. Er war eine bedrohliche Erscheinung. Zumindest sahen das wohl einige meiner Jugendlieben so, denen er vielleicht ein wenig zu fest die Hände drückte. In unserer Küche war es seine Aufgabe, für Ordnung zu sorgen. Er war derjenige, der in jedem Urlaub einen Reiseführer dabeihatte, der Hausarbeitspläne aufstellte, die wöchentlich je nach Alter wechselten. Aber kochen konnte er nicht. Wenn wir also Pasta machten, war er als Erster dran und stellte alles bereit: Das Trockengestell in der

Ecke bei der Hintertür, die Nudelmaschine vorne auf der Arbeitsfläche, Nudelholz und Mehl gegenüber. Nur der Teig fehlte noch.

Wenn wir nicht aßen, saß ich neben meinem Vater am großen Küchentisch und machte Mathehausaufgaben. Ich mochte Bücher und Wörter, und ich mag sie auch heute noch. Ich liebte blumige Sprache. Mathe war ein ständiger Kampf, der einzige Tiefpunkt auf meinen sonst so guten Zeugnissen. Ich mochte die Mathematik und ich nahm die Schönheit von Geometrie und fiktiven Zahlen durchaus wahr, aber leider löste die Anerkennung solcher Schönheit allein keine Gleichungen. Mein Vater hatte Mathematik studiert und war besessen von Zahlen. Er hatte ein intuitives Verständnis für Angebot und Nachfrage und baute sich so eine Karriere in Vertrieb und Vermarktung von Internet-Technologien auf. Er half mir gern bei den Mathehausaufgaben und setzte alles daran, in seiner ältesten Tochter ein Verständnis für die Ordnung der Welt zu wecken, die er in den Zahlen erkannte. Wir verbrachten Stunden über meinen Mathebüchern und sein riesiger Zeigefinger navigierte mich über die Seiten: *Und wenn du jetzt beide Seiten der Gleichung durch (abc) teilst, kommst du auf x ...*

Deshalb war es seine Aufgabe, bei der Nudelherstellung für Ordnung zu sorgen, und wenn er das getan hatte, begannen meine Mutter und Nana, meine Großmutter, den zähen Spaghettiteig zu langen, flachen Streifen zu verarbeiten, breit wie eine Hand und einen halben Zentimeter dick. Meine Mutter beugte sich über die Arbeitsfläche und wischte sich die dicken Locken aus dem Gesicht, die sie nur mithilfe von schildpattfarbenen oder schwarzen Haarkämmen bändigen konnte. Braunäugig und mit olivfarbener Haut war sie das Urbild einer mediterranen Matriarchin. Ihre Schönheitspflege war, wie ihre Kochkünste, äußerst gewissenhaft. Das Schränkchen im Badezimmer war immer vollgestopft mit Cremes, Lotionen,

Pudern und Make-up. Sie lackiert sich noch immer jedes Wochenende die Nägel und trägt stets die gleichen Ringe an den gleichen Fingern: den Verlobungsring mit dem Diamanten, den goldenen Ehering den Traditionen folgend am linken und dazu einen dünnen Jadering am rechten Ringfinger.

Obwohl unsere Urgroßmutter uns die Nudelherstellung beibrachte, war meine Mutter stets der Mittelpunkt des Hauses. Sie hat einen Masterabschluss und eine lange, beeindruckende Karriere hinter sich, aber sie wird immer darauf bestehen, dass ihre Familie ihr größte Erfolg ist. Diese Haltung war einerseits wundervoll, auf der anderen Seite aber ein wenig überwältigend. Meine Schwestern und ich wurden des Öfteren Opfer einer überaus dramatischen und sehr katholischen mütterlichen Schuldzuweisung, wenn wir einmal samstags bei Freunden übernachten wollten: »Du willst nicht bei uns sein, bei deiner Familie?« Sie betonte die Worte »bei deiner Familie« mit einer Ernsthaftigkeit, als wollte sie damit andeuten, dass die Familie am nächsten Morgen vielleicht schon nicht mehr da sein könnte. Traditionen waren ihr sehr wichtig. An jedem Heiligabend, nach der Abendmesse, nach unseren Ravioli im Haus meiner Großeltern, nachdem sie die zwei Quiches, Himbeerkuchen und italienisches Schinkenomelett für den nächsten Morgen vorbereitet und die Kaffeemaschine gefüllt hatte – selbst, wenn all das bis Mitternacht gedauert hatte –, mussten wir alle zusammen den Zeichentrickfilm *Der Schneemann* sehen. Traditionen waren für meine Mutter ein Schlüssel zur Vergangenheit: an was wir uns erinnerten, welche Rituale wir pflegten und wer wir als Familie waren. *Weil wir das schon immer so gemacht haben.*

Meine Mutter konnte ebenso warmherzig wie Furcht einflößend sein. Meine Schulfreunde wussten, dass sie einen Anpfiff bekommen würden, wenn sie eine Regel brachen, aber wenn ein hungriger Junge vorbeikam, um mit mir an einem

Schulprojekt zu arbeiten oder im Garten Gitarre zu spielen, war meine Mutter immer mit einer »Kleinigkeit« wie kalten Hühnerkeulen oder selbst gemachter Pizza zur Stelle. Sie war eine Urgewalt. Als Lehrerin hatte sie eine trainierte Stimme, die durch alle Stockwerke schallte, wenn sie unsere Hilfe beim Möbelrücken einforderte oder mir und meinen Schwestern zu verstehen gab, dass sie unsere Streitereien hören konnte. Sie redete mit vollem Mund und unterbrach andere. Für sie gab es nur eine Geschwindigkeit, und die war Vollgas.

Ich vermute, wenn sie selbst eine Horde Achtklässler dazu bewegen konnte, bei Schulaufführungen auf Kommando zu singen und zu tanzen, dann machte ihr auch das Chaos in unserer überfüllten Küche nichts aus, das Klappern und der Lärm, der mich unter den Tisch verschwinden ließ. Sie war dort in ihrem Element, von ihrer Familie umgeben, alle übertönend, das Nudelholz in den Händen, die braunen Arme angespannt, wenn sie sich ans Teigrollen machte.

Während Mom und Nana den Teig rollten, rannten Meaghan und Caitlin, meine uritalienischen Schwestern mit dichtem braunen Haar und großen, tiefen Augen wie kleine Äffchen durch die Küche und taten so, als würden sie helfen. In Wirklichkeit warfen sie händeweise Mehl auf die Arbeitsplatten und sahen zu, wie es zerstob. Meine Schwestern waren beide von dunklem Teint, trugen Brillen, hatten lockige Haare und sie verhielten sich wie Zwillinge. Wenn wir alte Fotoalben ansahen und in der Mitte der Achtziger landeten, musste sogar meine Mutter genauer aufs Datum schauen, um festzustellen, welche ihrer jüngeren Töchter sie da gerade sah. Beide waren sie nach meiner Mutter geraten, sowohl was das Aussehen als auch das Temperament betraf. Ich war ganz anders.

Obwohl ich die Älteste bin, haben wir alle drei den gleichen Altersabstand von ziemlich genau zwanzig Monaten, also kann das keine Erklärung dafür sein, warum die beiden sich so ähnlich sind, und ich so anders bin. Meaghan und Caitlin waren körperlich stark und fröhlich, ganz im Gegensatz zu meiner schwächlichen Konstitution und meiner Faszination für düstere Themen. Sie hatten beide nie viel mit Lernen am Hut und liebten scharfes Essen, Salsatanz und Geschrei. Sie hatten immer eine ganz besondere Beziehung, erfanden Tanzchoreografien, gingen zusammen zum Fußball und hatten Spitznamen füreinander. Wenn wir mit dem Nudelteig anfingen, hatten meine Schwestern nie genug Geduld, um lange genug stillzustehen oder zu helfen. Sie fingen lieber an, abwechselnd im Türrahmen hochzuklettern. Mit dem Rücken an einer Seite des Rahmens und ihren nackten Affenfüßen an der anderen schoben sie ihre kleinen Körper immer weiter nach oben. Was mich betraf, so wartete ich ab. Ich hatte nur eine Aufgabe, und die kam später.

Gampi, mein Großvater, war für das Bedienen der Nudelmaschine zuständig, einer sperrigen Metallvorrichtung mit beweglichen Platten und gefräßigen Zähnen. Die Kante der Arbeitsplatte war vom häufigen Anbringen der Schraubzwinge der Maschine schon ganz abgenutzt. Wenn Mom und Nana den Teig flach genug ausgerollt hatten, war Gampi bereit. Die zwei Frauen trugen den Teig vorsichtig zusammen zu ihrem Vater und Ehemann, mit übereinander gekreuzten Händen unter der durchhängenden Teigmitte. Dann hielten sie ihn senkrecht und führten ein wackelndes Ende in die wartenden Metallrollen der Nudelmaschine ein. Gampi fing an, die Kurbel zu drehen – denn hier ging nichts automatisch – und der Teig wurde in die Maschine gezogen. Sie zogen den bemehlten Teig drei- oder viermal durch die Maschine, bis er papierdünn wurde, so dünn, wie es menschliche Hände oder dicke Nudelhölzer nie hätten schaffen können. Der Teig wurde immer länger, und seine überflüssige Dicke verteilte sich in die Länge, bis Mom mich zu sich rief, damit sie den meterlangen kühlen Teiglappen über meine blassen sommersprossigen Arme legen konnte.

Gampi nahm die Maschine auseinander und klappte sie aus, bis die Schneidwalze zum Vorschein kam und über die Arbeitsfläche hinausragte. Jetzt kam die wichtigste Phase, in der alles langsam gehen musste und alle aufpassen und zusammenarbeiten mussten. Ich musste den Teig genau im richtigen Tempo zurück in die Maschine führen. Zu schnell, und die Pasta staute sich. Dann musste der ganze Ausrollvorgang wiederholt werden. Zu langsam, und der Teig riss nach kurzem Zerren mit einem Geräusch wie platzende Kaugummiblasen. Mom und Nana führten den Teig nach oben und genau im richtigen Winkel hinein in die Maschine, und dabei passten sie auf, dass er nie die Ecken und Kanten berührte, an denen er reißen konnte. Dann drehte Gampi die Kurbel schnell, schneller, als man es für möglich gehalten hätte, kurbelte energisch, bis wie von Geisterhand unten aus der Maschine tanzende Bündel von Spaghetti wie frisch geschnittenes Getreide meinem Vater in die wartenden Hände wuchsen.

Dad nahm die Nudeln wie Garn zwischen seine ausgebreiteten Hände, damit sie nicht aneinanderklebten. Er entfernte sich gebeugt ganz langsam von der Maschine, bis der Teig beinahe durchgekurbelt war. Dann kam meine Mutter, um das hintere Ende zu fassen zu bekommen, und ich saß schon wieder unter dem Tisch und sah zu, wie meine Eltern die langen Nudelstreifen gemeinsam zum Trockengestell brachten. Meaghan und Caitlin sprangen auf und taten so, als würden sie tragen helfen, ihre kleinen Hände zu dem durchhängenden Nudelteppich hochgestreckt, ohne ihn zu berühren. Meine Eltern scheuchten sie nie weg. Wenn die Pasta endlich sicher auf dem Gestell hing, atmeten wir alle erleichtert auf. Eine Ladung war geschafft.

Während all dieser Arbeitsschritte entwickelte sich eine Art Tanz, in dem wir alle umeinander wirbelten, mit den Rücken an der Wand schabten, um nicht aneinanderzustoßen, uns von einem Ort zum anderen schoben mit Stückwerk in der Hand, den Einzelteilen, die irgendwann eine Mahlzeit werden sollten. Wenn wir gemeinsam kochten, verschmolzen das Irische meines Vaters und meine Sommersprossen mit dem Italienischen der anderen, über Grenzen, Heimatländer und Jahrhunderte hinweg; eine Familie auf der Suche nach der perfekten Pasta. Eine zu volle Küche gab es nicht.

Später, wenn unser Werk in dampfenden kupfernen Töpfen kochte, und die Pasta im kochenden Wasser tanzte, zeigte Gampi seinen Enkelinnen, wie man sehen kann, wann die Pasta perfekt al dente gekocht ist. Er tauchte einen gezackten Holzlöffel in den Topf und nahm ein paar Nudeln heraus. Er hielt sie kurz in seinen schwieligen Händen und ließ sie über der Spüle abtropfen, bevor er sie an die Wand warf. Nana schimpfte, aber Gampi wusste, dass seine Tochter ihn niemals davon abhalten würde. Ich sah meine Mutter in der Ecke stehen und glücklich in sich hineinlächeln, und ich wusste, dass sie die gleichen Erinnerungen an die Lehrstunden ihrer eigenen Kindheit hatte. Wenn die Nudeln an der glatten weißen Wand kleben blieben und nicht mehr als einen Zentimeter nach unten rutschten, waren sie essfertig.

An der Küchenwand, über dem großen Tisch, hing ein gerahmter Druck von Norman Rockwells Gemälde *Freiheit von Not*, auf dem eine ältere Matriarchin einen riesigen Truthahnbraten auf einen reich gedeckten Tisch stellt, an dem viele Leute in freudiger Erwartung sitzen. Immer, wenn wir zusammen aßen, sah ich dieses Bild, und es passte genau: das Gewirr von Ellenbogen, die Rufe nach der Schüssel mit dem Kartoffelbrei oder der Soße, die ein wenig veraltete Förmlichkeit der tapezierten Wände und kristallenen Servierschüsseln. Für meine Familie waren Mahlzeiten laute, feierliche Angelegenheiten. Essen war Tradition. Essen war Zusammensein. Essen war Familie.

Ich verinnerlichte diese Küchenlektionen, sie blieben in meiner Erinnerung, auch als ich aufwuchs und wegzog, die gemeinsamen Essen verpasste und später auf die Fleischklößchen verzichtete. Ich hatte gelernt, dass man nach harter gemeinsamer Arbeit mit reichem Essen belohnt wurde. Jetzt, Jahre später, verblassen die bekannten Gesichter ein wenig in meiner Erinnerung, und ich sehe stattdessen eher Muster, die Choreografie, das ganze Ritual vor mir. Ich hatte gelernt, dass wir über das Kochen miteinander kommunizierten, und uns mit all dem Gewirbel umeinander eigentlich nur dies sagen wollten: *Pass auf dich auf, ich bin da und ich liebe dich.*

Als ich ungefähr fünf war, waren wir zu einer großen Feier im Haus meiner Urgroßeltern in Dedham, Massachusetts, eingeladen. Das war die Kleinstadt, die sich meine Ururgroßeltern, Nona und Papa, ausgesucht hatten, nachdem sie mit dem Schiff aus Italien gekommen waren, die Stadt, in der mein Großvater und meine Mutter aufgewachsen waren, knapp zwanzig Kilometer von Boston entfernt. Als Kind war ich oft dort, und dieses Mal fand irgendeine Familienfeier statt, obwohl ich viele entfernte Verwandte meiner Mutter nicht gut kannte. Irgendwer – vermutlich mein Großvater – hatte eine lange Schlange Faxpapier wie ein Banner an das Haus gehängt: Es war ein Stammbaum. In der Mitte verlief eine Linie gerade nach unten, und von ihr gingen Namen ab, die ordentlich mit dunkelgrünem, blauem oder rotem Filzstift geschrieben waren. Manche dieser langen, klangvollen Namen konnte ich kaum aussprechen, mit ihren abrupten Stopps, langen Vokalen und stark betonten zweiten Silben: Corsini, Squillante,

Berlusconi, Salvaimo. Die Vornamen wanden sich wie Weinreben um diese spröden Büsche: Margherita, Paulina, Oresti, Antoni. Und ganz unten rechts am Haus, in der Gegenwart, Marissa.

Ich brauchte eine Pause von all dem Lärm und ich weiß noch, wie ich in meinem rosa Blümchenkleid ans Haus gedrückt dastand und immer wieder von den fremden Gestalten auf dem sommerlichen Rasen zu der Liste von Namen am Haus hin- und hersah und versuchte zu verstehen, wie sie dort alle hingehörten und wie sie mit mir verwandt waren.

Ich war aus den Fängen der vielen Tanten entwichen, allesamt große, schwerfällige Frauen, die genau wie Nona aussahen, ein wenig gebeugt und mit verschiedensten Geschwüren, mit großen Lappen von Fett an den Oberarmen, die hin- und herschwangen, wenn sie auf mich zukamen. Die Tanten trugen immer Strumpfhosen, auch mitten im Juli in New England, aber ihre Schuhe zogen sie stets bereitwillig aus. Ihre braunen zähen Finger, knorrig wie die Rinde an Papas Apfelbäumen, verfingen sich in meinem dichten blonden Haar und schlangen sich um meine Handgelenke, wo die Tatsache, dass man so viel von meinen Knochen sehen konnte, Erstaunen hervorrief. Obwohl ich schon gegessen hatte, wurde ich noch dreimal zum Buffet geschleppt, zu fetten Fleischklopsen und winzigen Tortellini mit Hühnchen und Schweinefleisch, wobei die Tanten unterwegs anhielten, von ihren roten Kleidern wie Zelte umweht, um den Onkeln zu zeigen, wie schlecht meine Mutter mich ernährte.

Mit Tomatensoßenflecken auf dem cremefarbenen Kragen meines Kleides zog ich mich hinter das Haus zurück. Der Rasen erstreckte sich bis zum Nachbarhaus, ohne Zaun, und lediglich durch Papas Tomatenpflanzen, Weinreben und Apfelbäume getrennt. Die Nachbarhäuser gehörten Cousins, Kindern und alten Freunden, mit denen man Weltreisen,

Samstage im Friseursalon, Geburten und Erziehung, Trauben-
stampfen, Gärtnern und ausgeleierte Kniestrümpfe gemeinsam durchlebt hatte. Ich war jung und blass und blond, und
ich unterschied mich durch mehrere Generationen und mein
amerikanisches Kleinstadtleben von ihren stämmigen Körpern und starken Akzenten. Meine Mutter und meine Schwestern passten hier genau hin, ihr Aussehen ähnelte dem der
Frauen der zweiten und dritten Generation, die sich im Garten versammelt hatten, und ihre Gemüter taten es auch. Meaghan und Caitlin tanzten vergnügt vor den Augen der ent-
fernten Verwandten herum, doch ich zog mich zurück.

Meine Eltern haben Videoaufnahmen von jenem Tag, ungefähr eine Stunde verschiedener Kameraschwenks. Ich weiß
nicht mehr, wer es gefilmt oder kommentiert hat – wahrscheinlich Paul, der Bruder meiner Mutter und der Künstler
der Familie. Aber ich weiß noch, dass wir uns das Video Jahre
später zusammen angesehen und uns darüber amüsiert haben, wie jung wir gewesen waren und wie wir uns verändert
hatten. Da ich mich fast den ganzen Tag vor den lauten, for-
schen Stimmen meiner Verwandtschaft versteckt hatte, war
ich nur einmal kurz zu sehen. Der Kameramann unterhielt
sich mit Papa, der mit dem Banjo auf dem Schoß im Garten
auf dem Liegestuhl saß. Plötzlich kam ich im rechten Bildaus-
schnitt zum Vorschein, mit Haarspray gestärkten Ponyfransen
über großen Brillengläsern. Ich sah zutiefst beunruhigt aus,
meine Augen waren aufgerissen und mein Mund zusammen-
gekniffen. Ich sah Papa kurz an, öffnete den Mund, um etwas
zu sagen, doch dann riss ich den Kopf hoch und sah mich hektisch um, wie ein erschrecktes Huhn, und verschwand wieder
aus dem Bild.

Niemand, der mich trifft und mein kastanienbraunes Haar
sieht, meine blütenweiße Haut, eisblauen Augen und wild

wuchernden Sommersprossen, kann glauben, dass ich italienisches Blut in mir habe. Als ich sechs war und mit meiner Mutter in der Lobby des Tanzstudios wartete, in dem meine Schwestern Tap-Jazz lernten, hörte ich zum ersten Mal den Witz, der meine Kindheit prägen sollte. Mom stellte mich einer anderen Mutter vor, die sich verwundert darüber zeigte, wie wenig wir uns ähnelten. Meine Mutter lächelte, legte mir den Arm um die Schultern, die gerade einmal bis zu ihrer Hüfte reichten, und sagte »Ja, das ist Marissa – unser Kuckuckei.« Obwohl mich das damals ziemlich verwirrte – von einem Kuckuck hatte mir bis dahin niemand erzählt –, verstand ich recht schnell, dass ich einfach nicht zu all jenen Frauen passte, die so eindeutig dem Klischee einer italienischen Frau entsprachen.

Italienische Frauen kochen. So ist das einfach.

In meiner frühesten Küchenerinnerung schaue ich unter dem kleinen runden Eichentisch in Nonas Küche in Dedham hervor. Nonas Küche war noch kleiner als unsere, aber sie war immer voll – die Frauen aus unserer Familie waren ständig dort, genauso wie italienische Freundinnen und Nachbarsfrauen. Es lag ein Dunst von kochendem Wasser und alterndem Käse in der Luft, und der scharfe Duft von Knoblauch und Tomaten verfing sich in ihren zerzausten Haaren. Diese Frauen klangen immer, als würden sie schreien – meist auf Englisch mit italienischen Wörtern, wenn sie eine Zutat beschrieben –, aber es war einfach ihre normale Lautstärke. Sie tauchten ihre dicken Hände tief in Schüsseln voller Hackfleisch. Mehlspritzer klebten an verschwitzten braunen Unterarmen und in kräftigen schwarzen Augenbrauen. Eine Einheit. Ein Rudel. *Denn so haben wir es schon immer gemacht.*

Nona, hinkend und weißhaarig, konnte kaum mehr die Treppen hinaufgehen, aber einen ganzen Raum mit dem Klang von Schöpfkelle auf Kochtopf zum Schweigen bringen. Meine

Mutter arbeitete Vollzeit, zog drei Kinder auf, die innerhalb von drei Jahren geboren worden waren, holte abends ihren Masterabschluss nach und kochte jeden Tag eine warme Mahlzeit. Wir hätten es nie gewagt, nicht still zu sitzen und mit gesenkten Köpfen das Tischgebet zu sprechen. Niemand durfte dem Familienessen fernbleiben. Das war die Kraft des Essens. Und wenn nicht gerade gemeinsam unter freiem Himmel mit den Nachbarn gekocht wurde, waren es immer Frauen, die das Essen zubereiteten.

Aber nicht ich. Mehr noch als meine scheue, belesene Art, mehr als meine schmalen Hüften, waren es meine fehlenden Kochkünste, die mich von den lauten, lebhaften, starken Frauen in meiner Familie unterschieden. Ich war eine furchtbare Köchin. Ich war in Gedanken immer überall auf einmal, und diese waren zu chaotisch und stürmisch, um sich auf eine Sache zu konzentrieren, ob das nun Geradeauslaufen oder das Kochen nach Rezept war. Ich lief gegen Türen und Wände, bekam oft meine eigenen fahrigen, ausdrucksvollen Hände ins Gesicht, ließ Dinge fallen und stolperte ständig über irgendetwas. Und in der Küche erreichte dieses Verhalten geradezu lebensgefährliche Ausmaße.

Ich war es, die mit einer frischen Portion Nudeln in den Händen über einen offenen Schnürsenkel stolperte und die ganze nasse Ladung auf den Boden fallen ließ. Als Teenager war ich einmal allein zu Hause und sollte mir mein Abendessen selbst aufwärmen, weil alle anderen Basketballtraining oder Elternabend hatten, und ich verbrachte den Abend damit, auf einem Küchenhocker zu stehen und weinend Kartoffelbrei von der Decke zu kratzen. Einmal lud mich eine Highschool-Freundin zu sich zum Mittagessen ein und bat mich, kurz auf die Würstchen in der Pfanne aufzupassen, während sie ins Bad ging. Sie kam zurück und sah, wie ich sehr besorgt auf die inzwischen verkohlten Würste starrte. Als Zehnjährige machte ich Plätzchenteig von einer solchen gummiähnlichen Konsistenz, dass er meiner sechsjährigen Schwester, die davon kostete, einen Milchzahn komplett aus dem Zahnfleisch zog. Sie lief weinend zu meiner Mutter und ließ mich schuldbewusst mit einem blutverschmierten Keksrohling in der Hand stehen.

Ich kann mich nicht erinnern, dass mich meine Mutter aufgrund eines solchen demütigenden Fehlverhaltens einmal wütend der Küche verwiesen hätte. Ich weiß nur, dass man mich nie zum Kochen einlud und ich das auch nie wollte. Ich blieb lieber draußen, oder unter dem Tisch, sah zu und realisierte, dass ich irgendwie anders war. Essen war das Grundgerüst unserer Familie, unsere Ausdrucksweise, das starke Fundament, auf dem all unsere Beziehungen aufbauten. Aber ich war keine italienische Göttin in der Küche, also musste ich etwas anderes sein.

Als ich jung war, war ich der Meinung, dass die Unterschiede zwischen meiner Mutter, meinen Schwestern und mir auf die Körperform zurückzuführen waren. Meine Schwestern waren beide schnell größer als ich, und beide hatten sie schon als Teenager runde, volle Körper, *weibliche* Körper, die man als kurvig, üppig oder weich bezeichnen konnte. Ich ging immer davon aus, dass ihre größere Ausgelassenheit und Extrovertiertheit Teil des Selbstbewusstseins war, das mit einem solchen Frauenkörper einherging. Sie wussten etwas darüber, eine Frau zu sein, etwas, das sie Gefallen daran finden ließ, sich Locken zu drehen und Make-up zu tragen. Etwas, das mir fehlte. Meine Unfähigkeit zu kochen sah ich schnell als Teil meines generellen Missfallens an allen Dingen an, die ich für zu mädchenhaft hielt.

Alle paar Monate gingen meine Mutter und Schwestern ihren Gelüsten nach scharfem Essen nach und veranstalteten einen Weiberabend. Sie zogen sich schick an, nutzten die Gelegenheit, ihre Lockenstäbe hervorzuholen, hochhackige Schuhe anzuziehen, Eyeliner aufzutragen, und gingen in die Stadt, um etwas internationaleren kulinarischen Genüssen zu frönen und danach eine Liebeskomödie im Kino zu sehen.

Ich blieb zu Hause bei meinem Vater und war froh, einer Veranstaltung fernbleiben zu dürfen, die ich entschieden zu weibisch fand. Wir bestellten Pizza, um keinerlei unnötige Zeit in der Küche zu verbringen, und ich saß auf dem flieder-farbenen Teppich im Wohnzimmer, aß von einem Pappteller und durfte meinem Vater dabei zusehen, wie er auf ESPN Sport schaute. Zwischen der geblümten Sitzgruppe und den hellblauen Wänden, an denen Collagen aus Familienfotos und gerahmte Kunstwerke von uns Mädchen hingen, machte ich meine ersten vorsichtigen Schritte auf dem Weg zur Rebellion gegen eine Kultur der Weiblichkeit. Eine Kultur, die sich für meinen Geschmack zu sehr um Dinge wie das richtige Auftra-gen von Lipgloss oder knapp vermiedene Verbrennungen durch diverse heizbare Friseurartikel drehte und zu abenteu-erliche Vorstellungen von Essen hatte.

Obwohl mein Vater und Großvater bei unseren Koch-großprojekten mitwirkten, war die Rollenverteilung in unse-rer Familie im Wesentlichen traditionell – Frauen kümmerten sich ums Essen, während die Väter Geld verdienen gingen. Aber für mich war das Entscheidende, dass mein Vater und ich den gleichen Geschmack hatten, wenn es ums Essen ging. Wir aßen Spaghetti mit Fleischbällchen, hielten uns aber von schärferen Dingen wie gewissen Würstchen oder weniger amerikanisierten Gerichten wie Tiramisu oder Cannoli fern.

Mein Vater saß auf dem Sofa, dem Fernseher gegenüber, und ich saß im Schneidersitz auf dem Boden neben dem Bei-stelltisch. Er trank Bier direkt aus der Flasche, und wir sahen zu, wie die Celtics im Boston Garden die Basketballkörbe erzittern ließen. Bei jedem Treffer sprang er auf. Wir lachten über meine Versuche, es ihm nachzutun, hochzuspringen, auf einem Knie zu landen und mit geballter Siegerfaust »Yeah, baby« zu rufen.

Solche Abende mit meinem Vater waren für mich kleine Erfolge. Ich begann, eine innere Grenze zu ziehen, die ich bis heute nicht richtig erklären kann, denn genau genommen war sie ziemlich willkürlich. So wie ich es damals sah, hatte ich mehr mit ihm gemeinsam als meine Schwestern, obwohl sie es ja waren, die in den von ihm trainierten Mannschaften Basketball und Fußball spielten. Ich muss gespürt haben, dass ich von etwas ausgeschlossen war und meine Schwestern nur aus der Entfernung beobachten konnte, während sie lernten, mit Stäbchen zu essen oder Glätteisen zu benutzen. Wenn sie mysteriöse Kartons mit nach Hause brachten, durchweicht von dicken Joghurtsoßen, oder runde Aluminiumplatten mit gewellten Rändern, voller Seetangrollen und dünnen Ingwerstreifen, rümpfte ich nur die Nase. Ich beschloss, nicht auf *diese* Weise Frau sein zu wollen. Inzwischen weiß ich, dass all das vor allem mit meiner introvertierten Art zu tun hatte: Ich blieb lieber Zuhause, als auszugehen, und weil mein Vater genauso handelte, dachte ich, dass ich dadurch weniger mädchenhaft war. Damals war das meine Auffassung von Feminismus, von politischer Identität: Ich definierte mich über das, was ich nicht tat – ich hatte nichts mit Kosmetik am Hut und weigerte mich, gewisse Dinge zu essen.

Meine Eltern leben noch immer in jenem Haus und das seit mehr als zwanzig Jahren. In meiner Kindheit veränderte es sich ständig, und jeder Raum wurde damals mindestens einmal von Grund auf erneuert. Aber ich vergesse nie die Momente, die ich zurückgezogen und von den anderen getrennt verbrachte – unter dem Küchentisch, still inmitten eines lärmenden Familienessens, oder mit einem Stück Pizza auf dem

Wohnzimmerboden. Ich weiß noch, wie ich auf Büchern im Wohnzimmer Schlittschuh fuhr, unter jedem Fuß ein Buch mit Schutzumschlag, damit es besser über den fliederfarbenen Teppich rutschte.

Ich erinnere mich nicht an den Moment, in dem mir bewusst wurde, dass ich weit wegziehen würde.

In dem Jahr, in dem ich den Schulabschluss machte, flogen meine Eltern mit uns drei Wochen in den Urlaub nach Europa. An unserem letzten Morgen in London bot ich an, schnell die Straße runter zum Markt zu laufen und etwas zum Frühstück zu holen, damit meine Schwestern ausschlafen und duschen konnten. Ich weiß nicht mehr, was ich kaufte. Aber ich weiß noch genau, wie wundervoll ich es fand, allein durch die Stadt zu laufen, auch wenn es nur ein paar Straßenzüge waren. Obwohl ich schon oft in Boston gewesen war, das nur eine Stunde entfernt von uns lag, waren immer Freunde oder Familie dabei gewesen, und genauso war es immer gewesen, wenn ich unsere Kleinstadt verlassen hatte. Soweit ich mich erinnern konnte, war ich zum ersten Mal alleine in einer Großstadt, kurz vor meinem achtzehnten Geburtstag und meinem Studium. Mein Leben erschien mir voller Möglichkeiten. Ich konnte mir hier ein Leben, ein Erwachsensein vorstellen, wie ich es in Merrimack nie würde haben können.

Ich stellte mir vor, wie ich morgens in Trenchcoat und modischem Schal die U-Bahn zu meiner Arbeit nehmen würde, irgendetwas cleveres und kreatives wie Buchhändlerin oder Lektorin in einem kleinen Verlag. Ich würde alle Ladenbesitzer in der Gegend persönlich kennen und bei ihnen Wein und Käse für Picknicks im Park am Wochenende kaufen. Ich wäre eine Person, die immer frische Hortensien zu Hause stehen hätte. Obwohl es Ende Juni war, blies mir ein frischer Wind durch die neuerdings kurzen Haare, und ich war sicher, dass meine Zukunft in einer Großstadt beginnen würde.

Ich war ein ruhiges, unbeholfenes Mädchen, umgeben von frechen, selbstbewussten Frauen, die sich in High Heels genauso zurechtfanden wie in der Küche. Wer unsere Familie zum ersten Mal traf, nahm an, ich sei adoptiert. Anstatt mich ausgrenzen zu lassen und für immer als jungenhafter Tollpatsch dazustehen, schuf ich mir eine eigene Identität. Irgendwie vermischten sich für mich Essen und Häuslichkeit miteinander, und ohne es richtig zu begreifen, verband ich Kochen mit veralteten Rollenbilder. Mein Vater war mir vom Aussehen am ähnlichsten, also machte ich meine ersten ungeübten Schritte auf dem Weg zur Selbstverwirklichung auf ihn zu und wandte mich von unseren Küchenritualen und von der damit verbundenen Weiblichkeit ab. Essen wurde meine Rebellion.

Kapitel Drei

****

Triff dein Fleisch

Als ich achtzehn wurde, war ich bereit, das Nest zu verlassen, bereit für mehr als Merrimack. Obwohl ich meine gesamte Kindheit in New Hampshire verbracht hatte, wollte ich nie dort studieren. Ich wollte etwas Neues erleben und ich fand es am Ithaca College.

Ithaca ist ein lebendiger Ort, ein idyllischer Campus nahe den Finger Lakes im Staat New York, vier Stunden vom Trubel Manhattans entfernt. Die Universität ist auf einem Hügel gelegen, von dem man auf eine geschäftige Stadt voller brillanter Akademiker, versierter Jungunternehmer und Fans der Hippieszene blickt. In nur fünfzehn Minuten konnte ich einmal quer über den Campus laufen, an makellos grünen Kolleghöfen vorbei, in denen junge Männer Hacky Sack spielten und Dave-Matthews-Songs auf der Gitarre spielten. Das College war ursprünglich ein Konservatorium gewesen und genoss mittlerweile einen besonders guten Ruf für seinen Journalismus-Studiengang. Es wimmelte dort nur so von intelligenten und engagierten Leuten: Theaterwissenschaftler waren genauso vertreten wie Kommunikationswissenschaftler mit Wirtschaft oder Politik im Nebenfach.

Vor allem aber hatte es mir die Stadt angetan, die zu Füßen des Campus lag; die Fußgängerzone voller Thai-Restaurants, Sportkneipen und Headshops; das türkis-orange mexikanische Restaurant; Moosewood, ein kleines Lokal im Untergeschoss eines Einkaufszentrums, durch dessen Fenster gelbliches Licht auf die Straße fiel. Wenn ich dort entlangspazierte, vergaß ich den eiskalten Wind, der von den Finger Lakes herüberwehte. Hier gab es eine Energie, in der sich eine junge Frau entfalten konnte. Manchmal fuhr ich einfach ziellos durch die Stadt und genoss es, mich in den kurvigen Nebenstraßen zu verfahren und langsam zum nächsten Hügel zu finden, auf dem Collegetown gelegen war, das zur Cornell-Universität gehörte, oder zu einem steinernen Turm oder riesigen Wasserfall, den ich bis dahin nicht kannte. In Ithaca wurde man ständig aufs Neue überrascht: von einer Regenbogenflagge an einer Kirche zum Beispiel oder einem lila gestrichenen Haus.

Zu Beginn meines zweiten Jahres in Ithaca hatte ich nicht nur Gefallen daran gefunden, mich von meiner Familie distanziert zu haben, ich hatte die Distanz noch erweitert und war eifrig zur Radikalen bekehrt worden. Der erste Junge, in den ich verliebt war, hatte mich kürzlich verlassen, woraufhin ich mir die Haare kurz schneiden und ein Lippenpiercing verpassen ließ und ziemlich oft meine Vorlesungen schwänzte, um möglichst viel Zeit mit meinen besten Freundinnen Caity und Meghan zu verbringen. Diese beiden waren unglaublich faszinierend. Caity: Film- und Fotografie-Studentin, in einem Stadthaus in Yonkers aufgewachsen, mit porzellanweißer Haut und kräftiger griechischer Nase und kurzen, fast schwarzen Haaren, die sich glatt um ihr wunderschönes Gesicht schmiegten. Meghan: Soziologiestudentin mit einem Faible für mexikanische Kultur, die schnell sehr gut Spanisch lernte und es inzwischen fließend spricht, mit weichen, lockigen

Haaren und einem ständigen Lächeln im Gesicht, wenn sie tanzt. Beide brachten sie mir aufregende neue Musik nahe: den Punk-Pop von Saves the Day, das unnachgiebige Geknüppel von Converge und den flotten Salsa von Celia Cruz.

Ich war eine junge Aktivistin, die noch nicht genau wusste, was das eigentlich bedeutete, aber ich wusste, dass ich ein großes Herz hatte, das fast zerbrach unter der Last allen Elends auf der Welt, von dem ich langsam erfuhr. Ich wollte mit Waisenkindern in Kambodscha arbeiten, die aus der sexuellen Sklaverei befreit worden waren, und ich wollte aufrüttelnde Theaterstücke über die unfairen Arbeitsbedingungen bei Walmart schreiben. Ich meldete mich freiwillig zur Aufsicht, als der AIDS Memorial Quilt ausgestellt wurde. Ich ließ mich ins Studierendenparlament wählen und half bei der Ausarbeitung einer Resolution gegen den Irakkrieg, stellte Antikriegs-CDs für unsere Kundgebungen zusammen und nahm an Die-ins teil, bei denen sich alle Protestierenden tot stellten.

So war ich, als im ersten Semester meines zweiten Studienjahres Professor Bob in einem Seminar über die Rhetorik überzeugender Argumente den PETA-Film *Meet Your Meat* zeigte. Ich saß in einem Seminarraum und sah an der Wand vor mir, ein wenig unscharf und verpixelt, Bilder, wie ich sie noch nie gesehen hatte und wie ich sie mir nie hätte ausmalen können.

Riesige metallene Schüttrinnen spuckten ein weißes Gewirr in einen vergitterten Lieferwagen, wie Wäsche, wie Müll, den man aus dem Fenster wirft. Der Geräuschpegel war enorm, tausend Vögel piepsten, lagen in Schichten aufeinander, eine Metalltür schlug immer wieder zu, tausend Paare Flügel flatterten.

Ein gespanntes Förderband ließ langsam ein silbernes Becken rotieren, aus dem etwas Weißes hing, das leicht hin und her schaukelte. Auf den ersten Blick sah das alles aus wie in einer ganz gewöhnlichen Fabrik. Fließbandarbeit.

Doch dann ging mir auf, dass das Tierkörper waren. Die weiße Masse, die dort heraushing. Es waren Hühner, betäubt und bewusstlos; das waren meine gefrorenen, fertig verpackten Chicken Nuggets. Und der rotierende Metallarm, der im Vorüberschwingen jeden Körper ganz langsam und sacht berührte, schnitt ihnen in Wahrheit die Kehlen durch.

Ein tanzender Reigen toter, herabhängender Hühner mit ausgebreiteten Flügeln. Sie drehten sich unter der eigenen Last und der Schwerkraft, wie zehn Staubwedel, die man an den Griffen aufgehängt hatte. Über einem Zwei-Tonnen-Bottich voll violettem Blut wiegten sie sich im Leichenballett.

Ich sah die Bilder, doch ich nahm nur Ausschnitte wahr:

Eine körperlose Hand, vom Gelenk aufwärts gezeigt, griff nach einer sich wehrenden Henne und hob sie zu einer blauen Metallschranke, einer kleinen Guillotine. Eine winzige Klappe legte sich um ihren Schnabel, mit einer leichten Bewegung, wie ein langsames Kneifen. Es sah nicht schmerzhaft aus. Es sah nach gar nichts aus. Aber die Henne versteifte sich und kniff die schwarzen Knopfaugen zu, die Flügel flatterten wild, die nutzlosen gelben Krallen griffen ins Nichts. Als die Henne wiederauftauchte, war ihr ehemals weißer Schnabel rötlich und zerknickt; nur noch halb so groß wie einst hing er schlaff nach unten.

Eine zuckende Kuh, von einem Gabelstapler geschoben.

Der Schädel eines Ferkels, auf den Betonboden geschleudert.

Als der Film zu Ende war, macht Professor Bob das Licht an und bat uns, über die rhetorischen Strategien zu sprechen, die im Film gewirkt hatten. Ich blinzelte ins helle Licht, kaute auf meiner Unterlippe herum und hörte zu.

Professor Bob, mein Professor und neuer Mentor, war Veganer, ein dünner, lustiger Mann mit langem, schmalem Gesicht. Er erschien normalerweise in Kakihosen und karierten Flanellhemden zu den Vorlesungen und war immer ein wenig unrasiert, wie ein recht vorzeigbarer Holzhacker. Er hatte ein Jahr lang mit dem Friedenskorps in Kasachstan Gräben ausgehoben und war dann nach Hause zurückgekehrt, um zu heiraten. Seine Frau und er arbeiteten beide als Freiwillige im Tierheim, und – zusätzlich zu ihren Vollzeitjobs als Lehrbeauftragte – gaben sie im nahe gelegen Gefängnis Kurse für kreatives Schreiben. Er war ein Nerd und ein intelligenter noch dazu, jemand, der *Star-Wars*-Anspielungen zu Jonathan Swifts *Ein bescheidener Vorschlag* machte; seine Frau und er waren genau die Art von Erwachsenen, die ich an der Uni auch zu werden hoffte: weltgewandt und meinungsstark, voller Geschichten, und in der Lage, auf Cocktailpartys auch bei politischen Diskussionen mitzuhalten.

In seinem Seminar wurde mir etwas zum ersten Mal bewusst, und vielen meiner Kommilitonen ging es genauso. Als ich wieder ganz zu mir gekommen war und ihnen zuhörte, waren sie dabei, die Brutalität des Films zu verarbeiten, ihre Ernährungsweise zu rechtfertigen, die Bauernhöfe ihrer Eltern, ihre Vorliebe für Schweinespeck.

So ist es doch nicht überall.
Und:
Wir haben Milchkühe.
Und:
Empfinden die überhaupt Schmerz?
Und:
Egal, Steaks schmecken trotzdem.
Und:
Der Mensch braucht Proteine.
Und:
Also sollten wir alle Tiere einfach freilassen, oder wie?
Und:
Was ist mit der Jagd?

Und:

Was ist mit medizinischen Tests? Die sind wichtig.

Und:

Sollen wir jetzt etwa Vegetarier werden?

Seit ich an der Uni war, hatte ich versucht, meinen Horizont zu erweitern: Erst kürzlich hatte ich mein Nebenfach gewechselt und ging zu Soziologieseminaren wie *Sex und Gender in der dritten Welt* und Veranstaltungen über Medien und Politik. Ich war Mitglied der Jungen Demokratischen Sozialisten geworden, des Umweltvereins, der feministischen Organisation und widmete mich mit Feuereifer dem radikalen Idealismus.

Aber langsam wurde mir auf unangenehme Weise bewusst, dass ich noch nie weiter darüber nachgedacht hatte, dass auch mein Essen irgendwo herkommen musste. Essen gab es, soweit mich das betraf, im Lebensmittelgeschäft. Ich war an Gänge mit Neonbeleuchtung gewöhnt, an plastikverschweißtes Fleisch, an kilometerlange Regale mit zig verschiedenen Sorten Chips, an Käsescheiben, die eine Frau mit Haarnetz von einem riesigen Stück abschnitt.

Ich erinnerte mich an eine Februarwoche, als ich sieben oder acht war, die ich mit meiner Familie auf einem Bauernhof in Vermont verbracht hatte. Die beste Freundin meiner Mutter war dort aufgewachsen, und ihre Eltern, Red und Judy, betrieben den Hof noch immer. Dort stand ich jeden Tag früh auf, schlug die handgenähte Decke auf dem Doppelbett im Dachgeschoss zurück, schlüpfte mit kalten Füßen in ein Paar dicke braune Stiefel, und stapfte die Treppe hinab, zitternd und mit verkrampftem Gesicht, um mitzuhelfen.

Obwohl wir zu Hause einen großen Garten hatten, mit dichten Reihen dünner Kiefern, war ich ein Vorstadtkind. Bei uns im Viertel gab es eingezäunte Pools, Stromleitungen, eine Haltestelle für den Schulbus direkt vor unserer Tür und ein Schild mit der Aufschrift »Langsam Kinder« (ohne Komma).

Wir spielten oft draußen, bauten Baumhäuser und schleppten Kiefernnadeln ins Haus, und vielleicht hatte ich auch manchmal rotkarierte Flanellhemden getragen, aber ich war kein Mädchen vom Land. Meine Woche auf dem Bauernhof war Urlaub von der Stadt, an einem verzauberten Ort, wo ein Mädchen schwere Metalleimer voller Ahornsaft durch den Schnee in die warme Zuckerhütte tragen konnte, um Ahornsirup herzustellen, wo sie auf dem Weg zum Fluss ihre Hand auf die warme Flanke einer Kuh legen konnte.

An einem Morgen in jener Woche bat mich Judy, mit ihr Eier für das Frühstück zu holen. Wir liefen mit knirschenden Schritten über das kurz geschnittene, gefrorene Gras zu einem mit Heu ausgelegten Legestall, durch dessen wetterfeste Sperrholzwände man gedämpft das morgendlichen Schnattern der Gänse hörte. Im Stall war es angenehm warm und gedämmt, als könnte man darin einfach umfallen und sich nicht wehtun, sondern nur irgendwo federnd abprallen und dabei kichern. Die Hennen schliefen aufgeplustert in Legekisten und hatten ihre Schnäbel unter einen Flügel geschoben. Ich sah zu, wie sie ein- und ausatmeten und dabei leicht schnarchten. Judy nannte sie ihre »kleinen Mamas«.

»Mama«, flüsterte ich in die Morgenluft und der graue Atem des Wortes wehte langsam durch die Kälte davon.

Judy gab mir einen geflochtenen Holzkorb mit Metallgriff. »Dann mach mal«, sagte sie.

Wenn ich an diesen Augenblick zurückdenke, muss ich über den kläglichen Ausdruck in meinem Städtergesicht schmunzeln, über die verwirrt hochgezogenen blonden Augenbrauen unter abstehenden Ponyfransen und dicker Brille. Ich hatte keine Ahnung, wie man Eier sammelte. Judy zeigte es mir lächelnd. Sie hob die schlafende Henne mit dem linken Handrücken leicht an und zog mit der rechten Hand ein warmes braungesprenkeltes Ei unter dem Körper hervor.

Ich zitterte, als ich unter meine erste Henne griff, solche Angst hatte ich davor, die Hennenmutter zu wecken und in Schwierigkeiten zu geraten. Aber dann hielt ich ein makelloses, glattes Ei in der Hand und war erstaunt, wie viel Wärme es ausstrahlte. Wir gingen alle Reihen durch und füllten allein von einer Seite des Stalls zwei Körbe mit Eiern. Als ich zur anderen Seite ging, schüttelte Judy den Kopf und flüsterte etwas.

»Nein«, sagte sie. »Diese Mamas brüten.«

Ich verbrachte damals nur ein paar Tage auf dem Bauernhof. Ich kannte Judy vorher kaum und habe sie seit Jahrzehnten nicht gesehen. Aber wenn ich an diese Momente zurückdenke, steigt Dankbarkeit in mir auf, ein kindliches Gefühl von Wärme und Schutz. Denn Judy verriet mir ein Geheimnis. In diesem kurzen, vertraulichen Augenblick im Legestall nahm sie mich an die Hand und gestatte mir einen kurzen Blick auf etwas Unantastbares.

Erst fünfzehn Jahre später wurde mir klar, dass der Hof von Red und Judy keine typische Farm war. Unser Essen war so städtisch wie meine Heimat, und so war ich zwanzig und an der Uni, bevor ich zum ersten Mal eine Farm sah, von der das Fleisch kam, das ich fünfmal die Woche aß.

Im Seminar von Professor Bob meldete sich einer meiner Kommilitonen. Er war dünn, Vegetarier und Herausgeber von *Buzzsaw Haircut*, der unabhängigen Studentenzeitschrift, für die ich manchmal wütende Kolumnen über Wahlkampfpolitik und gewaltverherrlichende Medien schrieb, also hörte ich ihm genau zu. Er sagte, dass er großen Respekt vor Menschen hätte, die den Mut hatten, sich ihr Fleisch selbst zu jagen. Das Problem wäre, wie wir anderen an Fleisch kämen, und wie wir auf den Film reagierten.

»Ich glaube, wenn wir den Gedanken an den Tod ausblenden, um Fleisch zu essen, dann überlassen wir einfach anderen die Drecksarbeit.«

Und ich begann mich zu erinnern.

Ich erinnerte mich daran, wie ungern ich zu Schulzeiten in einem Fischrestaurant gearbeitet hatte, wie zuwider mir das Geschrei der Hummer war, wenn sie in kochendes Wasser geworfen wurden. Die bärtigen Köche hatten mir alle versichert, dass es in Wirklichkeit keine Schmerzensschreie waren, aber ich erinnerte mich daran, wie es mir kalt den Rücken herunterlief, wie das Gefühl von zurückgebogenen Fingernägeln.

Und ich erinnerte mich an meinen ersten und einzigen Angelausflug, auf dem ich keine Köder verwendete, weil ich keine Würmer auf Haken stecken und töten wollte, und so nur ein Stück Pappe aus dem Wasser fischte. Ich erinnerte mich an die blutige Wunde im Kiemen des Fisches, den mein Freund angelte, als er den Haken herausriss.

Aber woran ich vor allem dachte, als ich in Professor Bobs Seminar saß und versuchte, die Wirklichkeit der Massentierhaltung zu begreifen, die ich gerade erlebt hatte, war etwas, das mein Vater einmal gesagt hatte, als wir zusammen in London waren. Wir saßen alle fünf an einem gedeckten Tisch in silbernem, gedämpften Kerzenlicht in einem mit dunklem Holz ausgekleideten Steakhouse in Battersea Park. Ich schüttelte den Kopf und zeigte auf den ausgestopften Kopf eines Ochsen, der wie eine Trophäe auf einer Holztafel an der Deckenleiste des Raumes aufgehängt war.

»Wieso«, fragte ich meinen Vater, »sollte man ausgerechnet an Kühe denken, während man sein Filetsteak genießt?«

»Na ja«, antwortete er. »Daher kommt es eben.«

»Daher kommt es«, dachte ich, als mir von den furchtbaren Bildern des PETA-Films ein Kloß im Hals steckte. Als ich versuchte, meine geburtstäglichen Hühnerpasteten mit dem dumpfen, mahlenden Klang eines Häckslers in Einklang zu bringen, der mit fünfzehntausend zitternden Körpern gefüt-

tert wird, die nur noch zu Mulch gut waren; Hühnerkörper, zu
krank zum Schlachten, zu krank, um jemals gegessen zu werden.

Der zähe Gummigeschmack dieser Worte fühlte sich an
als würde man mit den Zähnen das Fleisch von einem Hüh-
nerflügel abknabbern und es durchkauen.

Es sollte sieben Jahre dauern, bis ich wieder Fleisch aß.

Als ich zwanzig war, sah ich ein Video und beschloss,
Vegetarierin zu werden. Ich konnte das, was ich gesehen hatte,
nicht verdauen. Ich konnte kein Teil davon sein. Rückblickend
kommt es mir wie ein von Jugend und Empörung motivierter
Impuls vor, eine Bauchentscheidung, aber ich begann zu begreifen, was Privilegien bedeuteten. Ich erkannte unglaubli-
che Mengen an Leid, das jenseits meiner Wahrnehmung geschah, um mir das Leben zu erleichtern – billige Klamotten
und riesige Müllberge und abgepackte Steaks. Und ich begriff,
dass das etwas war, was meine Familie beim gemeinsamen
Essen nicht bedachte – dass unsere Entscheidungen nicht nur
unser Leben betrafen. Und ich konnte nicht anders reagieren,
als Nein zu sagen.

Ich rief meine Mutter an und sagte ihr, dass ich zu Thanksgiving ein großartiges Festmahl erwartete, denn danach
würde ich nie wieder Fleisch essen.

Sie erwiderte: »Dann muss ich ja wieder ganz von vorne
Kochen lernen.«

Nur wenige Monate später stand ich mit Meghan und Caity
und billigem Dosenbier vor einem Haus, an dem der Zahn der
Zeit und heftige Partys ordentlich genagt hatte. Die vier jungen Männer, die dort wohnten, hatten wir einen Monat zuvor
zum ersten Mal in einer Bar getroffen, in der ihre Band spielte,
und danach waren wir mit zu ihnen gegangen und hatten die
ganze Nacht geraucht und Trivial Pursuit gespielt. Inzwischen
war es Mitte März und recht warm. Die Nacht roch, als würde

die Luft erblühen. Wir waren voller Energie, wie sie sich in Menschen regt, die nach einem langen Winter zum ersten Mal etwas Wärme spüren. Aran, der kleinste der Jungs, von oben bis unten tätowiert, hatte einen motorisierten Einkaufswagen vom nahe gelegenen Supermarkt gestohlen und war damit mit einem halben Stundenkilometer Geschwindigkeit die zwei Meilen zurück nach Hause gefahren. Auf seinem Unterarm hatte er ein Tattoo von einer Bombe mit glimmender Zündschnur, und die orangerote Flamme sah aus, als würde sie sich durch seine Haut brennen. Er saß mit baumelnden Beinen im offenen Fenster und beobachtete uns.

Meghan war dabei, mich mit der Haarschneidemaschine der Jungs zu bearbeiten. Wie viele Zwanzigjährige, die wütend auf die Welt sind und nicht wissen, wie sie es rauslassen sollen, begeisterte ich mich für Punk, Hardcore und Metal und die Leck-mich-doch-Looks der Musiker. Ich hatte immer lange Haare gehabt, aber am Ende meines ersten Unijahres hatte meine Mitbewohnerin sie mir abgeschnitten – mit ihrer Büroschere – und in einen Pixie-Schnitt verwandelt. Jetzt wurden mir die Haare im Nacken zu lang. Durch das offene Fenster drang Achtzigerjahre-Punkrock zu uns nach draußen, und ich saß mit einem Handtuch über den Schultern auf einer Betonstufe, als Meghan plötzlich fragte: »Hey, darf ich mal was ausprobieren?«

Ich biss mir auf die Lippe und sah mich kurz zu ihr um. »Mach mal.«

Aran sprang auf und kletterte durchs Fenster ins Haus zurück. »Wartet mal«, rief er über die Musik und in die Nacht, in unseren beginnenden Sommer hinein. »Ich will erst noch ein Foto machen!«

Die Maschine drückte summend gegen meine Kopfhaut, und ich fand es angenehm und lehnte mich dagegen. Ein paar Minuten später waren nur noch ein dünner Flaum und ein

Pony übrig. Im schmutzigen Badezimmer begutachtete ich mich dann genauer im schmierigen Spiegel: nahezu rasierter Kopf, zwei Lippenpiercings, Vegetarierin – das war ich. Ich wusste noch nicht, wie ich zu dem Wandel beitragen konnte, den ich mir so sehr herbeiwünschte, aber zumindest sah ich jetzt passend aus.

Die darauffolgenden Jahre verbrachte ich in heruntergekommenen Wohnungen und Wohnheimzimmern, mit grauem Teppichboden und verschiedenen durchgesessenen, fleckigen Sofas, die irgendwie ihren Weg zu mir gefunden hatten. Ich hörte Jungs beim Gitarrespielen zu, und sah zu, wie massenweise tätowierte Menschen zu den Klängen von Bands herumtobten, von denen ich noch nie etwas gehört hatte, die mich aber in eine Wut versetzten, die ich irgendwie schon immer gespürt hatte. Ich fing an, regelmäßig das Wort »Revolution« zu denken, erwarb neue Piercings, diskutierte in Soziologieseminaren und betrank mich mit Smirnoff Ice.

Im Herbst, nachdem ich mir den Kopf hatte rasieren lassen, an einem Abend in einem Wohnheimzimmer mit warmem Billigbier und dem Klang von Indie-Folk aus den Lautsprechern, zeigte ich allen mein erstes Tattoo – ein Und-Zeichen zwischen meinen Brüsten, damit meine Eltern nichts davon erfuhren – und traf den Mann, der mich irgendwann verlassen würde, um nach Westen zu gehen.

Er war groß und dünn, trug eine Brille mit dickem braunen Rahmen und unordentliches kinnlanges Haar. Er war mir immer wieder auf dem Campus begegnet: verfilzte Secondhand-Pullover mit verstärkten Ellenbogen und immer eine alte Minolta-Kamera um den Hals. Als ich ihn das erste Mal gesehen hatte, allein im Speisesaal, im Pullover einer meiner Lieblingsbands, ein Buch in seinen langen Fingern, erschien er mir wie die perfekte Mischung aus sexy, künstlerisch und verschroben. Ich stand schon seit Monaten aus der Ferne auf ihn, als ich irgendwann mitbekam, dass er – Kevin – der Mitbewohner meines Kumpels Matt war. An jenem Abend, als wir uns trafen und schüchtern über unsere Bierdosen hinweg miteinander redeten, wurden meine Hoffnungen auf eine Beziehung schnell zunichtegemacht, denn er sagte mir, dass er Ithaca bald verlassen würde, um zum Semesterende auf ein College in Montana zu wechseln.

Montana hätte genauso gut die Mongolei sein können. Ich war noch nie in Montana gewesen, hatte kaum jemals von Montana gehört, so fern und fremd klang sein alter Siedlername im Vergleich zu meiner nordöstlichen Heimat mit ihren sanften Wäldern.

»Was gibt's denn in Montana?«, fragte ich und vermutete einen praktischen Grund – Freunde oder Familie, die dort wohnten, oder ein Hauptfach, das er unbedingt studieren wollte.

Stattdessen breitete sich ein Lächeln auf seinem Gesicht aus, so breit, dass seine Brille ein Stück nach oben rutschte, und seine Augen mich verträumt ansahen.

»Wahnsinnig große Berge!«, antwortete er.

Ich war verliebt.

Und kurz darauf beschlossen Kevin und ich, dass wir jung genug für eine dreimonatige Kurzbeziehung waren. Er aß schon seit Jahren kein rotes Fleisch mehr und innerhalb eines Monats war auch er Vegetarier geworden. Wir wurden damals alle Vegetarier, in unseren Zwanzigern, in Ithaca und anderswo. Meine Freunde von der Highschool entdeckten an ihren Unis in New Hampshire, Connecticut und Maine PETA-Prospekte und thailändisches Essen und wandten sich von den Hackbraten ihrer Kindheit ab. Wir machten das, um zu sehen, ob wir es durchziehen konnten, und zu entdecken, was noch passieren würde, wenn wir uns erst einmal von den

Grundsätzen unserer Eltern abgewendet hatten, die bestimmten, was wir aßen, warum wir es aßen und wie wir uns dabei fühlten.

Als Caity in den Winterferien nach Hause fuhr, teilte sie ihrer Mutter mit, dass auch sie Vegetarierin werden wollte. Ihre Mutter, eine kurzhaarige Ärztin, die sich auf das HIV-Virus und Aids spezialisiert hatte, die ihre drei Töchter dazu erzogen hatte, Nacktheit als ganz natürlich anzusehen und in ihrem Haus verschiedenste schwule und lesbische Künstler und Dichter zu Gast hatte, gab Caity ihr Exemplar von Frances Moore Lappés *Die Öko-Diät* mit. Wir stürzten uns auf das Buch und entdeckten in seinen mit Eselsohren versehenen Seiten eine Geschichte, die uns neu war und uns zutiefst erschütterte. Wir hatten nicht gewusst, wie verschwenderisch die Fleischindustrie vorging, wie viel Ackerland für Mais und Sojaanbau draufging – als Futter für Kühe, deren Mägen nichts anderes als Gras vertrugen, oder wie viel mehr Tofu man von der gleichen Fläche gewinnen konnte. In einer Welt, die wir erst jetzt als etwas begriffen, das von Gier und Öl, Rache und Überfluss bestimmt war, wollten wir nicht Teil eines Systems sein, das so viel Hunger mit sich brachte. Ich sehe es noch genau vor mir, wie wir im Schneidersitz auf Caitys Wohnheimbett saßen und uns gegenseitig Textstellen vorlasen, während im Hintergrund die letzte Staffel von *Friends* im Fernsehen lief. Ich weiß nicht, ob uns bewusst war, dass das Buch von 1971 war.

Ich begann mein vegetarisches Abenteuer im Speisesaal des Ithaca College, einem glänzenden Palast, in dem verschiedene Essgewohnheiten begrüßt und erwünscht waren. In silbernen Wärmeschalen gab es koschere Vorspeisen, und laminierte Kärtchen wiesen auf vegetarische Gerichte hin; beim Salatbuffet gab es zusätzlich zu Thunfisch und Huhn auch immer marinierten Tofu. Ich wusste damals nicht, dass die Speisesäle auf meinem Campus von Sodexo betrieben wurden, dem riesigen Lebensmitteldienstleister, der für seine geringen Löhne und Privatverträge mit amerikanischen Militärgefängnissen berüchtigt war.[1] Ich sah nur die vegane Theke – in einer eigenen Nische mit separater Kochstelle und einem Koch, dessen Hände nicht mit dem Fleisch aus anderen Gerichten in Berührung kamen.

An der veganen Theke gab es Veggieburger aus braunem Reis und schwarzen Bohnen. Ich stellte mir vor, wie die Masse in der Hand lag und sanft gerollt und flachgedrückt wurde, ganz so, wie sich Nonas rohe Fleischklößchen anfühlten, bevor sie in den Ofen wanderten. Ein aus Ithaca stammender junger Mann in seinen Zwanzigern, mit tätowierten Blumenmotiven auf den Handrücken, die jetzt in Gummihandschuhen steckten, warf einen Burgerrohling auf den Bratrost, wickelte dann das fertige Produkt in rot-weiß kariertes Papier, verpackte es in einer Pappschachtel und stellte es neben eine Portion der ungemein beliebten Süßkartoffelpommes. Wir waren verrückt nach diesen Sodexo-Pommes mit ihrer perfekten Maissirupschale, die knusprig aufbrach und das sonnenstudiooorange Innere freilegte, immer ein wenig zu heiß, krümelig und süß.

Ich vermute, ich dachte damals, dass ich den schwierigsten Schritt schon hinter mir hatte: Ich hatte die Entscheidung getroffen. Ich hatte aufgehört, Fleisch zu essen, und war in die Reihen der angehenden Revolutionäre eingetreten. Wir saßen an typischen beigefarbenen Tischen im Speisesaal unserer Privatuni, weiße Mittelschichtkinder mit rasierten Köpfen, und sprachen über ernste Dinge, über Freihandel und Gesichtspiercings, während wir mit naiven Fingern fettige Süßkartoffelpommes in uns hineinschaufelten. Wir hatten unsere Überzeugungen. Und wir ließen andere für uns kochen.

Ich habe ein Foto von mir aus dieser Zeit. Mein ungewaschenes Haar ist zu Zöpfen gebunden und leuchtet in der Oktobersonne. Ich blinzele in die Kamera und hinter mir ist das Washington Monument zu erkennen. Mit zwei Fingern der linken Hand mache ich das Victory-Zeichen und in der rechten Hand halte ich ein Plakat an einer hölzernen Stange hoch, auf dem das ergraute Foto eines Mädchenkörpers zu sehen ist, zur Hälfte unter Trümmern begraben, und weiße Lettern »Kein Blut für Öl« verkünden. Und ich lächele.

Das war im Herbst 2002, in meinem zweiten Studienjahr, ungefähr einen Monat, nachdem ich aufgehört hatte, Fleisch zu essen. Meine Freunde und ich waren acht Stunden durch die Nacht von Ithaca nach Washington, D.C., gefahren, um an einer Demonstration teilzunehmen. Wenn ich mir die strahlende radikale Optimistin auf dem Foto so ansehe, muss ich wieder lächeln. Ich empfinde einen aufkeimenden Stolz auf die unerschrockene Hoffnung, die sich in ihrem Blick widerspiegelt; ich erinnere mich an das Kribbeln im Bauch und das Gefühl, das Richtige zu tun. Aber ich kann nicht in das lächelnde Gesicht blicken, ohne daran zu denken, dass Präsident Bush sechs Monate später trotz aller Proteste die Invasion des Irak autorisierte, einen Krieg, der noch immer andauert. Inmitten dieser Kontroverse, im Glauben an die Kraft von Protesten, wurde ich Vegetarierin. Bevor der Krieg ausbrach, den ich entschieden und lautstark ablehnte.

Aber mein Gesicht auf dem Foto zeigt keinen Ärger oder Widerstand, sondern Freude. Ich genoss meine Boykotte, genoss sie als Teil der neuen radikalen Persönlichkeit, die ich erschuf, eine Persönlichkeit, von der ich mir den Bruch mit der kleinstädtischen Bequemlichkeit, dieser Enklave der Desensibilisierung, erhoffte. Das Mädchen auf dem Foto, das dem Frieden entgegenlächelte, obwohl es das Bild eines toten Menschen hochhielt, sah nur in eine Richtung. Nach draußen, vorwärts, fort.

Am Ende jenes Jahres bereiteten mein Vater und ich wie üblich den Teil des Weihnachtsessens vor, der nichts mit Kochen zu tun hatte: Wir zogen den Esstisch aus, breiteten sorgsam die rot-grün karierte Tischdecke darüber aus und legten das Silberbesteck neben das Porzellan mit den Gänsemotiven. Wir falteten die Servietten und legten einen Brotkorb mit Küchenpapier aus. Dann versammelten sich alle in der Küche, um die letzten Vorbereitungen für das Essen zu treffen. Mein Großvater tranchierte mit hocherhobenem Ellenbogen den Rinderbraten und drapierte die Scheiben vorsichtig auf einen großen kristallenen Servierteller. Nana hob mit ihren kleinen, knochigen Fingern behutsam die fertig gebackenen Croissants vom Backblech und legte sie in den Brotkorb. Meine Mutter führte die Oberaufsicht in der Küche: Sie griff nach einer Soßenkelle, löffelte die grünen Bohnen in die geblümte Servierschale, gestikulierte in Richtung meiner Schwestern, damit sie Wasser und Wein einschenkten. Dann saßen wir zu siebt wie immer zum Weihnachtsessen gemeinsam um den Tisch, hielten uns an den Händen und senkten die Köpfe zum Tischgebet. Genau wie jedes Jahr.

Aber als wir anfingen, die Schüsseln herumzureichen, uns gegenseitig Kartoffelbrei oder saftigen Rinderbraten zu servieren, Croissants weiterzureichen und uns die Soße von den Fingern zu lecken, traten plötzlich Unterschiede zutage. Dad mochte am liebsten die Endstücke des Bratens, außen fast verbrannt und innen gräulich-zähes Fleisch. Caitlin machte eine kleine Vertiefung in ihren Kartoffelbrei und füllte sie mit Soße, die wie ein Vulkan über die Ränder trat. Nana nahm nur zwei Bissen von allem und schaffte nicht einmal das. Gampi liebte das Fette und Knorpelige am Braten und kaute darauf noch herum, als das Essen schon zu Ende war. Und auf meinem Teller lagen in jenem Jahr zwei Croissants, ein paar Löffel grüne Bohnen und eine besonders große Portion Kartoffelbrei.

Kein Fleisch, keine Soße. Nicht dieses Mal.

Es war mein erstes Weihnachtsessen als Vegetarierin, mein erstes Familienfestmahl, seit ich aufgehört hatte, Fleisch zu essen, und ich war nicht darauf vorbereitet gewesen, mich am Esstisch so wenig zugehörig zu fühlen, den anderen auf die Teller zu schauen, Fleisch weiterzureichen und meine Schwestern unbeholfen anzulächeln, als müsste ich mich für etwas entschuldigen. Zum ersten Mal in meinem Leben war ich als Erste fertig und bemerkte, wie weit ich mich meiner Familie entfremdet hatte.

Mein ganzes bisheriges Leben lang hatte meine Familie daran geglaubt, dass der Esstisch ein Ort der Zusammenkunft war, dass Essen eine grundlegende gemeinsame Erfahrung darstellte. Aber als ich in jenem Jahr gepierct und protestierend beim Weihnachtsessen saß, dachte ich an das kleine Mädchen, das sich unter dem Tisch mit seinen Büchern vor dem Küchenlärm versteckt hatte, und an die Pizza-Abende mit meinem Vater. Ich überlegte, wie meine Familie mich sah, als frisch geschlüpfte Radikale, heimgekehrt von ihrer Hippie-Uni mit seltsamen neuen Verhaltensweisen und Restriktionen im Gepäck. Ich war der Meinung, sie verstanden mich einfach nicht mehr. Und ich sah das als Herausforderung. Mit angespannten Schultern fügte ich mich in meine Rolle als Außenseiterin. Ich dachte, dass es eigentlich unausweichlich gewesen war, dass die rothaarige Erstgeborene eines Tages von ihren italienischen Familientraditionen abfiel.

Essen war die Grundlage unserer Familie gewesen, das starke Fundament, auf dem all unsere Beziehungen basierten, es bestimmte, wie wir uns ausdrückten, und warum. Als ich die komplizierte blutige Wahrheit hinter unseren Mahlzeiten entdeckte, die Legebatterien und Betäubungsgeräte, sah ich Risse in diesem einst so soliden Fundament. Ich beschloss, mein eigenes zu errichten.

Kapitel Vier

****

Schmelzkäsedip ist vegetarisch

ch saß mit meiner neuen Mitbewohnerin Erin am Küchentisch in Washington, D.C. Sie hatte einen Stadtplan vor sich und zeichnete mit rotem Marker Kreise um die Stadtteile, die man besser mied. Ich war neu in der Stadt, kam frisch von der Uni und verbrachte den Sommer in der Wohnung von Freunden einer Highschool-Bekannten, um bei einer gemeinnützigen Umweltstiftung ein Praktikum zu absolvieren. Erin studierte seit vier Jahren an der George Washington University und wollte sichergehen, dass ich die dicht besiedelte und vielschichtige Stadt sicher alleine bewältigen konnte. Hier, kreiste sie ein, wäre ein tolles Café, in das ich auf dem Heimweg gehen könnte. Sie zeigte mir Ben's Chili Bowl, den Kramerbooks-Buchladen und einen Plattenladen, in dem ich sicher die Art von unbekannten Bands finden würde, die wir beide mochten. Meridian Hill Park, nur ein paar Straßen von unserer Wohnung entfernt, sei am Tag völlig in Ordnung, aber nachts wäre es dort in letzter Zeit öfter zu sexuellen Übergriffen gekommen. Columbia Heights, das im Westen angrenzende Viertel, war ein bekannter Drogenumschlagplatz. Nadeln auf der Straße.

So machte ich mich mit dieser Stadt bekannt, dem Ort von Kunst und Politik, voller Potenzial und Versprechen – für die richtigen Menschen, am richtigen Ort, zur richtigen Zeit.

Kurz vor meinem Abschluss, entschlossen, nicht zu meinen Eltern zurückzuziehen, bekam ich die Zusage für ein Praktikum in der Kommunikationsabteilung bei der Wilderness Society, also ein Traumjob für jede junge Aktivistin und Schriftstellerin. Am ersten Tag, nur eine Woche und zwei Tage nach meiner Abschlussfeier, kam ich mit Blasen an den Füßen zur Arbeit, nachdem ich die drei Straßenzüge von der Bushaltestelle in Absatzschuhen zurückgelegt hatte. Das Gebäude, der ganze Straßenzug, lag vor mir wie ein urbaner Traum, ein zum Leben erwecktes Utopia. Glatte graubraune Ziegel, ein riesiges Fenster mit dem Schriftzug der Wilderness Society in goldener Farbe, ein Innenhof mit blühenden Kirschbäumen und ein steinerner Torbogen über dem Eingang. Auf der gegenüberliegenden Straßenseite sah ich den Brunnen und das eingelassene Amphitheater im Hof der National Geographic Society. Ich atmete einmal tief durch und versuchte dabei den süßlichen Verwesungsgeruch zu ignorieren, den jede amerikanische Stadt am Atlantik an sich hat. Ich dachte: *Das ist es.* Mein Leben verlief geradewegs auf meine Träume zu. Jetzt konnte es richtig anfangen.

Ich war nervös gewesen, Leuten zu begegnen, mit denen ich bis dahin nur am Telefon gesprochen hatte, aber diese Furcht war unbegründet. Innerhalb weniger Wochen war ich vertraut und entspannt im Umgang mit meinen Kollegen. Da war Pete, einer von drei Vizepräsidenten der Kommunikationsabteilung, Bart- und Brillenträger, liebevoller Vater einer kleinen Tochter, ein Mann, der aussah, als würde er am Wochenende Wollsocken und Wanderschuhe tragen. Oder Drew, ein lustiger, aber vernünftiger Juraabsolvent, nur ein paar

Jahre älter als ich, der im Herbst für ein Jahr mit seiner Verlobten nach Lima gehen würde, wo sie ein Stipendium erhalten hatte. Später kam noch Sharon dazu, eine junge Frau koreanischer Abstammung, die ein Jahr dort arbeitete, um die Zeit zwischen American University und Georgetown Law School sinnvoll zu nutzen, und mit der ich im Büro regelmäßig ein Schwätzchen hielt.

Nachdem ich mich eingelebt hatte, war meine erste Aufgabe, Pressemitteilungen zu verfassen, die nach Vorlage jeweils eine Sehenswürdigkeit des National Landscape Conservation System vorstellten, eine Reihe weniger bekannter und weniger geschützter Parks, die das Bureau of Land Management verwaltete. Die werbende Sprache und ihre Wendungen waren nach monatelanger Marktforschung und unzähligen Meetings bereits festgelegt. Meine Aufgabe war es, kurze Texte über die Schönheit und den Erhaltungswert jeder Sehenswürdigkeit zu verfassen, damit wir unsere Pressemitteilungen auf jeden Bundesstaat zuschneiden konnten. Für Colorado waren es die Canyons of the Ancients, in Utah das Grand-Staircase Escalante-Naturschutzgebiet, in Montana die Upper Missouri River Breaks. So verbrachte ich die ersten Wochen nach meinem Uniabschluss damit, Fotos und Informationsbroschüren über einige der schönsten Naturschauplätze des Landes zu studieren und über sie zu berichten. Es war perfekt.

Eines Abends kam ich gegen zehn Uhr abends zurück nach Hause und merkte, dass ich den ganzen Tag nichts gegessen hatte. Ich fühlte mich schwindelig, missmutig und müde. Ich sah kurz in mein Tiefkühlfach und meinen Küchenschrank, schnappte mir ein paar Packungen und legte sie auf den Tisch. Ich riss ein Paket Couscous mit Parmesangeschmack auf und kippte es in eine Plastikschale. Ich schnitt das Päckchen mit den Gewürzen auf und verrührte das weiße Pulver mit den grünen Kräutersprenkeln im Wasser, um dann alles in die Mikrowelle zu stellen und eine Weile rotieren zu lassen. Ein Bratling aus Hühnchenersatz plumpste direkt aus seiner Zellophanhülle in den Toaster und wurde von jeder Seite eine Minute gebräunt. Zehn Minuten später saß ich mit einem Plastikteller auf dem Schoß im Schneidersitz auf unserem orangen Secondhand-Sofa und sah Martin Sheen im Fernsehen den Präsidenten mimen, während ich ein Stück falsches Fleisch durch eine Pfütze aus Ranchsoße zog.

Während meiner ersten paar Jahre als Vegetarierin sahen alle meine Mahlzeiten so aus. Ich war jung und konnte so ziemlich alles essen, ohne krank zu werden. Ich hatte keine Ahnung von Haushaltsplanung und den größten Teil meiner Kindheit unter dem Tisch verbracht, um typisch Weiblich-Hausfräuliches zu meiden; kurzum, ich konnte nicht kochen. Es zeigte sich, dass mein perfekter Aktivismus nicht ganz fürs Erwachsenenleben ausreichte.

Das Problem für Vegetarier, so stellte ich schnell fest, war der Verzicht auf Fleisch. Mit siebzehn war mein Lieblingsessen Steak gewesen, und ich bekam nie genug von jenem festen rot-grauen Fleisch, das unter dem Druck des Messers in saftige Fasern zerfiel. Ich ließ von jedem Stück ein bisschen blutigen Fleischsaft auf meinen Kartoffelbrei tropfen, bevor ich es in den Mund steckte und den Rest der Flüssigkeit aussaugte. Aber als Vegetarier musste man jede Menge Gemüse essen, und das hatte mich noch nie begeistert.

Ich fand es eklig, wenn sich Linsen in meinem Mund in eine schleimige Paste verwandelten, wenn ein Stück glitschige Aubergine sich meinem Rachen näherte oder das grießige Fruchtfleisch reifer Birnen. Brokkoli schmeckte nach Plastik und Hummus wie Schmutz. Ich konnte die pelzige Schale von Pfirsichen kaum über die Lippen bringen, ohne mich zu ekeln.

Einmal hatte ich in einem schicken Restaurant in Kalifornien aus Versehen ein Stück Pilz in den Mund bekommen, das sich unter der Alfredosoße auf meinen Nudeln versteckt hatte, die ich extra ohne Pilze bestellt hatte. Von den ausgefransten Rändern und dem glitschigen Gefühl auf meiner Zunge wurde mir so übel, dass ich aufstehen und zur Toilette rennen musste, um das Stück auszuspucken.

Als ich beschloss, Vegetarierin zu werden, kehrte ich dem Ort den Rücken, an dem meine Familie gemeinsam lernte. Als ich die heimische Küche verließ, ging mir die Chance verloren, zu lernen, wie man damit umgeht, wenn man plötzlich unbekannte Zutaten benutzen und auf altbewährtes Essen verzichten muss. Wie die meisten jungen Menschen Anfang zwanzig, die plötzlich auf sich allein gestellt sind, kochte ich schnelle, billige Mahlzeiten. Nur verzichtete ich auf Fleisch. Ich aß einfach die Mahlzeiten, die ich schon immer gegessen hatte, und ersetzte Fleischprodukte durch größere Portionen von anderen Dingen. Es gab ja Tiefkühlpizza. Und Kartoffelkroketten und Käsetoast. Und Instantnudeln. Unglaublich viele Instantnudeln (aber nur die geheimnisvolle Sorte »Orientalisch«, ohne Rinder- oder Hühnerfett). Pakete mit Fertignudeln und Käsesoße sind für Vegetarier geeignet und kosten weniger als einen Dollar. Nach ein paar Jahren traute ich mich dann auch einmal zum Supermarktregal mit exotischeren Lebensmitteln und kaufte Bohnenmus in Dosen, Tortilla-Wraps und geriebenen Käse, um Quesadillas zu machen. Reis aus dem Päckchen, Couscous aus der Tüte, Risotto-Fertigmischungen aus der Packung.

Und nie kaufte ich irgendetwas frisch.

Als ich Fleischersatz fand, war das eine große Erleichterung. Jetzt musste ich nicht länger so tun, als ob ein Gericht ohne Fleisch genauso satt machte. Jetzt hatte ich Ersatz-Steakstreifen für Fajitas, Ersatz-Hähnchenburger, die ich mit

Ranch-Dressing essen konnte, Ersatz-Hähnchenbrust für Wokgerichte, Tofubraten, Soja und Mykoprotein in allerlei neuen Formen.

Ein paar Jahre später sah ich eine Folge von *The Biggest Loser*, der Diätshow auf dem Sender NBC, in der die Teilnehmer mit ihrem Personal Trainer und einer Ernährungsberaterin einkaufen gingen. Der muskelbeladene Trainer stand im bauchfreien Hemdchen neben der gepflegten blonden Ernährungsberaterin in ihrem blauen Polohemd, die der Gruppe erklärte, sie sollten den Großteil ihrer Einkäufe am Rand des Ladens tätigen, denn dort befände sich das »echte« Essen: Wurst und Käse an den Frischetheken, Backwaren und Obst und Gemüse. Die Regale in der Mitte sollten möglichst vermieden werden. Dort befinden sich die verarbeiteten Lebensmittel, die mehr Kalorien und weniger Nährstoffe haben.

Ich kaufte sonntagabends um acht im Safeway-Supermarkt unseres Viertels ein, über dem ein Schild die Kunden informierte, dass die Straßenecke dauerhaft videoüberwacht würde, um dem Drogenhandel vorzubeugen. Und ich kaufte alles in den Regalen in der Mitte und füllte meinen Wagen mit Dingen aus Dosen, Päckchen und der Tiefkühltruhe. Aber zumindest aß ich kein Fleisch.

Washington, D.C., war nie Teil meines Plans gewesen. Als ich die Uni mit einem Schriftstellerabschluss verließ, wollte ich in Montana als Freiberuflerin arbeiten. Kevin und ich waren zusammengeblieben, als er nach Westen gezogen war, aber nach anderthalb Jahren begann unsere Beziehung unter der Entfernung zu leiden. Schriftsteller wurden kaum gesucht, vor allem nicht in der westamerikanischen Provinz, und als mir das Praktikum bei der Wilderness Society angeboten wurde, war ich schlau genug, diese Chance nicht eines Mannes wegen abzulehnen. Trotz allem verliebte ich mich sofort in diese Stadt, in der Kultur die radikalen politischen Ideen durchdrang und in allen Farben erstrahlen ließ. Jeden Sonntagabend kam es mitten im Meridian Hill Park zu spontanen Trommelkreisen, zu denen meine Nachbarn bunt gekleidet in den letzten Sonnenstrahlen tanzten, die durch die dichten Bäume fielen. Ab und zu kam Kevin mich übers Wochenende besuchen, und dann gingen wir in die Smithsonian-Museen, tranken Weißwein zum Brunch oder saßen am Lincoln Memorial und sahen zu, wie der Sonnenuntergang sich im glänzenden Wasser des Reflecting Pool spiegelte. Ich nahm Yogastunden in einem lila gestrichenen Kellerstudio, das von zwei Frauen betrieben wurde, deren schwarze Labradore mit uns meditierten. Ich ging am Wochenende lange aus, und mir klingelten die Ohren von den schrillen Gitarren, die bei den Auftritten von Indie-Rockbands im 9:30 Club oder The Black Cat durch riesige Verstärker gejagt wurden.

Meine Mitbewohnerinnen und ich waren alle jung und idealistisch, zu viert in einer Dreiraumwohnung mit Blick auf das Washington Monument, in der wir uns von unseren gemeinnützigen Stiftungen erzählten, die Bauern in Südostasien Kredite verschafften oder Schwangere durch Reihen von Protestierenden vor Sexualberatungskliniken begleiteten. Eine meiner Aufgaben im Kommunikationsbereich war der sogenannte »Hill-Drop«, wo ich tatsächlich oben auf dem Hügel durch die Gänge des Kongressgebäudes lief und an die Türen von Abgeordneten und Senatoren klopfte, um ihnen Prospekte über den Schutz von Naturdenkmälern dazulassen. Das war wie für mich gemacht, und ich hatte das Gefühl, Gutes zu tun. In einem Brief an eine Freundin beschrieb ich meinen Job als »absolut perfekte« Verbindung von Schriftstellerei und leidenschaftlichem Aktivismus.

Die Stadt war wie ein Blitzschlag, kurz, hell und elektrisierend. Eines Freitags, als ich nachmittags nicht arbeiten musste, brach plötzlich ein heftiges Gewitter los. Unser Haus wackelte von der Kraft des Donners und durch die leeren grauen Straßen fegte der Wind entlaubte Äste. Ich öffnete unser Wohnzimmerfenster im vierten Stock, setzte mich in den Fensterrahmen – das Fensterblatt dicht vor mir, um das Zimmer vor dem Regen und mich vor meiner Höhenangst zu schützen –, und ließ meine nackten Beine im warmen Sommerregen baumeln.

In jenem Sommer sah man plötzlich überall in unserem Viertel im Nordwesten der Stadt ein Graffiti. Auf Wänden in Metrostationen, Betonmülleimern im Park und Steinsäulen in Dupont Circle stand nur ein Wort: *BORF*. Ich wusste lange Zeit nicht, was es bedeutete und sah nur, wie sich das Wort immer weiter verbreitete und durch die Stadt schlängelte. Mitte Juli wurde ein junger Kunsthochschulstudent nach einem Hinweis verhaftet und sollte sein Tun erklären.»Borf«, erklärte er, sei der Spitzname seines Freundes Bobby Fisher gewesen, der sich mit sechzehn erhängt hatte. Auch sein Bild war mithilfe von Schablonen auf die Wände übertragen worden. Die Aktion war eine Hommage, eine Art Trauerarbeit, aber vor allem ein Angriff, der fieberhafte, ungeschliffene, künstlerische Ausdruck einer Gruppe junger Menschen, die im wahrsten Sinne des Wortes nicht wussten, wohin mit ihrem Schmerz.

Ein Jahr später hatte sich daraus die »Borf-Brigade« entwickelt, die in einem Video, das Aufnahmen ihrer geheimen Schablonenbilder zeigte, Folgendes bekanntgab: »Diese Epidemie kann nicht wegmedikamentiert werden. Es liegt mitnichten in der Familie. › Ärger zu Hause‹ ist nicht der einzige Auslöser von Depressionen.«² Und obwohl es immer spannend gewesen war, die mysteriösen Buchstaben auf Ampelmasten oder Skate-Rampen zu entdecken, erschien mir die ganze Geschichte nach ihrer Auflösung irgendwie gruselig, denn sie zeigte mir, dass in dieser Stadt Kräfte wirkten, die ich kaum erahnen konnte.

Eines Abends traf ich mich mit ein paar Freunden in einer Wohnung, die der Freund meiner Mitbewohnerin mit seinem Bruder teilte. Es war ein kleines Apartment in einem bewachten Gebäude in Columbia Heights. Wir spielten Scrabble, aßen Käse zum Wein und versuchten, uns wie kultivierte, intellektuelle Erwachsene zu geben. Ich ging in dem einzigen winzigen Zimmer umher und bewunderte die Kunstwerke aus Bastelpapier, die die Wände schmückten. Rote Flecken auf einem gelben Blatt Papier. Dicke schwarze Linien auf Grün. Einer der Bewohner war Kunstlehrer an einer Grundschule im Südosten der Stadt. Er erklärte mir, dass dies Portraits waren, die seine Zweitklässler gemalt hatten. Die roten Flecken symbolisierten die Sicht aus dem Fenster; die schwarzen Linien waren das Werk eines Jungen, der seinen Vater im Gefängnis hatte malen sollen.

Im Sommer 2005 befanden wir uns seit zwei Jahren in einem Krieg, gegen den ich in diesen Straßen protestiert hatte, genau denselben, in denen manche dieser Kinder wohnten. Auf der Martin Luther King Jr. Avenue, wo so oft Steine auf Busse geworfen wurden, dass man den Fahrern empfohlen hatte, Schutzbrillen zu tragen. Im Südosten der Stadt, wo mein Bekannter arbeitete, lebten zu 90 Prozent Afroamerikaner. Es gab nur zwei Lebensmittelläden pro Bezirk, sowie höhere Diabetesraten und geringere Haushaltseinkommen als überall sonst in der Stadt.[3] Und all das nur zwei Straßenzüge vom Weißen Haus entfernt, wo ich damals demonstriert hatte.

Die Hitze des mittelatlantischen Sommers wurde langsam, aber sicher drückend, legte sich wie eine nasse, schwere Decke aus Trägheit erst über die Beine, und dann immer höher, bis sie den ganzen Körper bedeckt. Irgendwann konnte man unter ihrem Gewicht nur noch schwer atmen. Wir hatten keine Klimaanlage, also schliefen wir bei weit geöffneten Fenstern, und die Echos der Sirenen und Schreie auf der 18th Street verfolgten uns bis in den Schlaf.

Mitte Juli veranstaltete mein Arbeitgeber ein Picknick für alle Angestellten. Wir fuhren in einer Flotte gemieteter Kleintransporter in den Rock Creek Park in Maryland, der etwa eine Stunde entfernt lag, und verbrachten den Tag damit, Hot Dogs und Veggieburger zu grillen, Volleyball zu spielen und zu Fuß oder mit dem Fahrrad die bewaldeten Wanderwege zu erkunden. Sobald wir angekommen waren, lief ich mit ein paar Kollegen zu dem kleinen Bach, der durch den Park verlief. Dort gab es eine Stelle am Ufer, wo wir unsere Schuhe ausziehen und durch den warmen Sand ins Wasser waten konnten. Ich stand knöcheltief im Wasser, meine Zehen gruben sich in nassen grauen Sand, und mir wurde klar, dass ich zum ersten Mal in jenem Sommer barfuß im Freien stand.

Als Kind war ich den ganzen Sommer über barfuß gewesen, die Füße brannten vom heißen Straßenbelag, das kühle Gras kitzelte, und überall klebte tropfendes Eis am Stiel. Und jetzt, anstatt draußen zu spielen und meine Zehen in den Sand zu graben, saß ich mit einer Strickjacke über den Schultern im Büro, um mich durch die Klimaanlage nicht zu erkälten, drückte mir den Telefonhörer ans Ohr und versuchte, unbekannte Journalisten in Montana von der Schönheit der Natur zu überzeugen. Seit acht Wochen recherchierte und beschrieb ich einige der atemberaubendsten und ungewöhnlichsten Naturschutzgebiete der Vereinigten Staaten: die archäologischen Schätze, die es in den Canyons of the Ancients in Colorado noch immer zu entdecken galt; die von der untergehenden Sonne beleuchteten Gesteinsstreifen im Grand Staircase in Utah. Aber ich sah sie nur auf dem Computerbildschirm. Wie sollte ich zu ihnen kommen? Wann würde ich die Wärme der Steine selbst spüren können, wenn ich nur von der Stadt aus für sie arbeitete?

So hätte es laufen sollen: Ich wurde Vegetarierin. Ich fing an, neue Gemüsesorten zu essen; Spargel, Porree, Sojasprossen. Ich benutzte nur Jutebeutel. Ich kaufte ausschließlich auf dem Bauernmarkt ein. Ich begann, mein eigenes Brot zu backen, jeden Tag frischen Teig mit bloßen Händen zu kneten oder Käse selbst zu machen, lange, zähe Schnüre Mozzarella umeinanderzuschlingen. Durch meine Nahrung war ich mit meiner Umwelt im Einklang, ich erntete mein Essen direkt aus der Erde; aus kleinen Töpfen auf dem Küchenfensterbrett sprossen Basilikum, Schnittlauch und Koriander im warmen Licht, und ich zimmerte eigene Hochbeete, in denen ich rote Paprika anbaute. Ich lief durch die Reihen meiner eigenen Ernte und berührte sacht die Tomatenpflanzen, die an Stäben gen Himmel wuchsen, wo sich ihre grünen Zweige voller Hoffnung wiegten. Gelbe Kürbisse und Gurken erblühten aus der Erde, und jeden Samstag, wenn ich sie im warmen Sonnenlicht erntete, kratzten ihre stacheligen Schalen meine Hände.

Aber so war es nicht. Ich aß tiefgefrorene Fertiggerichte und vegetarische Aufläufe, deren Kalorienanzahl pro Portion die Tausendermarke knackte. Über das Weißmehl und den Zucker in meinem Weißbrot, die Chemikalien im Miracle Whip oder den Salzgehalt von Aufschnitt dachte ich nicht einmal nach. Kartoffelchips und Schmelzkäsedip waren vegetarisch, und obendrein billig. Ich wärmte immer wieder chemische Zusatzstoffe auf und wusste nichts darüber, wie krebserregend der Farbstoff Allurarot AC sein konnte.

Ich wollte Gutes tun, aber ich war ein Stadtkind und ich änderte meine Ernährungsweise, ohne mein Weltbild zu verändern. Mein Essen war nur in einer Hinsicht ethisch vertretbar: Es war fleischfrei, quasi vegetarisch nach Punkten. An der Uni war es ein Leichtes gewesen, Vegetarier zu sein. Ich war von jungen urbanen Mittelklasse-Revoluzzern umgeben, und die meisten waren Vegetarier. Mein Freund war Vegetarier. In der

Mensa gab es eine vegane Theke. Hier in der Stadt hingegen aß ich schlecht, weil ich nicht kochen konnte und alleine war. Ich lebte so wie die meisten Städter – frische, gesunde Lebensmittel waren nur schwer erhältlich, und wenn ich sie fand, waren sie entweder von minderer Qualität oder zu teuer. Und die Fleischersatzprodukte, um die ich meine Mahlzeiten plante, waren voller Chemie und schlecht für die Umwelt. Ich war überwältigt, als ich begriff, wie viel Anstrengung es kosten würde, wirklich ethisch zu leben und zu essen. Ich war weder auf wahren Vegetarismus noch auf ein Leben nach der Uni vorbereitet.

Eines Nachts ging ich alleine durch die Straßen, um unter den Neonschildern in der 18th Street zu rauchen. Ich hatte seit Jahren Zigaretten geraucht, ohne darüber nachzudenken, wie wenig kompatibel sie mit meinem Ideal des gesunden Vegetarierdaseins waren. Ich fühle mich mutlos, verloren. Ich glaube nicht, dass ich es mir damals eingestehen wollte, aber die Stadt war zu viel für mich. Ich hatte an der Uni viel über Armut gelernt, aber sie jetzt so nah, so alltäglich in Form von Nahrungsknappheit, Obdachlosigkeit und Drogenabhängigkeit zu erleben, überforderte mich. Ich lief durch die Straßen und überlegte, ob ich wegziehen sollte und ob mich das zu einer Heuchlerin machen würde.

Ein Mann kam mir mit dem Fahrrad auf dem Fußweg entgegen. An beiden Seiten des Lenkers hingen schwere Plastiktüten, und er hatte seine graue Kapuze tief in die Stirn gezogen. Obwohl auf dem Fußweg genug Platz war, trat ich beiseite, um ihn durchzulassen. Aber als er an mir vorbeikam, frustriert darüber, dass wir so umständlich aneinander vorbeitanzten, bellte er: »Du blöde Kuh, ich bin überhaupt nicht im Weg.«

Ich schaffte es kaum nach Hause, ohne in Tränen auszubrechen. Der Mann auf dem Fahrrad hatte ein verschüchtertes weißes Mädchen gesehen, ein ängstliches Mittelklassekind, das sich von einem Schwarzen an die Hauswand gedrückt fühlte. Aber das war ich nicht – oder zumindest dachte ich das nicht, oder wollte es nicht sein. Ich war nicht wegen seiner Hautfarbe ausgewichen. Aber ich sah, dass ich jetzt in einer anderen Welt lebte, in der gute Vorsätze nicht mehr genug waren. Vegetarierin zu werden war für mich ein radikaler Akt gewesen, aber das jetzt durchzuziehen, war schwieriger, als ich gedacht hatte. Ich hatte gedacht, dass ich in einer Großstadt leben wollte, aber ich war einsam und überfordert. Wenn ich jetzt darüber nachdenke, sehe ich, wie meine liberalen Privilegien freilagen und nicht mehr von einem sicheren Seminarraum oder der sterilen Umgebung einer Kleinstadt geschützt wurden.

Ich konnte es nicht genau beschreiben, aber die Stadt war kompliziert; es lag etwas Unangenehmes zwischen meinen progressiven Ansichten und dem Unbehagen, das mich überkam, wenn ich nachts alleine durch Columbia Heights lief. Ich lebte inmitten von systembedingter Armut und institutionalisiertem Rassismus und ich verstand langsam, dass Boykotte und organisierte Märsche dagegen nicht ausreichen würden. Und ich fühlte mich ein bisschen heuchlerisch. Ich arbeitete in einem schicken klimatisierten Büro, sprach mit Journalisten und organisierte Presseveranstaltungen, um Geld und Aufmerksamkeit für Naturdenkmäler zu gewinnen, die mit dieser Stadt rein gar nichts zu tun hatten. Wie viele Kinder aus der Grundschule im Südosten würden jemals in den Zion-Nationalpark fahren? War meine Arbeit denn wirklich wichtig, wenn man sich die Kriminalitätsstatistiken und Drogendelikte direkt vor meiner Haustür ansah?

Als meine Mitbewohnerinnen wissen wollten, was mit mir los war, war es mir zu peinlich zuzugeben, dass mich ein Mann auf einem Fahrrad angeschrien hatte, also sagte ich einfach: »Die Stadt macht mich traurig.« Ich wusste, dass sie alle liberal genug waren um zu wissen, was ich meinte, als ich sagte: »Hier ist so vieles kaputt.«

Ich träumte nun davon, nach Westen zu gehen, an einen Ort, an dem es nicht so kompliziert zuging. Ein Ort, an dem ich endlich richtig leben könnte; wo ich problemlos frische Lebensmittel kaufen könnte, um eine ordentliche Vegetarierin zu werden, wo das Leben nicht so teuer war und ich endlich mehr Zeit zum Schreiben haben würde, wo ich mich freier würde bewegen können, wo weniger Menschen lebten, wo ich vielleicht wirklich Teil einer Gemeinschaft werden könnte. Ich wollte nach Montana, wo Kevin noch immer studierte, und wo ich noch einmal von vorne anfangen könnte.

Eines Nachmittags im August saß ich mit meinen Arbeitskollegen Pete und Drew auf der Wiese vor dem Kapitol. Wir saßen im Schatten, um die Mittagssonne zu meiden, und aßen Sandwiches, die wir in Tupperware-Dosen von zu Hause mitgebracht hatten. In Kürze würden wir eine Kundgebung eröffnen, auf der eine neue Kampagne angekündigt werden würde, die eine Koalition aller gemeinnützigen Umweltstiftungen in Washington gemeinsam unterstützen: Wir wollten die Bush-Regierung von ihren Plänen abbringen, im Arctic National Wildlife Refuge in Alaska nach Öl zu bohren. Ein Mann im Eisbärkostüm wartete im klimatisierten Innenbereich, um nicht noch vor seinem großen Presseauftritt einen Hitzschlag zu erleiden. Während unseres Gesprächs erzählte mir Pete, dass sie sehr gern mit mir zusammengearbeitet hätten, und bot mir an, meinen Vertrag bis in den Herbst hinein zu verlängern. Ich lächelte und sagte danke, aber nein danke. Ich hätte auch sehr gern in Washington gearbeitet, aber jetzt hätte ich beschlossen, dass Montana besser für mich wäre, ein Ort, an dem ich das wilde und unkonventionelle Leben führen könnte, an dem mir so lag.

Ich sagte mir, dass ich mich jetzt entscheiden müsste, zu welcher Seite ich gehören wollte. Ich könnte in Washington bleiben und ich wusste, dass ich hier erfolgreich sein würde. Ich könnte mich die Karriereleiter in Umweltorganisationen hocharbeiten, bei Kongressabgeordneten hausieren gehen und mir High Heels und fesche Hosenanzüge zulegen, Kundgebungen planen, bei Journalisten um Berichterstattung bitten und vielleicht irgendwann auch einmal selbst Pressekonferenzen anberaumen. Ich betrachtete das als Veränderung, die von innen kommt – aus dem politischen System heraus.

Oder ich könnte all dem den Rücken kehren. Ich könnte außen vor bleiben. Ich wollte Künstlerin sein, ein einsames, unbeschwertes Leben in den Bergen führen, die Schönheit der Wildnis in Worten beschreiben, die andere dazu inspirieren würden, für sie zu kämpfen, eine Veränderung von außen herbeizuführen und so laut und wild und kompromisslos an die Türen zu klopfen, wie ich es wollte. Die Stadt hatte meine Ideale befleckt, sie verkompliziert, aber ich wollte noch nicht aufgeben. Also beschloss ich ein weiteres Mal zu gehen, mich abzuwenden. Ich zog gen Westen.

Ende August, kurz bevor ich die Stadt verließ, rief mich eine Collegefreundin an, die ein Bewerbungsgespräch für eine Praktikumsstelle hatte und fragte, ob wir uns zum Essen treffen könnten. Als sie bei mir in der Wohnung ankam, war sie wahnsinnig aufgeregt, weil sie auf dem Weg ein Restaurant namens Meskerem gesehen hatte, und sie schon immer einmal äthiopisches Essen hatte probieren wollen. Als gute Gastgeberin war ich mit der Wahl einverstanden. In Sandalen und Shorts setzten wir uns auf Lederhocker an einen kleinen roten Tisch und überließen die Auswahl unseres Essens dem Kellner. Das Aroma roter Paprika kitzelte meine Nase.

Ich ging nicht davon aus, dass ich äthiopisches Essen mögen würde. Allein die Tatsache, dass ich in diesem Restaurant saß, fühlte sich für mich an, als würde ich mich irgendwo einschleichen, als wäre ich doch einmal mit meiner Mutter zu einem Weiberabend gegangen, wie ich es nie gewollt hatte, und ich war mir sicher, dass ich mich blamieren und mir fremdartige Besteckstücke aus der Hand rutschen würden, ich mich verschlucken und vom scharfen Essen Schweißausbrüche bekommen würde. Aber all diese Ängste konnte ich Kate gegenüber nicht zugeben. Ich konnte ihr nicht zeigen, dass ich immer noch nichts weiter war als eine Kleinstädterin, die Angst davor hatte, Neues auszuprobieren. Wenn man beim Essen wählerisch ist, lernt man, sich in der Öffentlichkeit unauffällig zu verhalten und gegen unangenehme Gefühle anzukämpfen. Außerdem hatte ich Angst, dass ich mich durch solch ein, wenn auch kleines, Eingeständnis verraten würde; ich würde damit zugeben, dass ich der Stadt den Rücken kehrte, weil sie mir Angst machte.

Meine Ängste nahmen zu, als die Kellner, in weit geschnittenen weißen T-Shirts und braunen Hosen, große Metalltabletts brachten und anfingen, unsere Gerichte zu erklären. Gomen wat, dampfende, blanchierte Kohlblätter, geköchelt in berbere, einer Gewürzmischung mit Chili. Kik alicha, eine Art Suppe: Schälerbsen in Zwiebelsoße. Misir azifa, ein Salat aus fein gehackten Zwiebeln, grünen Chilis und Linsenpaste. Unbekannte Zutaten und ungewohnte Schärfe. Mein Magen krampfte sich nervös zusammen.

Für viele Freunde aus meiner Kindheit bedeutete der Wegzug aus New Hampshire in die große, weite Welt, sich zum ersten Mal etwas Neuem zu stellen, zum ersten Mal Menschen von anderswo zu treffen und unbekanntes Essen zu probieren. Eine Freundin aus der Stadt nimmt dich in eine Sushi-Bar mit. Ein Bekannter aus Texas kocht Augenbohnen oder *Tamales*.

Ein Mitbewohner aus dem Iran bringt einen Granatapfel mit. Meine Freunde waren alle irgendwie mit einer Offenheit geboren, mit dem Willen und der Freude, sich neuen Ideen und Erfahrungen zu stellen. Sie waren furchtlos, unerschrocken, einladend. Sie schämten sich ihrer Unerfahrenheit nicht, sondern erfreuten sich an Neuem.

Meine Mutter hatte mir viele exotische, kulturelle und internationale Möglichkeiten eröffnet. Bevor ich zwölf war, kannte ich Chicken Tikka Massala, hatte ihren Tabboulehsalat im Pittabrot probiert und ihre selbst gemachte Tahinisoße. Aber noch bevor ich mein Elternhaus verließ, hatte ich dichtgemacht. Wo meine Freunde Möglichkeiten sahen, eine Fülle von Zutaten, die Chance auf Experimente und neue Erfahrungen, bekam ich nur Angst, hatte viel zu empfindliche, zu widerspenstige Geschmacksnerven. Ich wollte nichts Neues ausprobieren, wenn es mich ja doch nur ekeln würde. Neue Sprachen und neue Gerichte begeisterten mich nicht – sie machten mich nervös. Ich wollte nie darüber nachdenken, vielleicht doch einmal dazuzugehören.

Aber dann begannen die Kellner uns zu zeigen, wie man in Äthiopien isst, und mein anthropologisches Interesse erwachte. Ich reckte mich, um besser sehen zu können, war neugierig, neue kulturelle Phänomene zu entdecken. Sie rupften Stücke von der injera, einer Art weichem Pfannkuchen, einem lockeren Fladenbrot, und löffelten sich damit jedes Gericht direkt in den Mund. Kein Besteck. Alles wurde geteilt. Meine Bedenken gegenüber den unbekannten Gerichten wich jetzt dem Wunsch, etwas Neues zu probieren und in der Öffentlichkeit kleckernd und laut mit meinen Händen zu essen. Wir machten es den Kellnern nach, kicherten nervös und grinsten die Leute an den Nachbartischen an. Die Kellner ermutigten uns dazu, mit den anderen Gästen zu reden, und erklärten uns, dass es Sitte war, die Gerichte auch mit Menschen an anderen Tischen zu teilen, um das familiäre Gefühl der gemeinsamen Mahlzeit zu vertiefen. Später, als sich der Betrieb im Restaurant etwas gelegt hatte, kamen sie zurück, amüsiert darüber, wie sehr wir gekleckert hatten, hielten unsere Hände und halfen uns, das scharfe Essen sicher zu unseren Mündern zu führen.

In Washington gibt es mehr Äthiopier als irgendwo sonst in den Vereinigten Staaten – mehr als 150 000 Einwanderer in einer zehn Quadratkilometer großen Stadt.[4] Nirgendwo gibt es eine größere äthiopische Bevölkerungsgruppe außerhalb von Äthiopien selbst. In jener Nacht in Meskerem spürte ich die Größe dieser Gemeinschaft, verlor mich darin und spürte, wie leicht sie mich, die verunsicherte Außenseiterin, in ihrer Mitte aufnahm.

Die Speisekarte des Meskerem erklärt, dass das Teilen der injera mehr ist als nur eine Art zu essen. Vom selben Teller zu essen oder injera miteinander zu teilen, symbolisiert das Band der Freundschaft und Loyalität. Wenn zwei vom selben Teller essen, zollen sie sich gegenseitig Respekt durch den Vertrauensbeweis der geteilten Mahlzeit. Es wird eine Verbindung zwischen Personen hergestellt, und auch zwischen Personen und Nahrung, ohne die Sterilität von Besteck oder eigenen Tellern. Die ultimative Verbindung heißt *gursha* – dabei wird dem anderen das Essen direkt in den Mund gelegt.

Ich verstand instinktiv, wie man geliebten Menschen gegenüber die eigenen Gefühle ausdrückte, indem man ihnen zu essen gab. Die Hände meiner Urgroßmutter berührten jede Mahlzeit, bevor wir sie aßen. Keinerlei Sterilität. Keine Handschuhe beim Rollen der Fleischklößchen, bei der Spaghettizubereitung. Ihr Essen war etwas Gesegnetes, ein Geschenk für andere. Als ich in jener Nacht die anderen Menschen im Restaurant beobachtete, dachte ich nicht über die Gabe von Essen nach, denn das verstand ich längst. Was mich faszinierte, war die Bereitschaft, sich zu öffnen, jemandem zu vertrauen, der dir zu essen gibt, seine Hände zu deinem Mund führt. Die Bereitwilligkeit, mit der ganzen Welt in Kontakt zu kommen, ob es nun sicher war oder nicht.

Kapitel Fünf

****

Wildnis, Teil 1

An einem warmen Oktobertag ein paar Monate später stach ich Plastikbänder mit Preisschildern durch das flauschige Fell von Stoffbisons und T-Shirts mit cleveren Sprüchen über Wapitihirsche und redete mit meiner neuen Mitarbeiterin Maggie. Maggie war klein, sechzehn, in Montana geboren, mit mausbraunem Haar, das sie stets zum Pferdeschwanz gebunden hatte. Sie redete viel, war immer voll bei der Sache, und arbeitete eifrig samstags, in ihrem grünen Polohemd, um Geld für die Uni anzusparen. Wir freundeten uns rasch an und redeten stundenlang über Bücher. An jenem Tag erzählte sie mir von ihrem Traum, nach der Uni nach Montana zurückzukehren und bei Belgrade ein Stück Land zu kaufen, wo viel gejagt wurde und Kindheitserinnerungen wach wurden. Verträumt fragte sie mich, ob ich schon einmal Wild gegessen hatte.

»Nein«, antwortete ich, und sagte, ohne weiter darüber nachzudenken, »ich bin Vegetarierin.«

Und Maggie sagte: »Was? Oh. Ich ... ich glaube nicht, dass ich mit einer Vegetarierin befreundet sein kann.«

Ich lebte erst seit einem Monat in Bozeman, einer lebendigen Unistadt im Südwesten von Montana, aber da ich nur noch drei Monate hatte, bevor ich anfangen musste, mein Studiendarlehen abzubezahlen, hatte ich den erstbesten Job in einem Souvenirgeschäft in der Innenstadt angenommen und räumte jetzt Pakete aus und brachte Preisschilder an. Weil so ein Souvenirgeschäft vor allem auf Touristen ausgerichtet ist, gewöhnte ich mich schnell daran, als lokale Expertin für den Ort gehalten zu werden, an dem ich selbst erst vor Kurzem gelandet war. Ich wusste bereits, wo es die besten Burger gab (The Garage) und ob das Rocky-Mountains-Museum auch samstags aufhatte (ja, von zehn bis vier). Ich konnte den Weg zur Post beschreiben (drei Blocks nach Süden, dann einen nach Westen). Ich konnte so tun, als sagte es mir etwas, wenn jemand den »irren Pulverschnee« in Bridger beschrieb (obwohl ich weder damals noch heute was von Skifahren verstand). Ich war vielleicht erst seit Kurzem in Bozeman, aber ich sah mich keinesfalls als Eindringling. Ich wollte bleiben. Ich war eine Ortsansässige, zufrieden, zu Hause.

Als ich Maggie fragte, warum sie nicht mit Vegetariern befreundet sein konnte, gab ihre Antwort den Blick auf die Kluft zwischen uns frei, darauf, wie unsere verschiedenen Kindheiten in unterschiedlichen Gegenden uns beeinflussten.

»Na ja«, sagte sie, »es ist halt ... ich habe schon mit dreizehn gelernt, wie man einen Hirsch häutet und ausnimmt.«

In diesem Moment begann ich, mich in den Rocky Mountains wie eine Fremde zu fühlen.

Jemandem in Bozeman zu erzählen, ich sei Vegetarierin, war ein bisschen so, als würde ich mich als Aussätzige zu erkennen geben. Seit ich vor drei Jahren beschlossen hatte, fleischfrei zu leben, hatte ich dies nur in einer liberalen, wohlhabenden Unistadt und einer Großstadt an der East Coast tun müssen. Obwohl meine Familie von meiner Entscheidung irritiert war, gab sie sich Mühe, mich zu unterstützen. Bevor ich nach Montana gezogen war, hätte ich nie gedacht, dass mich irgendjemand deshalb wirklich für verrückt halten könnte. In meiner kleinen, vertrauten Welt, in der es auf jeder Speisekarte Tofugerichte gab und man problemlos einen Veggieburger bekommen konnte, war Vegetarismus einfach eine von vielen Ernährungsgewohnheiten. In Montana waren die Menschen überrascht, wenn ich ihnen erzählte, dass ich Vegetarierin war, als hätten sie schon von der Idee gehört, hätten aber nie gedacht, dass irgendwer dumm genug sein könnte, wirklich darauf reinzufallen. Ich kann mich kaum an Restaurantbesuche in Montana erinnern, aber wenn, dann sehe ich nur zusammengewürfelte Mahlzeiten aus Salat und Vorspeisen vor mir. Pommes mit Parmesankäse beim Billardspielen im Montana Ale Works, ein Käsesandwich im Pickle Barrel, Käsepizza bei MacKenzie River.

Eines Abends gab mir eine Bekannte einen Gutschein für ein Restaurant in Logan namens Land of Magic Dinner Club, nur dreißig Minuten Fahrzeit von Bozeman entfernt in Richtung der Crazies, einem nördlichen Ausläufer der Rocky Mountains. Kevin und ich hatten uns sofort in den Namen des Restaurants verliebt und redeten die ganze Fahrt über aufgeregt davon, ob es dort womöglich kleine Wichtel und andere Märchengestalten als Kellner gab. Der Parkplatz des Land of Magic Dinner Club war ungepflastert und unter den Reifen von Kevins Allradfahrzeug spritzten die Kieselsteine, als er neben einem Pick-up parkte. Ein Mann verkaufte Pitbullwelpen von der Ladefläche.

Drinnen vertieften Kevin und ich uns in die Speisekarte, zögerten, und bestätigten dann gegenseitig unsere Vermutungen, dass nicht eine einzige vegetarische Mahlzeit angeboten wurde. Als die Kellnerin zu uns kam, schilderten wir ihr unser Problem, und beim Wort »Vegetarier« lachte sie laut auf. Wir bestellten Ofenkartoffeln, Beilagen von gedünstetem Gemüse, Salat, eine teure Flasche Wein und einen ganzen Schokoladenkuchen zum Mitnehmen und schlichen uns wieder hinaus in der Hoffnung, nicht zu viel Aufmerksamkeit erregt zu haben.

Ich gewöhnte mich weitaus langsamer an Bozeman, als ich gedacht hatte. Das Gefühl, an einem Ort bleiben zu wollen, ohne genau zu wissen, wie ich mich heimisch fühlen konnte, war mir neu. Die Arbeit im Souvenirgeschäft half mir dabei, mich an den Westen zu gewöhnen, und mich in einer fremden Stadt als Neuzugang wohlzufühlen. Ich hatte außerdem im Sommer des Vorjahres einige Monate bei Kevin in Bozeman verbracht und angefangen, als freie Mitarbeiterin für ein örtliches Outdoor-Magazin zu schreiben. Ich fand eine seltsame Wohnung: das möblierte Untergeschoss eines Einfamilienhauses, in dem der Besitzer am Fuß der Treppe eine Tür hatte einbauen lassen, um das Haus zu teilen. Im jenem Herbst fuhr er für einen Monat nach Thailand, und ich sollte oben seine Blumen gießen. Als ich einzog, besaß ich fast nichts: keine Küchenausstattung, keinen Staubsauger, keine Lampen, Stühle oder Kissen – lediglich zwei Koffer voller Bücher und Klamotten.

Die ersten paar Monate über arbeitete ich in meinem befristeten Job und da ich kein Auto hatte, lief ich jeden Morgen bei Sonnenaufgang eine Meile zur Arbeit. Nach einer Weile fand ich dann etwas Festeres: Ich arbeitete als Assistentin im örtlichen Tierheim. Ich organisierte Spendenaktionen und schrieb Anträge auf Zuschüsse und Dankesbriefe für jede Spende, die bei uns einging.

Da Kevin noch zur Uni ging und seine Nächte mit Laborberichten in organischer Chemie und Lehrbüchern zur Agrarwissenschaft verbrachte, wurde das Abendessen für uns zu einem festen Ritual. Es war die Zeit, die wir jeden Tag gemeinsam verbrachten. Wir hatten sehr wenig Geld, wenig Zeit und konnten nicht besonders gut kochen, aber ich bemühte mich, aus wenigen Zutaten etwas zuzubereiten, das wie eine vollwertige Mahlzeit wirkte: billige, einfache vegetarische Gerichte mit Papierservietten, kleine Schüsseln mit Ranch-Dressing zu Tiefkühlpizzas und Kartoffelkroketten, frisch geriebener Parmesan auf Fertignudeln. Ich spielte die Hausfrau in einem fremden Haus, inmitten von Kevins Mitbewohnern, die Chili aus Dosen in Mikrowellenschüsseln aufwärmten und im Stehen aßen. Ich wollte ihm Essen machen, der besonderen Verbindung wegen.

Aber ich hatte Angst, dass aus einer solchen Liebesbezeigung ganz schnell eine Verpflichtung werden könnte. Im Hinterkopf kam mir kurz der Gedanke, ob ich nicht zur Hausfrau würde und zu viel von mir für ihn aufopferte. Wenn es mich glücklich machte, anderen Essen zu kochen, wäre ich irgendwann daran gebunden? Würde es mich irgendwann einmal davon abhalten zu gehen, wenn ich es wollte, oder würde es sich anfühlen, als ob ich jemanden im Stich ließ, der mich brauchte? Könnte ich mich auch um mich selbst kümmern?

Wenn ich alleine in meiner Wohnung aß, kochte ich meistens eine Packung Ramen-Nudeln und aß sie am Küchentisch, mit einem Buch zur Gesellschaft.

Als es in Montana Herbst wurde, überkam mich Nostalgie, ein unbestimmtes Heimweh, auf das ich nicht vorbereitet war, denn ich hatte immer nur von zu Hause weggewollt. Herbst im Nordosten der Vereinigten Staaten, mein Herbst, war wie ein Schuss mit der Leuchtpistole, ein Feuerwerk aus knallroten Blättern, Kürbisschnitzen und Tagen hoch oben in grünen Ästen beim Apfelpflücken. All das lag in weiter Ferne. Erntetraditionen, die sogar ich als Stadtkind verinnerlicht hatte, sorgten dafür, dass ich mich der Natur im Herbst am nächsten fühlte, den dichten Kiefernwäldern und dem steinigen Boden New Englands.

Die einzigen Bäume, die sich in Bozeman verfärbten, waren die Pappeln, und so blieben die Berge bis in den Oktober grün. Die meisten Menschen aus meiner Umgebung waren auf zwei Arten mit der Natur verbunden: Sie fuhren Ski oder jagten. Der Herbst, der für mich bis jetzt immer ein besonderes Schauspiel gewesen war, wurde hier zu einer Zeit, in der man auf den ersten Schnee hoffte oder endlich wieder jagen durfte.

Plötzlich wusste jeder um mich herum, wie man einen Fisch ausnahm, ein Gewehr anlegte, tötete. Nachbarn hängten in ihren kleinen Garagen Rehe an den Hufen auf. Steife Tierläufe ragten an Tankstellen von den Ladeflächen der Pick-ups. In meiner Lieblingsbar hing der ausgestopfte Kopf eines Rotluchses. Im Oktober fuhr ich in den Yellowstone-Nationalpark, um den Wapitihirschen zu folgen. Ich lauschte dem Blöken und Schnaufen der riesigen Tiere und sah Dampf aus ihrem verschwitzten Fell aufsteigen. Der Parkwärter hatte gesagt, ich solle etwas Buntes anziehen und mich nicht zu weit von den Wegen entfernen. Die Leute aus Montana kamen hierher, um die Wapitibullen zu töten, solange diese von ihrem Paarungstrieb abgelenkt waren.

Die Jagd, genau wie das Farmleben, war für mich ein Relikt aus vergangenen Zeiten gewesen, bevor ich nach Montana zog. Obwohl man auch in New Hampshire jagte, kannte ich Jäger nur durch die Echos von Schüssen, die wir im Garten hörten, durch orangefarbene Blitze und als Begründung dafür, dass wir im Oktober nicht im Wald spielen durften. Die paar Männer, die es in meiner Familie gab, besaßen keine Gewehre und verbrachten ihre Samstage nicht zusammengekauert in einem nassen Hochsitz und warteten darauf, dass sich vor ihren Ferngläsern etwas Braunes bewegte. Mein Wald war ein sicherer Ort, voller Verstecke und Peter-Pan-Spiele, ein Ort von Schwertkämpfen auf Baumstämmen an Bächen, mehr Kiefernnadeln als Kiefern, in denen es nichts Gefährlicheres gab als ab und zu einmal eine Ringelnatter. Das einzige Blut, das meine Eltern an den Händen hatten, war der Saft aus angetauten Steaks, die sie aus der Großpackung in kleinere Gefrierbeutel umpackten. Unser Garten ging zwar zum Wald hinaus, aber wir lebten nicht darin. Wir blieben außen vor.

Die Jagd war Tradition für die Menschen, die ich in jenem ersten Herbst in Montana kennenlernte. Für Maggie und viele andere war es eine lebenslange Erinnerung, eine Tradition, die Generationen zurückging, etwas, das jedes Kind lernte. Im Wald, mit einem Gewehr in der Hand, lernten die Kinder in Montana, dass ihre Heimat nach wie vor jederzeit von der Wildnis zurückerobert werden konnte. Die Fähigkeit, ein Tier erst zu erlegen und dann zu zerlegen, erinnerte an den langen Kampf, Grenzen zu ziehen, an die schweren Zeiten, die noch nicht zu lange zurücklagen, als die Tiere die Voraussetzung dafür gewesen waren, dass man sich hier hatte niederlassen können. Jagen gehörte zum Geschichtsunterricht, wenn auch in romantisch verklärter Art, zur Geschichte von Eroberung und offenkundiger Bestimmung, von europäischen Siedlern, die »das wilde Grenzgebiet zähmten«.

In jenem Herbst erinnerte ich mich wieder an meinen Seminarraum in New York und an meinen Kommilitonen, der Vegetarier gewesen war und von seiner Achtung für Jäger gesprochen hatte. Ich hatte die Jagd damals als etwas Nobles angesehen, als Art, mit der Natur zu kommunizieren, und ich hatte beschlossen, auf Fleisch zu verzichten, weil ich es nicht mit ansehen konnte. Ich hatte versucht mir vorzustellen, einem Tier die Kehle durchzuschneiden, und mich mit Grauen abgewendet. In Montana sah ich das, wovor ich Angst gehabt hatte. Die Realität des toten Tieres, voller Blut und Innereien, war eine Sprache, die ich nicht verstand. Ich sah das Gewehr nicht als Verbindung zur Natur, sondern eher als Ausdruck des Sieges, eine Trophäe ihrer Unterwerfung. Als ich das rohe Fleisch sah, seine Zersetzung roch, miterlebte, wie es wirklich aussah, wenn ein Tier starb, stellte ich fest, dass es mir zu sehr auf den Magen schlug.

Im November, am zweiten Tag der neu eröffneten Bisonsaison, erlegte ein Teenager aus dem Nachbarort den ersten Bison, der in Montana seit fünfzehn Jahren legal getötet wurde. Ich las den Bericht darüber in der Tageszeitung, die frühmorgens vor meinem Haus landete. Buddy Clement, einer von nur fünfzig Personen, die in jenem Jahr eine Jagderlaubnis für Bisons erhalten hatten, schoss dem Tier aus einer Entfernung von etwa dreißig Metern direkt in den Kopf, nicht mehr als eine Meile von der Asphaltstraße entfernt. Clement war von einem Angestellten des Amtes für Fischerei, Tierwelt und Parks von Montana zu der Stelle geführt worden. Die Behörde hatte die Genehmigungen erteilt in der Hoffnung, die wachsende Größe der Bisonpopulation im Südwesten von Montana in Grenzen zu halten.[5]

Als Außenseiterin, deren Familie nicht an der Siedlungsgeschichte beteiligt war, konnte ich die heutige Berechnung hinter der Bisonjagd schlecht mit der Geschichte dieses Tieres im amerikanischen Westen in Einklang bringen. Aus meiner Sicht, ohne Gewehr, konnte ich die moderne Bisonjagd nicht betrachten, ohne den Kontext der europäischen Siedler und amerikanischer Ureinwohner im Auge zu behalten, jenen Kampf um Eroberung und Kolonisierung. Als ich in Montana mit der Zeitung an unserem Esstisch saß, der wie eine Baumscheibe zurechtgeschnitten war, und den 250-Wort-Bericht über Buddy Clements Jagderfolg las, musste ich an Passagen in Geschichtsbüchern denken, die ich aus Begeisterung für die Rocky Mountains gelesen hatte, an die Informationen und Fakten, die ich über jene Gegend gesammelt hatte.

Ich erinnerte mich, dass Bisons im 19. Jahrhundert beinahe ausgerottet wurden, als von einstmals sechzig Millionen um 1800 herum nur noch ein paar Hundert übrig blieben.[6] Der Wert für die europäischen Siedler lag im Fell des Bisons und um damit Profit zu machen, brauchte man große Mengen. Ein gutes Fell konnte drei Dollar einbringen, und ein sehr gutes über fünfzig. Und das zu einer Zeit, in der ein Arbeiter sich glücklich schätzen konnte, wenn er am Tag einen Dollar verdiente. Jäger ritten in Gruppen in die Prärie und konnten gemeinsam hundert Tiere am Tag töten. Zum Häuten schlug die eine Gruppe die Nase des Tieres mit dem Vorschlaghammer in der Erde fest, legte Seile an, und die andere Gruppe, zu Pferde, zog das Fell vom toten Tierkörper ab. Dann ritt man weiter zum nächsten Opfer und ließ den Kadaver in der Sonne zurück. Nach ein paar Wochen, wenn die Sonnenstrahlen die Tiermuskeln zu Leder getrocknet und Raubvögel das Skelett abgenagt hatten, kam der Trupp zurück, um die letzten Reste zur Verwertung einzusammeln. Die Knochen wurden nach Osten gesandt und zu Messergriffen, Klebstoff oder Zierwerk verarbeitet.

Gegen Ende des Jahrhunderts zogen beinahe tausend solcher Truppen durch die Gegend.

Aber die massenhafte Ausrottung des amerikanischen Bisons brachte noch einen weiteren Vorteil für die europäischen Siedler mit sich: die Ausradierung der Ureinwohner der Prärie. Da für deren Lebensunterhalt so viel vom Bison abhing, der für Nahrung, Kleidung, Behausungen und viel mehr genutzt wurde, wurden die Bisonjägertruppen vom US-Militär aktiv unterstützt. Dieses wusste, dass es mit der Ausrottung des Bisons einfacher werden würde, die Ureinwohner zusammenzutreiben und in Reservate zu zwingen, und so das Land für die Besiedlung durch Weiße zu gewinnen. General William Tecumseh Sherman bemerkte einmal, dass es »die schnellste Möglichkeit war, die Indianer zu einem zivilisierten Leben zu bekehren, zehn Regimenter Soldaten in die Prärie zu schicken und ihnen zu befehlen, so viele Büffel zu schießen, bis zu wenige von ihnen übrigblieben, um die Rothäute zu ernähren«.[7]

An dieses Erbe erinnerte ich mich, als ich las, dass in Montana wieder Bisons gejagt werden durften. Eine Geschichte von Eroberungen, Niederlagen, beinahe vollständiger Ausrottung. Der Bison von Buddy Clement hatte nicht gewusst, dass er gejagt wurde. Diese Jagd war nicht einmal eine Verfolgung gewesen. Meiner Meinung nach hatte es keinerlei Ritual zwischen Jäger und Opfer gegeben, keinerlei Ehre. Ich weiß nicht, was der Bison gedacht hatte, oder Buddy Clement. Ich weiß nicht, ob der Siebzehnjährige eventuell ein leises Gebet gemurmelt hatte, als er mit seiner Familie das erlegte Tier ausnahm. Aber ich weiß, dass mir, dem Mädchen, das nicht angeln wollte und beim Steakessen keinen Ochsenkopf ansehen konnte, die ganze Angelegenheit zu einfach erschien, um dem großen Opfer des Tieres Respekt zu zollen.

Die Menschen in Montana dachten nicht, dass ein Außenseiter den Bison jemals richtig verstehen würde. Ich hatte nie eine Rinderfarm bewirtschaftet, nie Angst haben müssen, dass ein Bison meine Kälber mit Brucellose anstecken könnte. Ich hatte noch nie gesehen, wie eine wilde Herde Zäune niedertrampelte, oder wie ein Tourist von einem Bullen auf die Hörner genommen wurde. Ein Freund erzählte mir einmal, dass man in Montana erst als »gebürtig« gilt, wenn die Großeltern auch von dort stammten. Es gab einfach zu viele Zugezogene aus Kalifornien, New York oder Oregon – mit ihren Skihütten und ihrem Naturschutzverein, der Land aufkaufte, um die restlichen Wildtiere zu bewahren – die den Kontext nicht kannten, um wirklich durchdachte Schlüsse zu ziehen. Ohne das Kurzzeitgedächtnis der Geschichte, ohne die Erzählungen der Großeltern von Mühsal und Anstrengungen im Grenzland, konnte ich einfach nicht wissen, was es bedeutete, vor etwas Wildem Angst zu haben. Ich konnte den Impuls, die Natur niederzuringen, nicht nachvollziehen.

Aber ich liebte den Bison. Wenn ich an Montana zurückdenke, sind die Erinnerungen an Bisons die stärksten und schönsten. Das ganze erste Jahr über fuhr ich immer wieder allein große Strecken, verfuhr mich absichtlich auf den gewundenen Bergstraßen, wollte etwas entdecken. Nur ein paar Meilen südlich von Kevins Haus, am Gallatin River entlang, gab es eine kleine, nicht ausgeschilderte Nebenstraße, einen ungepflasterten Weg, der sich um die Flying D Ranch herumschlängelte, die dem Medienmogul Ted Turner gehörte. Turner hatte die Ranch speziell als Naturreservat entworfen, und heute leben dort etablierte Populationen von Rotwild, Wapitis, Wölfen und Bisons. Die Turner'sche Bisonherde umfasst beinahe 5000 Tiere, mehr als die im nahen Yellowstone-Nationalpark.[8] Ich weiß noch, wie ich nahe der Flying D Ranch im Auto saß und drei oder vier Bisons betrachtete, die im vertrockneten Gras herumstanden. Einer von ihnen schrammte immer wieder gegen einen Erdhügel und sein riesiger Kopf bewegte sich langsam hin und her, als er sich am Boden rieb.

Nach einer Weile wurde es mir in Bozeman zu eng. Ich weiß bis heute nicht, warum. Vielleicht lag es daran, dass ich wegen Kevin dorthin gezogen war, und der Ort nie richtig etwas für mich gewesen war. Vielleicht hatte ich zu hohe Erwartungen gehabt, und die Wirklichkeit, mich dermaßen fremd zu fühlen und keinerlei Zugehörigkeit zu verspüren, setzte mir zu. Vielleicht war meine Liebe zum historischen Grenzland, so sehr ich den unförmigen, verfilzten Bison auch mochte, nur Fernweh, eine überromantische Schwärmerei für das Cowboyleben, eine fixe Idee vom Ausbrechen, ohne die störende Wirklichkeit des Alltags. Vielleicht war Jack Kerouac schuld. Vielleicht soll es ja so sein, dass junge Leute wie ich den Westen idealisieren: wild, wechselhaft und weit weg von meiner Ostküstenkindheit.

Was immer es auch war, ich versuchte, mein Leben in Montana zu ändern, versuchte, irgendwie doch dazuzugehören. Nach einigen wenigen Monaten kündigte ich im Tierheim, weil ich dachte, dass ich glücklich werden würde, wenn ich mehr Zeit zum Schreiben hätte, mehr kreative Energie für meine eigene Karriere aufbringen könnte. Also nahm ich eine Stelle als Kinderfrau an. In Highschool-Zeiten hatte ich jahrelang Babysittererfahrungen gesammelt, also war es kein Problem, eine Stelle zu finden, und so passte ich anderthalb Jahre lang auf die Kinder anderer Leute auf.

Die Entscheidung war praktischer und nicht sentimentaler Natur. Ich war nicht auf das Gefühl von Zuneigung vorbereitet, und die Wünsche, die in mir wach wurden. Ich verbrachte meine Vormittage mit einem sieben Monate alten Baby im Haus. Meistens trug ich es herum und gab ihm zu trinken. Jeden Morgen verspürte ich den zarten Sog von wachsender Hingabe, wenn es in meinen Armen einschlief. Ich sah auf es hinunter, betrachtete seine zitternden Augenlider, in denen winzige Muskeln unter weicher, rosafarbener Haut gegen den Schlaf ankämpften. Die Flasche in seinem Mund hörte auf zu wackeln, und es bildete sich ein dünner Milchfilm in seinen Mundwinkeln. Ich hielt seinen warmen kleinen Körper jeden Tag zweimal, beinahe ein Jahr lang sah ich zu, wie es in einen tiefen, milchgeschwängerten Schlaf fiel, und mein Herz wurde schwer, wenn sich seine Händchen in mein T-Shirt krallten.

Ich hielt es fest, aber die Flasche ganz sanft, damit ich sie ihm abnehmen konnte, sobald es eingeschlafen war.

Kinderfrau zu sein bedeutet eine Ersatz-Mutterschaft. Ich besorgte den Haushalt, spülte das Mittagsgeschirr und plante spannende Ausflüge zum Wissenschaftsmuseum, ging viel spazieren, um die Gänse am Teich zu füttern, bastelte und beendete kindliche Streitereien. Aber meine Hauptaufgabe, der Grund für meine Anstellung, die Art, auf die ich mich dem Baby und seinem sechsjährigen Bruder am nächsten fühlte, war, ihnen zu essen zu geben.

Diese wundervolle Abhängigkeit. Der Grund. Das Wissen, dass sie ohne mich verloren wären: wunderschön und gefährlich zugleich.

In dem Herbst, der mich nach Montana brachte, zog auch meine Mutter um. Sie flog für neun Monate als Freiwillige nach Ghana, um im ländlichen Zentrum des Landes an einer Hochschule für Lehrerausbildung zu arbeiten. Dies war ein logischer Schritt für eine Frau, die ihr ganzes Leben im Dienste anderer verbracht hatte – ihrer Kinder und Familie, der Tauben und Lernbehinderten, mit denen sie zu Beginn ihrer Laufbahn gearbeitet hatte, der Achtklässler, denen sie Shakespeare nähergebracht hatte, der Klasse, die sonst niemand unterrichten wollte. Und jetzt im Dienste von Fremden, die eine Anlaufstelle brauchten, in einem Land, in dem sie niemanden kannte. Wann immer ich in jenem ersten Jahr in Montana an sie dachte, füllte sich mein Herz mit Stolz auf ihr unersättliches Verlangen, anderen zu helfen, einen Sinn im Leben gefunden zu haben.

Aber wenn ich an meinen Vater dachte, der alleine zu Hause Spaghetti kochte, oder eine kleine Pizza bestellte und beim Essen Sportsendungen sah ... Ich durfte nicht zu oft daran denken. Das Bild meines einsamen Vaters rief gefährliche

Regungen in mir hervor. Mein Herz pochte stärker, und ich war drauf und dran, meine eigenen Pläne, meine Schriftstellerkarriere, die ich in Montana aufbauen wollte, auf Eis zu legen, zu meinem Vater zu ziehen und ihn zu bekochen, bis meine Mutter wiederkam.

Obwohl ich so hart daran gearbeitet hatte, mich von meiner Familie, vom Typus der Frau in der Küche, zu entfernen, war ich genau das jetzt ständig: Tagsüber gab ich einem Kleinkind die Flasche, abends flüsterte ich voller Liebe: »Ich kümmere mich ums Essen«, um Kevin das Leben zu erleichtern. Wenn ich mir vorstellte, wie mein Vater allein im blauen Schein des Fernsehers saß, lastete die Bürde des Kümmerreflexes schwer auf mir. Ich wollte mich um diese Männer kümmern und dieses Verlangen machte mir Angst. Der Drang, jemanden ernähren zu wollen, war immens, und er machte mich wahnsinnig, wie ein eingesperrtes wildes Tier. Jeder Schritt war ein Schritt zu viel in Richtung Häuslichkeit. Ich fühlte mich unwohl. Ich zuckte zusammen wie ein Reh, das merkt, wie verletzlich es ist. Ich hatte Angst vor jenem Verlangen, hatte Angst, mich für andere aufzuopfern. Aber da war es, tief in mir verwurzelt: Liebe als Nahrung.

Eines Abends in jenem ersten Jahr in Montana hatten Kevin und ich eine große Auseinandersetzung. Er hatte besonders viel an der Uni zu tun, und ich sagte, dass ich mich vernachlässigt fühlte. Er erwiderte, er wünschte, dass ich nie zu ihm nach Montana gezogen wäre, dass es ihm zu viel wurde, mich und meinen Wunsch nach Aufmerksamkeit ständig um sich zu haben. Voller Wut stürmte ich hinaus und setzte mich ins Auto, um wegzufahren. Ich fuhr an den Stadtrand, auf dunklen Straßen, die ich nicht gut kannte. Ich beschloss, eine heiße Quelle zu finden, die wir zusammen schon erfolglos gesucht hatten. Ich wollte meine Unabhängigkeit beweisen, die Oberhand über diesen Bundestaat gewinnen, den ich zu meiner Heimat machen wollte, etwas Eigenes finden. Ich wollte die heiße Quelle vor ihm finden, dieses Wettrennen gewinnen.

Am Himmel hing tief der gelbe Mond, als ich kurz anhielt, um meinen Badeanzug und einen Sechserpack Sam Adams – das Bier, das mich an meine Heimat erinnerte – auf den Rücksitz zu werfen. Ich fuhr mein allererstes Auto, das ich gerade für 500 Dollar meinem Chef abgekauft hatte, einen Toyota Camry Kombi, Baujahr 1983, genannt Pickelchen nach den unzähligen Dellen auf Motorhaube und Dach, die der große Hagelschlag von Billings 1987 darauf hinterlassen hatte. Es war mir eigentlich völlig egal, wohin ich fuhr. Ich kreiste um den Stadtrand und schimpfte vor mich hin.

Ich fand die Quelle auch in jener Nacht nicht. Stattdessen hielt ich im Dunkeln am Straßenrand an, an einer Stelle ohne Häuser oder andere Lichtquellen, von der man nur die Umrisse der Berge erahnen konnte, die sich schwarz gegen den dunkelblauen Himmel abzeichneten. Ich trank ein Boston Lager und schäumte vor Wut. Nach einer Weile erkannte ich, dass ich wütend war, weil in Kevins Vorhaltungen ein Körnchen Wahrheit steckte: Ich hatte außer ihm tatsächlich nichts, was mich in Montana hielt. Ich war aus der Stadt in den Westen gezogen, weil ich etwas gesucht hatte; eine Verbindung, eine Gemeinschaft, zu der ich gehören und der ich etwas geben konnte. Aber was ich genau suchte, wusste ich immer noch nicht. Ich verstand plötzlich, wie viel Druck ich ihm damit machte, einfach all meine Besitztümer in zwei Koffer zu packen, vor ihm aufzutauchen und zu sagen: »Und jetzt?«

Ich wusste, dass ich in der Wildnis nach Anhaltspunkten suchte, nach einer Anleitung, dazuzugehören. Aber wie sollte ich die Spuren deuten? Wie das Geheimnis lösen? Was hatte ich davon, Kevins Naturratgeber auf unsere Ausflüge in die Spanish Peaks mitzunehmen? Auf Dinge zu zeigen und sie zu benennen? *Was ist das für eine Blume? Welches Tier hinterlässt solche Spuren? Welcher Vogel klingt so?* Warum las ich Geschichten über die Bisonjagd und strich mit meinen Fingerkuppen über sepiafarbene Fotografien in Büchern, die in der Bibliothek unter »Besiedlung« standen?

Michael Perry hat einmal geschrieben, dass das Land, die tatsächliche geografische Gegend, einen immer willkommen heißt. Aber die Gesellschaft ist eine ganz andere Geschichte. Man kann sich in eine Gruppe von Menschen nicht hineindrängen.[9] Vielleicht hatte ich nur zum Land in Montana eine Verbindung, zum amerikanischen Bison und den Bridger Mountains, ohne die Menschen zu verstehen, die dort ansässig waren, Menschen, die ihr Land mit aller Macht verteidigten, auch wenn ich das als ein Niedertrampeln wahrnahm. Vielleicht lebte ich auch in einem Zustand ständiger kognitiver Dissonanz: Ich sah die Jagd als ein hehres Ritual, aber das Blut und den Kampf wollte ich nicht sehen; ich versorgte die Menschen, die ich liebte, aber ich nahm es ihnen übel; ich liebte Montana, aber ich fand nichts, was mich dort hielt.

Ich weiß nicht mehr, wie Kevin und ich unseren Streit beilegten, oder ob wir es überhaupt taten. Ich weiß, dass die Erinnerungen da sind, aber jener Teil meines Lebens fühlt sich so weit entfernt an. Ich weiß noch, wie ich mit Kevin und dem Baby, für das ich sorgte, auf dem Balkon im zweiten Stock des Coop-Gebäudes saß. Wir saßen auf grob zusammengezimmerten Bänken und Geländern, aßen Thunfischbrote und fühlten uns wie eine Familie. Ich erinnere mich an den Beginn unserer gemeinsamen Zeit dort, als wir in den Bergen und um die Seen herum wanderten und unsere roten Wangen und Ohren unter unseren Strickmützen hervorlugten. Ich erinnere mich an den Blick vom Garten des Hauses, das wir am Schluss gemeinsam bewohnten, auf schneebedeckte Bergspitzen, hinter denen die Sonne unterging. Aber besonders erinnere ich mich an Nächte wie jene, mit dem Streit und der missglückten Suche nach der heißen Quelle, Nächte, die ich alleine im Freien verbrachte und mich fragte, wo ich hingehörte. Ich weiß noch, wie ich mich auf der hagelnarbigen Motorhaube meines Autos ausstreckte und zu Milliarden fernen Sternen hochsah, während ich versuchte festzustellen, woher der Schwefelgeruch kam.

Anderthalb Jahre, nachdem ich nach Montana gezogen war, hatte ich wenig mehr erreicht, als ein paar Mal den Job zu wechseln und die Hausfrau zu mimen. Verkäuferin im Souvenirgeschäft, Assistentin für einen gemeinnützigen Verein, Kinderfrau – ich konnte als Schriftstellerin nichts verdienen und als verdienende Frau nicht schreiben. Ich konzentrierte mich stattdessen auf Kevin und unsere Beziehung und versuchte, aus der ganzen Erfahrung von zwei Menschen in ihren Zwanzigern ein gemeinsames Leben zu basteln. Wir tranken Wodka aus Wasserflaschen und hüpften barfuß zu Bluesgrass-Musik durch sommerliche Parkkonzerte. Wir schnallten uns in Rettungswesten und trotzten den Kitchen-Sink-Stromschnellen im Madison River. Ich redete mir ein, dass eine Schriftstellerin schließlich leben musste, um etwas zu schreiben und Material sammeln sollte. Aber in Wahrheit hatte ich einfach nicht die Art von tiefen Beziehungen, die einen guten Autoren ausmachen, hatte nie Wurzeln geschlagen oder das Gefühl einer Verbundenheit, aus der heraus ich Einsichten sammeln konnte.

Ich hatte die Zehen im Schmutz, aber es reichte nicht, um mich einzuleben. Mir war immer bewusst, ich spürte es sofort, wenn ich nicht dazugehören konnte, wenn ich nicht zur Urbevölkerung zählte. Als Kevin im Dezember sein Studium beendete, fand er Arbeit beim National Park Service im Süden von Kalifornien und sollte nur zwei Wochen nach seinem Bewerbungsgespräch beginnen. Er fand im Internet ein WG-Zimmer, packte seinen Subaru und zog an den Strand. Ich selbst sollte entscheiden, wo ich leben wollte, ob ich in Montana auf ihn warten oder ihm nach Kalifornien folgen würde. Ich hatte nichts zu verlieren.

****

Kapitel Sechs

Erdbeerfelder

ch war 24, und alles, was ich besaß, sogar mein Fahrrad, passte hinten in meinen 1983er Toyota Camry. Ich verließ Montana genau wie Washington – ich beschloss, dass es nicht der richtige Ort für mich war und ging, bevor es noch schlimmer werden würde. Ich fuhr durch Idaho und Utah, wo die Berge noch schneebedeckt waren, und verließ das Grenzland der Siedler und damit alles, was es mir über Gemeinschaft, Zugehörigkeit und Verständnis hätte beibringen können. Ich kam in brütend heiße Wüstengegenden in Arizona und Nevada, und machte mich bereit für eine bessere Welt, eine Welt, die für jemanden wie mich erbaut worden war. Irgendwo in der Mojave-Wüste hielt ich an und kramte im Koffer nach meiner Sonnencreme, aber es war schon zu spät. Ich kam müde und verschwitzt in Ventura an, mein linker Arm krebsrot verbrannt, als ob ich eine lange Pilgerfahrt ins Gelobte Land hinter mir hatte.

Die Terrasse unserer ersten Wohnung in Kalifornien ging nach Osten. Genau vor der Betonmauer, die sie umgab, wuchs ein Zitronenbaum. Als ich an meinem ersten Morgen im April

2007 dort erwachte, war die Luft kühl und frisch wie ein Septembermorgen in den Bergen, und durch die großen Farne vor dem Fenster fiel helles Sonnenlicht. Zwischen den Paradiesvogelblumen flatterte ein Kolibri. Auf einer glänzenden gelben Kugel leuchtete der Tau im Morgenlicht, und ich pflückte sie und presste ihren frischen Saft in meinen grünen Tee.

Ein neuer Anfang, dachte ich. Hier, in Kalifornien, würde ich zur Schriftstellerin werden. Hier, in Kalifornien, würde ich dazugehören.

Nur ein paar Wochen zuvor war ich am Flughafen von Oxnard zu einem Erkundungsbesuch angekommen. Ich trug eine lange Leinenhose und Sandalen, obwohl die Luft im südlichen Kalifornien noch etwas kühl war. Kevin fuhr mich direkt zum Pazifik, und noch auf dem Parkplatz streifte ich die Sandalen ab und lief über den kalten Sand direkt ins Wasser. Eiskalt, grau, klar. Ich atmete tief ein und machte mich wieder mit dem Salzgeruch vertraut.

Ein paar Stunden später liefen wir Arm in Arm durch die Hauptstraße von Ventura und fanden ein Café in einer Seitengasse, in der Bougainvilleen rankten.

»Es fühlt sich schon an wie zu Hause«, sagte ich.

Drei Wochen später zog ich endgültig um.

Ich begann, mich selbst zu versorgen. Jeden Samstag lief ich fünf Straßenzüge weit zum Bauernmarkt im Zentrum, einem von dreien, die wöchentlich in der Stadt abgehalten wurden, gab zwanzig Dollar aus und kam mit einem Rucksack voll frischer Lebensmittel zurück. Meine Mahlzeiten bestanden hauptsächlich aus frischem Gemüse, ein paar Scheiben Baguette, ein bisschen Käse, vielleicht ein paar Nüssen. Ich schnitt, hackte und briet manchmal etwas mit Olivenöl und Knoblauch an, aber die frischen Zutaten mussten meist nicht weiterverarbeitet werden. Ich saß barfuß im Freien, atmete das säuerliche Aroma der Zitronen ein und aß mit bloßen Händen. Grünen Spargel mit Balsamessig, halbrunde weiche Avocadoscheiben, gesalzene Tomatenviertel, ganze Erdbeeren. Der rohe Saft lief über meine Finger, und ich leckte ihn vorsichtig und genüsslich von meinem Handgelenk.

Kalifornien war eine seltsame Traumwelt, in der die Jahreszeiten unbedeutend waren. Ein gebürtiger Kalifornier mag klare Unterschiede zwischen November und Juni erkennen, aber für uns Auswärtige, die nach einem Schneesturm im April öfter schon schmerzende Schultern vom Schneeschaufeln bekommen und ein Thanksgiving am Strand nie für möglich gehalten haben, ist das Klima an der südkalifornischen Küste das reinste Idyll. Makellos. Perfektes Wetter zum Wachsen.

Alles schien gut und frisch und neu. In meiner allerersten Woche in Ventura bekam ich einen Vollzeitjob in einem Nachhilfeinstitut und eine regelmäßige Kolumne in einem Kulturmagazin. Ich brachte anderen das Lesen bei und schrieb gegen Bezahlung. Und was vielleicht noch wichtiger war: Ich traf Menschen, die dieselben Interessen hatten. Meine Kollegen lasen Gabriel García Márquez, hörten Ben Harper und hatten beim Friedenskorps gearbeitet. Kevin und ich fanden eine neue Wohnung, nur drei Straßenzüge vom Meer entfernt. Ich lief tagsüber durch den Sand, bewunderte das Wasser, und tippte dann in Cafés mit kostenlosem WLAN meine Artikel. Ich verdiente knapp 1000 Dollar im Monat. Ich war 24 und lebte am Meer. *Das*, dachte ich, *war genau das Leben, das ich mir vorgestellt hatte.* Hell, warm, frei, und voller Möglichkeiten und Verbindungen.

Ein kühler, grauer Junitag. Ich stand an einem Strand in Malibu neben einem Mann namens Mati Waiya, der mir von der Chumash-Legende der Wanderung erzählte.

»Der Schöpfer baute eine Regenbogenbrücke von den Kanalinseln zum Festland, um die Chumash in ihre neue Heimat zu führen. Er verbot ihnen, nach unten ins Wasser zu sehen, aber manche konnten der Versuchung nicht widerstehen, und als sie über den Rand des Regenbogens nach unten sahen, fielen sie ins Meer. Obwohl sie seine Worte missachtet hatten, konnte der Schöpfer es nicht mit ansehen, wie seine Kinder starben. Und anstatt sie ertrinken zu lassen, verwandelte er sie in Delfine.«

»Das Meer«, sagte er, »ist für unser Volk mehr als nur eine Nahrungsquelle. Es ist die Heimat unserer Vorfahren.«

Zwei Monate nach meiner Ankunft in Kalifornien hatte mir mein Chef den Auftrag für einen Bericht im monatlich erscheinenden Lifestyle-Magazin gegeben. Mati Waiya war kürzlich zum neuen Küstenwächter von Ventura ernannt worden, als erster amerikanischer Ureinwohner in einer solchen Position in der Waterkeeper Alliance, eine Vereinigung verschiedener gemeinnütziger Vereine, die es sich zum Ziel gemacht haben, die Wasserläufe der Welt zu pflegen und zu beschützen.[10] Er arbeitete mit Freiwilligen und Wissenschaftlern zum Schutz der Wasserläufe in Ventura zusammen, indem er die Wasserqualität überprüfte, diejenigen anzeigte, die Wasser verschmutzten und Bildungsprogramme organisierte. Waiya hatte mich am Nicholas Canyon Beach treffen wollen, um mir das Modelldorf der Chumash zu zeigen, das seine Stiftung dort errichtet hatte, und um mir zu erläutern, wie die Ethik der Erde im Bewusstsein seines Volkes mit der Arbeit und Verantwortung für das Meer zusammenhing, die seine neuen Aufgaben mit sich brachten.

Wir überquerten die Straße, um das menschenleere Stück Strand zu erreichen, das zum Meer führte. Der Himmel hing voller Regenwolken, unter denen vereinzelte Möwen herumflogen. Ich fragte Waiya, was für seine Organisation die größten Probleme wären, von denen die Wasserläufe in Ventura bedroht würden. »Die Landwirtschaft«, antwortete er. Ich sah wohl etwas ungläubig drein, denn er fragte weiter: »Wissen Sie denn nicht über die Erdbeeren Bescheid?«

Waiya beschrieb riesige saftige Erdbeeren, als wären sie ein Wunder, und seine großen Hände kreisten durch die Luft, als er den Erntevorgang nachahmte. Sein langer Zopf schwang hin und her, als er den Kopf schüttelte und erzählte, wie Menschen mit Rückenspritzgeräten durch die Reihen gingen und die Beeren mit Methylbromid spritzten. Der Kunstdünger und die Reste des Pestizids wurden dann im Starkregen abgewaschen und gelangten in Bäche und Flüsse, und schließlich ins Meer. Ventura Country, erzählte er mir, lag im Bundesstaat von Kalifornien – dem größten Agrarproduzenten der Vereinigten Staaten – an vierter Stelle, wenn es um die Verwendung von solchen Giften ging, die Waiya »Agritoxine« nannte. Irgendwann gelangten sie in die Fischpopulation, ins Trinkwasser, kletterten die Nahrungskette hinauf und vergifteten das Land und seine Menschen. Sie wurden mit Krebserkrankungen in Verbindung gebracht, sowie mit weiteren Nebenwirkungen mit gefährlichen Namen wie »Immunotoxizität«, »neurologische Beeinträchtigungen« und »Faunamorphologie«.

Nicht nur, dass diese Chemikalien in den Nahrungsmitteln aus unserer Gegend vorkamen, die im gesamten Land verkauft wurden. Die Menschen, die dem größten Risiko ausgesetzt waren, waren jene mit den Spritzgeräten: Arbeiter in der Landwirtschaft, größtenteils Einwanderer und zugewanderte Arbeitskräfte. Die Krebsrate unter kalifornischen Landwirtschaftsarbeitern war die höchste der Vereinigten Staaten. Und das Risiko von Krebs und Entwicklungsstörungen war auch bei den Kindern der Arbeiter stark erhöht.

Ich schrieb hektisch mit und war schockiert. Fünf Seiten in meinem Notizbuch waren nur diesen Erdbeeren gewidmet.

An jenem Abend suchte ich im Internet nach Zusatzinformationen, um Waiyas Beschreibung der Erdbeeren mit wissenschaftlichen Studien zu hinterlegen und meinen Artikel zu schreiben. Ich wollte meinen Bericht zu einem Essay ausarbeiten, der die Gifte in der kalifornischen Landwirtschaft und ihre Gefahren für die zugewanderten Landarbeiter untersuchte. Stattdessen fand ich einen investigativen Artikel von Eric Schlosser mit dem Titel »In den Erdbeerfeldern«, 1994 erstmals veröffentlicht.[11]

All das war bekannt. Es gehörte längst zur Allgemeinbildung. Ich konnte es nicht fassen. Ich konnte nicht glauben, dass jemand wie ich, die ethische Ernährung so wichtig fand, die den Großteil ihres Erwachsenenlebens als Aktivistin verbracht hatte, von dieser Geschichte noch nie etwas gehört hatte. Ich wusste nicht, wie mir das bislang entgangen war. Ich konnte nicht begreifen, wie ich immer noch von neuen Vergehen überrascht sein, über immer neue Unmenschlichkeiten stolpern konnte. Nicht zum ersten Mal war ich erstaunt darüber, wie blind mich meine behütete privilegierte Mittelklasseerziehung gemacht hatte.

Ich las Schlossers langen Artikel an jenem Abend, und in den Wochen darauf kamen immer mehr ähnliche Berichte und Informationen dazu, als ich versuchte, so viel wie möglich über die Arbeitsbedingungen in der Agrarindustrie herauszufinden.

Ich erfuhr, dass Kalifornien aufgrund seines wundervollen Wetters seit Jahrzehnten der größte Nahrungsmittel- und Agrarproduzent des Landes war.[12] Mehr als die Hälfte allen Obstes, Gemüses und aller Nüsse, die in den Vereinigten Staaten verkauft werden, kommt aus Kalifornien, das nebenbei auch der größte Milchproduzent ist. Mehr als 70 Prozent aller Oliven und 80 Prozent aller Erdbeeren kommen von dort. Mandeln, Artischocken, Datteln, Feigen und Kiwis gibt es überhaupt nur in Kalifornien.

Es liegt also nur am einzigartigen Klima Kaliforniens, dass wir überhaupt auf die Idee kommen, im Januar Erdbeeren oder im März Avocados zu essen.

Das Problem war aber nicht nur die riesige Produktionsmenge. Es lag vielmehr in den Arbeitsbedingungen auf den Farmen. Das kalifornische Institut für ländliche Studien stellt dar, dass der durchschnittliche landwirtschaftliche Arbeiter ein junger Mann ist, der seine Familie verlassen hat, um auf dem Feld zu arbeiten.[13] Er arbeitet normalerweise zwölf bis vierzehn Stunden, sechs Tage die Woche, und verdient zwischen 7000 und 10 000 Dollar im Jahr. Der Landarbeiter hat keinen Krankenversicherungsschutz, keinen Anspruch auf Krankengeld, keinen Urlaub, und ganz bestimmt keine Gewerkschaft. Mehr als 50 Prozent der Arbeiter waren noch nie beim Zahnarzt, ein Drittel noch nie beim Arzt. Normalerweise wird den Arbeitern während der Anbau- und Erntesaison Unterkunft gewährt, damit sie mehr Zeit auf dem Feld verbringen können. Für ungefähr fünfzig Dollar in der Woche darf ein Landarbeiter dann in einer heruntergekommenen Hütte oder Wohnwagen hausen, oft mit bis zu fünfzehn Kollegen zusammen.

Und all das bekommen die Arbeiter dafür, dass sie unsere Nahrungsmittel ernten und den drittgefährlichsten Job des Landes ausüben. Das Risiko, im landwirtschaftlichen Betrieb zu Tode zu kommen, liegt bei 39 zu 100 000. Landarbeiter haben die höchsten Verletzungsraten durch chemische Giftstoffe und die größten Hautkrankheitsraten. Sie haben 25 Prozent öfter als der Durchschnittsamerikaner Asthma, Geburtsschäden, Tuberkulose und Krebs.

Die Kinder von zugezogenen Arbeitern in der Landwirtschaft leiden zu einem höheren Grad an Pestizidbelastung, Zahnschäden und Unterernährung. Ich fand heraus, dass das nicht nur damit zu tun hat, dass sie in der Nähe der Farmen leben. Vielmehr ist die Agrarindustrie von den Vorschriften des Arbeitsschutzgesetzes zur Kinderarbeit ausgenommen. Das Mindestalter für legale Arbeit ist in jedem anderen Industriesektor des Landes sechzehn. In der Agrarindustrie liegt es bei zwölf.

Es überraschte mich nicht zu erfahren, dass der Großteil kalifornischer Farmarbeiter – eigentlich der Großteil der Farmarbeiter des gesamten Landes – aus illegalen Einwanderer besteht. Ich wusste schon, dass Einwanderer unsere Nahrung ernteten. Ich hatte nur noch nicht darüber nachgedacht, was das wirklich bedeutete, nämlich, dass mehr als 50 Prozent der landwirtschaftlichen Arbeiter landesweit keine legalen Papiere besitzen und damit in unserem Land keinerlei Rechte haben. Sie haben kein schützendes Sozialsystem und wenig Rückhalt in der Bevölkerung. Diese fehlenden Rechte, ihre schlechte Finanzsituation und ein geringer Spielraum für wirtschaftliches Fehlverhalten sorgen zusammen für grauenhafte Arbeitsbedingungen in modernen amerikanischen landwirtschaftlichen Betrieben.

Wenn Amerikaner über ausländische Farmarbeiter reden, geht es oft um das Konzept der Wahlfreiheit. Wenn es dir nicht gefällt, dann mach es einfach nicht. Aber warum machen sie es trotzdem? Wenn es so unglaublich anstrengend, heiß, ermüdend, gefährlich und schlecht bezahlt ist, warum würde dann noch irgendwer solche Arbeit verrichten wollen? Die Antwort lautet natürlich, dass diese Menschen keine andere Wahl haben.

Wenn Soziologen über Migrationsmuster sprechen, benutzen sie zwei Begriffe, die beschreiben, warum ein Mensch von einem Ort zum anderen zieht: »Push«- und »Pull«-Faktoren, also solche, die abstoßende und anziehende Gründe bezeichnen. Es liegt nahe anzunehmen, dass die gefährlichen Bedingungen in der landwirtschaftlichen Industrie in den Vereinigten Staaten als »Pull«-Faktor für Einwanderer fungieren: Weil die Arbeit so lebensgefährlich ist, müssten die Arbeitgeber die Löhne anheben und die Arbeitsbedingungen verbessern, um für amerikanische Arbeiter attraktiv zu sein. Stattdessen bezieht die Industrie ihre Arbeiter einfach aus Ländern, in denen es mehr Arbeitskräfte, weniger Jobs, und viel, viel niedrigere Löhne gibt, sodass der Weg über die Grenze ein leichter ist. Die landwirtschaftliche Industrie ist vor allem in Kalifornien angesiedelt, wo in unmittelbarer Nähe ebenso billige wie willige Arbeitskräfte zur Verfügung stehen. Warum in Krankenversicherung und Unterkünfte investieren, wenn man stattdessen einfach Einwanderer haben kann?

Die »Push«-Faktoren sind solche, die es Menschen leicht machen, ihre Heimatländer zu verlassen. Sagen wir es einmal so: Die Push-Faktoren sind die, die eine Achtzig-Stunden-Woche gebückt im Feld, unter der brennenden Sonne und für ganze 7000 Dollar im Jahr wie den gelebten amerikanischen Traum erscheinen lassen. Es muss zu Hause schon richtig furchtbar sein, wenn man so etwas als Verbesserung ansieht.

Bevor Sie jetzt denken, die Lösung liegt darin, die Grenze zu schließen und diese Arbeit wieder von Amerikanern machen zu lassen, muss ich darauf hinweisen, dass das Ganze auch für den amerikanischen Verbraucher ein ziemlich gutes Arrangement ist. Zugezogenen Farmarbeitern Hungerlöhne zu zahlen und ständig Nachschub von Arbeitskräften zu haben, die gewillt sind, derartig unterbezahlt zu arbeiten, sorgt dafür, dass wir für wenig Geld das ganze Jahr über frisches Obst und Gemüse essen können. Es ist der Grund dafür, dass ich im Februar in einen Supermarkt gehen und für 99 Cent einen Salatkopf kaufen kann. Und als ob die billigen Lebensmittel noch nicht Grund genug wären, hat die US-Sozialversicherungsbehörde kürzlich berechnet, dass drei von vier illegalen Einwanderern Lohnsteuer bezahlen (und das zusätzlich zu denselben Mehrwert- und Verbrauchssteuern, wie wir sie alle zahlen), und dass papierlose Arbeiter somit sechs bis sieben Milliarden Dollar in ein Sozialsystem einzahlen, auf dessen Leistungen sie selbst keinen Anspruch haben.

Außerdem sehe ich keine Massen amerikanischer Bürger, die sich darum schlagen, in Oxnard Salat ernten zu dürfen.

Das Ausmaß dieser Form von Ausbeutung erschütterte mich, denn wieder einmal wurde mir klar, wie wenig ich eigentlich über Lebensmittel wusste. Als ich in Professor Bobs Hörsaal einen Film darüber sah, wie es Nutztieren in Massenbetrieben erging, war ich schockiert. Und jetzt musste ich erfahren, dass auch in Agrarbetrieben Missbrauch an der Tagesordnung war. Und das Schlimme daran, jetzt mit diesen Zuständen konfrontiert zu werden, war, dass ich vom Schicksal der Tiere noch vor dem der Menschen erfuhr. Man muss ganz deutlich sagen, dass man in Amerika bei der Diskussion um die Lebensmittelindustrie eher Rinder bedauert als Menschen.

Ich empfand noch immer großes Mitleid mit den hilflosen, gefangenen Tieren, die in Massenbetrieben litten und starben, aber in mir wuchs eine große Enttäuschung – vor allem von mir selbst. Wieso hatte ich von all dem nichts gewusst? Warum hatte ich es nicht sehen wollen?

Wenn man in Ventura die Telephone Road entlangfährt, kommt man am Ende zum Olivas Park Drive. Das war immer meine Lieblingsstraße. Über zehn Kilometer führte sie direkt durch die Stadt, vom Strand bis nach Oxnard. Es war damals keine besonders gut ausgebaute Straße, an der zu beiden Seiten weite Felder lagen.

Und genau dort, wo die Telephone Road auf den Drive trifft, stand ein kleiner roter Stall, den der Besitzer zu einer kleinen Markthalle ausgebaut hatte und dort die ganze Woche über frisch geerntetes Obst und Gemüse verkaufte. Der Boden war aus Beton gegossen, und die Regale bestanden aus Klapptischen aus Plastik, auf denen in Holzkisten die Ernte lag. Ich hielt normalerweise auf dem Rückweg von der Arbeit dort, kaufte einen Salatkopf, ein Schüsselchen Beeren oder ein paar Orangen, einfach nur, um die frischesten Lebensmittel in den Händen zu halten.

Ich trug meine Einkäufe zur Kühlbox auf dem Rücksitz, fuhr zum Strand und las oder schrieb eine Stunde lang, während ich den Sonnenuntergang beobachtete. Und wenn ich vom Parkplatz vor der Markthalle losfuhr, lächelte ich in Richtung der Erntehelfer, die ich auf den Feldern sah, genoss den Anblick ihrer rhythmischen Bewegungen, ihres stetigen Hinunterbückens und Aufstehens, des nahtlosen Weiterreichens von Wassermelonen, die von einer braunen Hand zur nächsten gingen.

Ich weiß nicht, ob die Arbeiter auf jenen Feldern schlecht behandelt wurden. Ich weiß nicht, was sie verdienten, wo sie lebten oder in welcher Sprache sie sich unterhielten. Ich habe kein Problem damit, dass Einwanderer meine Nahrungsmittel ernten, solange sie vernünftig dafür bezahlt werden. Aber die gefährlichen Arbeitsbedingungen, die Giftstoffe, all das wollte ich nicht sehen. Ich war fünf Jahre lang Vegetarierin gewesen und hatte gedacht, Gutes zu tun. Ich hatte meinen Sommer in Kalifornien in vollen Zügen genossen, war mit dem Fahrrad an den Strand gefahren, hatte in einer heißen Quelle gebadet und die Perseiden beobachtet, hatte im Juterucksack frisches Obst vom Wochenmarkt nach Hause gebracht und mich stolz und verdient und lebendig gefühlt. Aber ich war völlig naiv gewesen und hatte mich daran gefreut, den moralischen Lebensstil so günstig haben zu können. Diese Geschichte – von den Lebensbedingungen in der Agrarindustrie – hätte ich als verantwortungsbewusste Vegetarierin kennen müssen. So sah es aus in meinem landwirtschaftlichen Paradies.

Im Herzen von Ventura steht eine wunderschöne Seebrücke, ein hölzernes Überbleibsel aus alten Zeiten, das über 500 Meter vom Strand über das Meer hinausragt. Ich fuhr oft dorthin, setzte mich, roch das Salzwasser und ließ die klebrige Meeresluft durch mein Haar wirbeln. Am Ende des Piers durfte man angeln und das Holz roch dort nach Fischinnereien, die dicken, breiten Planken waren klebrig und glitschig von Blut und vom Ozean. Die Brücke wird ständig vom Salzwasser überspült und bis tief ins Holz haben sich Salzkristalle und dunkler Moder eingegraben. Ich verbrachte viel Zeit auf diesem Pier, inmitten des Meeres, unter den lauten Schreien der Möwen, die wie Bussarde kreisten. Der feine Nebel des Salzwassers benetzte meine Haut und die heiße Sonne brannte auf meinen Schultern. Und ich sah die Welt mit neuen Augen. Wer aß vom Überfluss, in dem ich lebte? Und wie? Überall stank es nach Fisch.

Ich sah, dass manche Menschen zum Spaß angelten. Weiße und mexikanisch-stämmige Familien versammelten sich um ein oder zwei Angelruten, mit roten Kühlboxen, langhalsigen Flaschen und Saftpaketen, tragbaren Radios, die knisternd die Verbindung zum Festland herstellten, Paketen voller Wurst- und Käsesandwiches, Erdnussbutter mit Marmelade auf Weißbrot, kleinen Tütchen voll Trauben. Die Väter legten ihren Kindern die Arme um die Schultern und zeigten ihnen, wie man die langen, dünnen Schnüre ins Wasser hängte. Sie warfen tote Fische auf Eis oder auf die Schneidebretter aus Plastik, die an einigen der Bänke festgenagelt waren. Sie lachten.

Andere angelten, ohne zu lachen. Das waren die Männer – meistens, fast immer Männer –, die im Schneidersitz vor Geschäften in der Fußgängerzone saßen, oder eingerollt zwischen Mülltüten im Fir Street Park unter den Bäumen schliefen. Männer, die immer langsamer als andere liefen – nicht, weil

sie all ihre Besitztümer mit sich trugen, obwohl sie das taten –
Karohemden um die Hüfte gebunden, dürre, schmutzige
Hunde an Seilen hinter sich herziehend, rostige Fahrräder, die
sich vor Gepäck bogen, vor sich herschiebend –, sondern weil
sie ohne Ziel unterwegs waren. Diese Männer angelten vom
Pier mit zusammengeklaubten Utensilien, mit Ästen – einfa-
chen entlaubten Zweigen – und mit Würmern, die sie nicht im
Angelladen gekauft, sondern mit bloßen Fingern aus der Erde
oder nach Regenfällen aus weggeworfenen Essensresten ge-
klaubt hatten.

In Ventura schien es mehr Obdachlose zu geben als an jedem anderen Ort, in dem ich gelebt hatte. Ich schob es auf den
Sommer, die Lage am Meer und den Küstenabschnitt Kaliforniens, an dem es das ganze Jahr über warm blieb. Es gibt viele
öffentliche Plätze und Parks in Ventura, und so verbrachte ich
viel Zeit am Strand oder auf der Promenade, wo auch die Obdachlosen ihre Lager aufgeschlagen hatten. Als ich beispielsweise in Washington, D.C., gewohnt hatte, hatten Obdachlose
anderswo gelebt, in schlechteren Gegenden, in die sich junge
Menschen mit Uniabschluss und Arbeit bei gemeinnützigen
Vereinen nie verirrt hätten.

Im Laufe des Sommers beobachtete ich, wie Obdachlose
direkt neben jungen Vätern und ihren Kindern am Pier angelten. Ich sah, wie Nahrung und ihre Auswahl zusammenhin-
gen, sah Dinge, die ich dank meiner privilegierten Stellung bis
dahin schlicht nicht hatte sehen müssen, und ich fragte mich,
was noch dazugehörte. Ich fragte mich, ob die große Zahl Obdachloser damit zusammenhing, wie leicht man in unserer
Stadt am Meer Zugriff auf Nahrung hatte. Zusätzlich zu obdachlosen Menschen leben nach Berechnungen des entwick-
lungspolitischen Vereins California Food Policy Advocates
ungefähr 47 Prozent aller Erwachsenen in Haushalten, in denen ein Mangel an Lebensmitteln dazu führt, dass sie nicht

regelmäßig essen können.[14] Vielleicht, dachte ich, kamen die Obdachlosen einfach zum Meer, um etwas zu essen zu finden.

Ein Haufen von Fischkörpern glitzerte in der Mittagssonne und das Meerwasser verdunstete mit leichtem Flirren in der Hitze. Starke Männerhände rangen den Fischen das Leben ab, die linke Hand um den Körper gelegt, um ihn am Zappeln zu hindern, während die rechte dem Fischkopf mit dem Messergriff den tödlichen Schlag versetzte. Der Schwanz wurde abgeschnitten und zurück ins Meer geworfen. Klingen schoben sich zwischen Haut und Muskeln und zogen die glänzenden Schuppen zurück. Die Familienväter rückten mit den Handgelenken ihre Basecaps zurecht und warfen die toten Fische auf das Eis in der Kühlbox, für das Abendessen zu Hause, gebraten mit etwas Zitrone oder in Alufolie auf Holzkohle gegrillt, zu gegrillten Maiskolben und Zitrussalat serviert.

Die Männer mit Hunden und Fahrrädern warfen die Fische, ohne sie auszunehmen, in weiße Plastikeimer mit schmutzigen Rändern. Abends sah ich sie dann in Gruppen am Strand, wo sie wie gebeugte Vögelchen ums Feuer im Sand saßen und Fische am Stock grillten. In der Dunkelheit hörte ich ihr raues, entferntes Gelächter, sah Flaschen, die in braunes Packpapier gewickelt waren, und roch verbrannte Fischschuppen.

Einmal fragte mich ein obdachloser Mann in Ventura, ob ich seiner schwangeren Frau etwas zum Mittagessen kaufen könnte. Inzwischen ist mir klar, dass es nach einem Trick klingt, nach etwas, das man zu einer 24-Jährigen mit Laptop unter dem Arm und Flip-Flops an den Füßen sagt, um sie abzuzocken. Aber dieser Mann mittleren Alters, mit schütterem Haar und fleckigem weißen Unterhemd, kam auf mich zu und sagte: »Entschuldigung, junge Frau?« Er sagte, er wolle nicht nach Geld fragen, weil ich nicht denken sollte, dass er es für Alkohol ausgeben würde. Er sagte, sie hätten gerade ihre Wohnung verloren und seine Frau wäre im sechsten Monat schwanger und hätte Schwangerschaftsgelüste. Sie wollte nichts mehr auf der Welt als pochierte Eier aus dem Busy-Bee-Café. Die Art, wie er »Entschuldigen Sie« gesagt hatte, ging mir ans Herz. Ich wollte ihm glauben.

Aber als ich im Busy-Bee-Café war, stellte ich fest, dass es dort keine pochierten Eier gab. Ich bekam es mit der Angst zu tun. Ich konnte schlecht wieder zu dem Mann gehen und ihm erzählen, dass seine Frau nicht das essen konnte, was sie mehr als alles andere wollte, also winkte ich eine Kellnerin heran und flehte sie um Hilfe an. Ich bettelte und sie ließ zwei pochierte Eier für mich machen. Ich zahlte die 14,50 Dollar und brachte die Eier zurück zu dem Mann, der auf sein schmutziges Hemd gezeigt und gemeint hatte, er wolle lieber draußen warten, und der anfing zu weinen, als ich ihm sagte, dass ich auch ihm ein Ei mitgebracht hatte.

Als ich klein war, ließen sich unsere Eltern im Urlaub die Reste von unserem Restaurantessen immer verpackt mitgeben, sogar wenn wir in unserem Hotelzimmer keinen Kühlschrank hatten oder gleich am nächsten Morgen weiterfahren wollten. Wir gingen dann in einen Park und legten die Essensreste in ihren unscheinbaren Plastiktüten gut sichtbar auf Parkbänke neben einen Papierkorb. Meine Eltern wollten uns beibringen, in einer Welt voller Elend kein Essen zu verschwenden.

Als ich den Mann in Ventura vor dem Busy-Bee-Café stehen ließ, kam ich mit Mühe um die nächste Ecke, bevor ich mich an eine warme Hausmauer in der Main Street lehnte und anfing zu weinen. Nicht, oder zumindest nicht nur, weil ich der Not direkt ins Gesicht geblickt hatte. Sondern selbst, wenn alles erlogen war – wenn diese Menschen ihre Wohnung nicht verloren hatten, oder seine Frau gar nicht schwanger war, oder er vielleicht gar keine Frau hatte, oder sie beide drogensüchtig waren, wenn all jene Vorurteile sich als richtig erwiesen hätten – was hätte er denn mit pochierten Eier anderes machen sollen, als sie zu essen? Selbst wenn er gelogen hatte, hatte er das nur getan, um etwas zu bekommen, was er unbedingt essen wollte.

Und auch hier wird in der Öffentlichkeit stets nur von einer persönlichen Entscheidung gesprochen. Die Annahme ist die, dass man nur aus dem Grund nicht genug hat – ob man nun obdachlos ist, oder arbeitslos, oder schlecht bezahlt in einer schlechten Wohnung –, weil man sich das selbst so ausgesucht hat. Man ist selbst schuld, weil man drogensüchtig ist oder ein Einwanderer, eine geistige Erkrankung hat oder kein Englisch spricht.

Ich hatte nie so ein Mensch sein wollen, hatte mich nie als einer betrachtet, der an solche Vorurteile glaubt. Ich weiß, dass man sich Armut, Drogensucht und psychische Störungen nicht aussucht, und dass Menschen sich nur einreden, Obdachlose oder illegale Einwanderer hätten es nicht anders verdient, um sich irgendwie davon zu überzeugen, dass sie selbst nie derart verzweifelt und hoffnungslos enden könnten.

Aber Kalifornien zeigte mir, dass man ein privilegiertes Leben führt, wenn man die Lücken nicht sehen muss – die gähnenden Abgründe, in die ganze Gesellschaftsschichten einfach abstürzen. Ich lief zum Wochenmarkt und zum Strand, ich freute mich an frischem Obst und Gemüse, ich lächelte den lustigen Anglern zu und fragte mich nie, wo all das herkam – und wer nicht genug Glück hatte, etwas davon abzubekommen.

Am Ende des Piers in Ventura steht ein Hinweisschild, das die Fischarten auflistet, die man dort angeln kann, und welche Kinder und Schwangere gefahrlos essen können. Das Schild, vom kalifornischen Umwelt- und Gesundheitsamt aufgestellt, warnt vor dem Verzehr einiger Fischarten aus bestimmten Fanggebieten und rät, alle anderen Fische stets zu häuten, um einer Vergiftungsgefahr vorzubeugen. Einige Fischarten sind zu gefährlich, da sich in ihrem Fettgewebe hoch dosierte Gifte ablagern; genau die Gifte, die laut Mati Waiya von den Erdbeerfeldern ins Wasser gespült werden.

Ich konnte mein Gemüse vom Markt vielleicht gründlich waschen, um es von Pestiziden zu befreien, aber die Feldarbeiter konnten sich vor den Giften, die sie versprühten, nicht schützen. Ich konnte mir aussuchen, welche Nahrungsmittel ich aß, was ich als Vegetarierin für human und sicher hielt. Ich suchte mir meine Nahrung danach aus, welche Ziele ich verfolgte. Aber wie leicht fällt es doch, sich einzureden, alle anderen Menschen hätten auch die Wahl. Nicht jeder hat eine Wahl.

Die glücklichen Familien auf dem Pier können sich eine Auswahl leisten: Sie lachen und holen die Leinen ein und manchmal werfen sie die Fische wieder zurück. Sie schauen sich die Fische genau an, um Pilzerkrankungen oder Zeichen von Verwesung zu erkennen; und wenn die Tiere schlecht aussehen, oder von der falschen Spezies sind, wird der ungenießbare Fisch wieder zurückgeworfen, und man isst lieber einen Früchteriegel aus der Kühlbox.

Die Männer mit den Fahrrädern und Mülltüten hingegen – ich glaube nicht, dass sie je einen Fisch zurückwerfen.

Kapitel Sieben

****

Kichererbsen zum Frühstück

Sommer 2007. An meinem dritten Morgen in Ghana kamen meine Mutter und ich aus dem Gästezimmer, das wir uns teilten. Unsere Haare waren vom Duschen noch nass und schon begann sich auf unserer Haut wieder ein Schweißfilm zu bilden, so drückend war die Julihitze in Westafrika. Wir stapften über den Betonboden im Wohnzimmer. Noch saß niemand an dem kleinen Tisch hinter dem Raumtrenner, der den Essensbereich darstellte, aber wir wussten, dass alle schon seit drei Uhr früh wach gewesen und im Dunkeln ihren Aufgaben nachgegangen waren, während wir unter unseren Moskitonetzen lagen und versuchten, den krähenden Hahn zu ignorieren. Wir setzten uns und warteten auf unsere Gastgeber. Ein flacher gelber Pfannkuchen aus Ei-Ersatz lag auf meinem Teller. Auf dem Tisch standen nebeneinander zwei Konservendosen: eine angebrochene Dose dicker Kondensmilch und eine ungeöffnete Dose Kichererbsen.

Hier, im ländlichen Bechem, fünf Autostunden über eine löchrige rotstaubige Straße von der Hauptstadt Accra entfernt, hatte meine Mutter ein Jahr lang als Freiwillige gearbeitet und beim Aufbau einer Beratungsstelle in der pädagogischen Hochschule St. Joseph geholfen. Als meine Mutter ein Jahr zuvor ihr freiwilliges Jahr beendet hatte, hatte sie sich vorgenommen, zurückzukehren und die Menschen zu besuchen, die sie inzwischen zu ihrer Familie zählte. Dieses Mal kam ich für zwei Wochen mit.

Meine Mutter kannte ihre älteste Tochter gut genug, um zu wissen, dass ich mit Begeisterung weit reisen würde, weit weg von meinen kleinstädtischen Wurzeln, und neue Begegnungen und Möglichkeiten begierig suchte. Was sie nicht wissen konnte war, dass es für mich keinen besseren Zeitpunkt dafür hätte geben können. Zu jener Zeit, mitten in meinem kalifornischen Sommer, suchte ich wieder einmal nach dem Sinn in all meinen Bemühungen. Nachdem ich mich jahrelang nach einer Gemeinschaft gesehnt hatte, in die ich als verantwortungsbewusste Vegetarierin passen würde, hatte ich gedacht, in Kalifornien eine Heimat und ein gesundes Ernährungssystem gefunden zu haben. Aber nun hatte ich gesehen, wie viele Menschen zu diesem System keinen Zugang hatten, und ich wusste nicht, wie ich damit umgehen sollte, wie ich von dem radikalen Grundgedanken eines ethischen Lebensstils abgefallen war, dem ich mein Essensverhalten verdankte. Wie ich auf der falschen Seite gelandet war, zwar in einer Gemeinschaft verankert, aber so privilegiert, dass ich blind für die Probleme war, die manchen den Zugang zu einem gesunden Lebensstil verbauten. In jenem Sommer wollte ich mir wieder in Erinnerung rufen, warum ich nachhaltig und verantwortungsvoll leben wollte. Ich wollte mich wieder an die Arbeit machen.

Bald setzte sich Herr Mensah zu uns an den Frühstückstisch. Er war der Direktor der pädagogischen Hochschule und als solcher ein Jahr lang der Vorgesetzte meiner Mutter gewesen. Die beiden hatten gemeinsam dafür gesorgt, dass die Beratungsstelle zwei Computer bereitstellen konnte, um den

Studenten den Umgang mit dem Internet beizubringen, Informationsblätter zur Stundenplanung zu entwerfen und Workshops zu organisieren, damit die Schüler bald selbst als gut ausgebildete Lehrer in die Dörfer geschickt werden konnten. Er war ein würdevoller, aber sanfter Mann, der eine königsblaue Robe kunstvoll über seinen Arm drapiert trug.

»Oh«, sagte er, nahm die ungeöffnete Dose Kichererbsen und verließ damit das Zimmer.

Ich verspürte Erleichterung, denn ich kann Kichererbsen nicht ausstehen. Sie zerkrümeln mir zu schnell zwischen den Zähnen, als würde ich zusammengepappten Schmutz essen, wie geschmackfreie Erdnussbutter, die zäh an meinem Gaumen klebt. Beim Gedanken, sie kalt und bröselig zum Frühstück essen zu müssen, ging es meinem ohnehin schon angeschlagenen Magen gleich noch schlechter.

Ich hörte, wie die Zwischentür, die zu Adjoas Küche im Außengebäude führte, quietschend geöffnet wurde und dann hinter Herrn Mensah zufiel, und vernahm in der Entfernung seine Stimme, die im Stakkato »Mutter!« rief.

Kurz darauf kam er mit der geöffneten Dose voller schmieriger beigefarbener Erbsen zurück. Er stellte sie höflich direkt vor mich auf den Tisch.

»Adjoa macht sich Sorgen um Sie«, sagte er. »Sie brauchen Proteine.«

Als ich fünf Jahre zuvor Vegetarierin wurde, bestand meine Mutter darauf, dass ich zu einem Ernährungsberater ging. Auch sie machte sich Sorgen um meine Proteinzufuhr. Ich versicherte ihr, dass ich mich informiert hatte. Ich wusste, welche Nährstoffe vor allem in Fleisch vorkamen (Eisen, Proteine, Omega-3-Fettsäuren, Vitamin B_{12}), und wie man sie ersetzen konnte. Ich wusste, dass man bei ausreichendem Verzehr von Nüssen und Gemüse keinen Eiweißmangel zu befürchten hatte. Ich wusste ebenso, dass Amerikaner heutzutage viel zu viel Fleisch aßen, und was die Folgen davon waren: steigende, rekordverdächtige Raten von Herzkrankheiten und Fettleibigkeit. Ich wusste, dass ich mir den Verzehr von Fleisch nicht einreden lassen wollte. Was ich meiner Mutter damals erzählte, damit sie sich um meine Gesundheit und mein Wohlergehen keine Sorgen machte, war das Gleiche, was ich auch anderen Leuten sagte, die in den Jahren darauf immer wieder meine Entscheidung kritisierten: Obwohl Fleischverzehr in der Entwicklungsgeschichte des Menschen eine große Rolle gespielt hatte, gab es inzwischen so viele andere Proteinquellen, dass der Mensch kein Fleisch mehr essen *musste*, um zu überleben.

In Ghana hingegen erkannte ich, dass es mitnichten so einfach war.

Ich hatte Glück, dass ich nicht als völlig Fremde unterwegs war. Meine Ernährungsgewohnheiten waren damit kein so großes Hindernis, wie sie es hätten sein können, wenn ich alleine gereist wäre, denn meine Mutter konnte schon im Voraus allen erklären, dass ihre schneeweiße Tochter tatsächlich kein Fleisch aß. Und zwar aus freien Stücken. Und Adjoa, die Matriarchin der Familie Mensah, hatte das beherzigt. Die gesamten zwei Wochen über, die ich in ihrem für dortige Verhältnisse riesigen einstöckigen Dreizimmerhaus verbrachte, kochte sie mir jeden Tag drei fleischfreie Mahlzeiten.

Eines Abends machte sie ihre berühmte pepe-Suppe, eine wässrige Brühe von der rostigen Farbe wilder Tomaten, mit geriebenen roten Chilischoten gewürzt. Sie hatte weder den rauchig-scharfen Geschmack von Chipotle noch die klare saftige Schärfe von Jalapeno oder das raue Jucken im Rachen von schwarzem Pfeffer. Dies war Feueralarm. Die Suppe hatte eine Schärfe, von der mir die Nase tropfte, die Ohren glühten und die Haare zu Berge standen, eine Schärfe, die ich unter der Haut wie Sonnenbrand spürte, als das Blut mir in jede

Pore schoss. Meine Lippen brannten und waren fast völlig taub, als ich die Schüssel ausgelöffelt hatte.

Als wählerisches weißes Mädchen aus New England war mir eine solche Mahlzeit nicht ganz geheuer. Aber genauso ging es mir mit Afrika generell, und ich wollte mich unwohl fühlen. Auf jener Reise fand ich Gefallen an jedem Hindernis, jeder ungewohnten Situation, jeder Sache, die ich noch nie probiert hatte, denn ich wollte etwas lernen. Diese Reise war der Stromschlag, den ich für nötig hielt; sie war eine Möglichkeit, mich wieder mit einer ethischen Lebensweise vertraut zu machen, eine Erinnerung daran, auch die Dinge zu sehen, die man lieber nicht sehen würde – Armut und Ungleichheit –, eine Rückbesinnung auf die Menschen, um die es wirklich geht, ihre Welt, ihr Leben. Also aß ich eine ganze Schüssel voll sengend scharfer pepe, als wäre es ein ritueller Übertritt, eine Ohrfeige für meine Selbstgefälligkeit.

Aber als ich die schwere Keramikschüssel zum Mund hob, um die letzten Tropfen auszutrinken, sah ich kleine graue Stückchen wie Algen unter dem letzten Rest Suppe kleben: die Reste des Ziegenfleisches, das Adjoa in der Suppe gekocht hatte, bevor sie sie servierte und dabei sorgfältig darauf achtete, dass ich kein Stück Fleisch in meiner Schüssel hatte.

Obwohl sie mich nie darauf ansprach, wusste ich, dass sich Adjoa meiner Mutter gegenüber überrascht gezeigt hatte, als es um meine Ernährungsweise ging. Fleisch, so selten und teuer es auch war, hatte für Adjoas eigene Kinder immer zu einer gesunden Ernährung gehört. Ohne gelegentliches Fleisch auf der Speisekarte wäre ihre Ernährung weitestgehend frei von Proteinen gewesen. Und da konnten keine Päckchen trockenen Ei-Ersatzes, keine Kichererbsen aus der Dose, keine großen blauen Nahrungspakete der Vereinten Nationen etwas ausrichten. Als ich an Adjoas Esstisch das Ziegenfleisch, chevon, in meiner Suppe fand, beschwerte ich mich nicht. Ich erklärte weder ihr noch meiner Mutter, was es für mich bedeutete, Vegetarierin zu sein, oder warum ich mich dafür entschieden hatte. Die meiste Zeit in Ghana verhielt ich mich genau so, wie in jenem Moment: Ich lehnte mich zurück und beobachtete. Ich fand mich damit ab, wie wenig ich wusste, und dachte dabei auch an die Pestizide und die Landarbeiter in Kalifornien. Ich beschloss, den Mund zu halten und einfach zuzuhören. Um eine Welt zu verstehen, die meiner so gar nicht ähnlich war.

Die Menschen in Bechem essen zum größten Teil Kohlehydrate mit hohem Stärkegehalt. Yamswurzel und Maniok sind die Grundnahrungsmittel in Westafrika. An einem Abend aßen wir gebratene Yamswurzeln – nicht die Süßkartoffeln, die wir kennen, sondern riesige Knollen, deren gelblich-weißes Fleisch in dünne Scheiben geschnitten und in hausgemachtem Maisöl gebraten wird – eine Art ghanaische Pommes frites. Als Adjoa sie aus dem rötlichen Lehmboden in ihrem Garten zog, waren die Yamswurzeln so lang wie mein Arm und dreimal so dick, wie riesenhafte, längliche Kartoffeln. Sie verbrachte den ganzen Nachmittag damit, das Fruchtfleisch von der Schale zu schaben, und es in einer großen Holzschüssel, die auf dem Boden stand, kräftig mit Wasser zu vermischen. Sie saß auf einem niedrigen dreibeinigen Hocker und brachte die Schüssel zum Drehen, während ihre Schwiegertochter mit einem zwei Meter langen abgeflachten Stab immer wieder auf das Fruchtfleisch der Wurzeln schlug. Trotz des ausdauernden Hämmerns verfehlten ihre schnellen zierlichen Hände kaum das Ziel. Erst danach, wenn all die natürlichen Giftstoffe, die die Knollen sonst ungenießbar und für Menschen sogar giftig machten, entfernt waren, konnte das Fruchtfleisch gekocht werden. Das stärkehaltige Fleisch wurde zu kleinen flachen Stücken geformt und gebraten, bevor wir es am Tisch vorgesetzt bekamen.

Wir aßen geschälte Maniokwurzeln, die ebenso gekocht werden mussten, um sicher verzehrt werden zu können. Auch sie sind ein Knollengemüse, der Kartoffel ähnlich, so dick wie eine Banane, lang und bucklig, und seltsam gebogen. Im Gegensatz zu anderem Knollengemüse erinnerten mich die dicken Spitzentriebe der Maniokwurzel an die knorrigen Äste eines uralten Baumes. Es ist eine festere, weniger schmackhafte Version der Kartoffel, die bei der Ernte knochenhart ist und so viel Stärke enthält, dass sie sich beim Kauen beinahe in eine Art Teig verwandelt. So etwas wächst in Ghana.

Wir aßen Bananen – kleine, lila-grüne, süße Früchte, die rein gar nichts mit Chiquita-Bananen gemein hatten; Plantains, Ananas und Mangos. Wir aßen Dinge aus Konservendosen, von Milch über Kichererbsen bis hin zu Wasserkastanien. Da weder die Mensahs noch das gesamte Land Ghana über eine verlässliche Energieversorgung verfügten, aßen wir Unverderbliches oder Dinge, die frisch gepflückt werden konnten.

Meine Mutter erzählte mir, dass die Familie während ihres Aufenthaltes dort ungefähr einmal in der Woche Fleisch gegessen hatte. Meistens war das ein Huhn gewesen, das auf dem Rückweg von der Kirche gekauft und als Sonntagsessen geschlachtet und zubereitet wurde. Manchmal gab es Makrelen aus der Dose oder ein Stück Rinder- oder Ziegenfleisch, das auf dem Markt gegen Adjoas selbst gebackenes Brot eingetauscht worden war, das sie in großen Mengen zum Verkauf produzierte.

Ungefähr einmal in der Woche. Und die Mensahs waren weit und breit die reichste Familie.

Als ich am Frühstückstisch der Mensahs saß und meine kalten schleimigen Kichererbsen runterwürgte, dachte ich darüber nach, wie unverschämt leicht es für mich gewesen war, auf Fleisch zu verzichten, und wie unmöglich die gleiche Entscheidung für jeden einzelnen Einwohner von Bechem gewesen wäre. Ich zerdrückte die Erbsen mit meiner Gabel und versuchte, sie mit dem kalten Ei zu vermischen, um ihre Textur und ihren Geschmack zu verdecken. Wie könnte ich Adjoa jemals erklären, warum ich kein Fleisch aß, wenn jedes ihrer Kinder einmal mit Malaria im Krankenhaus gelegen hatte? Wie war es möglich, dass es mir bis jetzt einfach nicht in den Sinn gekommen war, dass es Orte auf der Welt gab, wo man nicht so leicht an Nahrung kam, in denen es keinen Lieferservice gab oder rund um die Uhr geöffnete Supermärkte, oder McDonald's McDrive?

Es wäre untertrieben zu sagen, dass es in Ghana keine öffentlichen Verkehrsmittel gibt. Meist gibt es nicht einmal Verkehr. Die wenigen Straßen, die existieren, sind ungeteert, und das ist größtenteils gut so. Wenn Straßenbelag vorhanden ist, ist er so heruntergekommen – ganze Stücke fehlen vom Asphalt, große Dreiecke brechen ab und werden vom Verkehr weitergetragen, sodass gefährliche Vorsprünge entstehen und es oft zu Unfällen kommt. An unserem einzigen Tagesausflug, den wir aus Bechem hinaus unternahmen, fuhr uns Clement, einer der Mensah-Söhne und ein ehemaliger Kollege meiner Mutter, zu den Sklavenfestungen in Cape Coast, aber wir bekamen einen Platten, der erst nach drei Stunden behoben war. Der Montierhebel zerbrach bei dem Versuch, die Radmuttern freizulegen, also mussten wir darauf warten, dass jemand anhielt und uns half. Das dauerte noch einmal eine Stunde, denn der falsche Platten ist ein wohlbekannter Trick, mit dem es Straßenräuber auf gute Samariter abgesehen haben.

Die meisten Leute in Bechem laufen einfach. Auf dem Campus der Hochschule gibt es Wasser, und der Mann mit dem gelben Wägelchen, der Guthaben für Mobiltelefone verkauft, wartet normalerweise genau vor den Toren, denn er weiß, dass dort die reichsten Kunden leben. Aber für alles andere – Nahrungsmittel, Bücher, Papier, Bier, Klamotten – muss man zwei Meilen in die Innenstadt von Bechem laufen.

Es ist kein schwieriger Weg, von den glühend heißen Temperaturen einmal abgesehen, und die gerade staubige Straße ähnelt den festgetretenen Bergpfaden, über die ich jahrelang zum Vergnügen gewandert war. Von St. Joseph's durch die Stadt bis zu den Kakaoplantagen am östlichen Ortsrand läuft man acht Meilen. Aber dort ist der Lebensmittelladen, dort ist der Schneider, der für die ganze Stadt näht, dort befinden sich die einzige Druckerei, das einzige Münztelefon und die einzige Kneipe. Keine Bank, keine Post.

Eines Nachmittags liefen meine Mutter und ich gemütlich zurück durch die Stadt, nachdem wir die Kakaoplantage besucht hatten. Wir schwitzten im roten Staub und unterhielten uns mit einigen vorbeilaufenden Freunden, die meine Mutter wiedererkannten. Ich dachte darüber nach, wie oft ich jeden Tag kurz »in die Stadt« ging und auf dem Weg von der Arbeit spontan entschied, noch ein Schüsselchen Beeren oder eine Biopaprika zu kaufen. Über die Dinge, die ich mitnahm, und die ich mit nach Hause brachte, im Auto und nicht zu Fuß. Könnte ich das alles selbst tragen? Was würde passieren, wenn ich mich von einer Malariaerkrankung erholen müsste? Wenn ich mir vom Trinkwasser einen Magenvirus eingefangen hätte? Wenn ich ein Kind hätte, oder drei? Was würde mit meinem Körper passieren, wenn ich jeden Tag zu Fuß in die Stadt gehen und alles tragen müsste? Der Gedanke, dass man Proteine wirklich *brauchen* könnte, nahm Gestalt an.

St Joseph's, wo auch die Mensahs wohnten, stellte seinen Mitarbeitern und Studenten einen gesamten Campuskomplex voller Häuser, Wohnblöcke und Gartenanlagen zur Verfügung. Innerhalb der gelbgestrichenen bröckelnden Betonmauern lebten Familien gemeinschaftlich. Sie hatten kleine Felder, auf denen sie Bananen, Mangos und Plantains anbauten, um das

Obst mit Nachbarn gegen Backwaren zu tauschen, und sie hielten Nutztiere. Wenn ich entlang der Pfade über den Campus ging, begegneten mir oft freilaufende Hühner, deren weiße Federn mit rotem Staub bedeckt waren. Einmal sprang mir eine Ziege den ganzen Weg bis zum Mangobaum hinterher und fraß dann seelenruhig das Gras um mich herum, während ich las. Ihre grauen Hängeohren zuckten in der heißen Luft und vertrieben träge Fliegen.

Es kam nicht oft vor, dass die Besitzer ihre Tiere aßen, denn es war viel produktiver, über Monate die Eier oder die Milch zu verkaufen. Wenn das Tier zu alt wurde, um noch von Nutzen zu sein, und geschlachtet wurde, dann wurde das Fleisch verkauft. Die Tiere wurden wirtschaftlich genutzt und nicht verzehrt. Aber diese Wirtschaft war für den Eigenbedarf angelegt und wurde nicht im großen Rahmen betrieben. Es gab keine Futterräume oder Legebatterien, keine künstliche Besamung oder Wachstumshormone und Antibiotika. Ich sah in Afrika große Armut, riesige Lücken, so groß wie die fehlenden Asphaltblöcke auf den Straßen, lang enttäuschte Hoffnungen auf sicheres Einkommen. Aber ich traf niemanden mit Typ-2-Diabetes oder dem Luxus, zu einem Steak Nein sagen zu können.

An den Straßenrändern, die auf dem Weg von der Hauptstadt Accra nach Bechem an uns vorbeiflirrten, tauchten an den seltsamsten Orten Marktstände auf. Als ich aus dem Fenster auf den vorbeiziehenden afrikanischen Wald sah, beinahe ein Urwald aus dichtem, niedrighängendem Grün, verschlungenen Ranken und verwildertem Unterholz, waren plötzlich immer wieder Sperrholztische zu sehen, mit zwei Stangen und einem Stück Stoff darüber, von denen vereinzelte Menschen Bananen verkauften, Papayas, Handyguthaben oder Fleisch.

In Ghana waren solche Stände am Straßenrand einer der wenigen Orte, an denen man Fleisch kaufen konnte, normalerweise Schnecken oder Buschfleisch. Die riesigen Schnecken, noch in ihren Gehäusen, waren so groß wie meine ausgebreitete Hand, schmutzig-braun mit schleimigen, schwarzen Köpfen, die an einer Seite herausschauten. Sie lagen übereinander in einem flachen gewebten Korb, den ein junger Mann auf dem Kopf balancierte, während er am Straßenrand entlanglief und seine Ware feilbot.

Und Buschfleisch. Es klingt in meinen Ohren noch immer mysteriös. Ich habe die Tiere immer nur kurz gesehen, und für die Mensahs war es weit unter ihrer Würde, so etwas zu essen – schon die Frage danach hätte sie beleidigt. Vom vorbeifahrenden Auto aus sahen die toten Körper, bereits gehäutet und über Holzgestänge ausgebreitet, für mich ungefähr so aus wie große Eichhörnchen. Seltsame braune Tiere mit buschigen roten Schwänzen, von denen nur noch das blassrosa Fleisch geblieben war. Ich habe keine Ahnung, von welchem Tier Buschfleisch stammt. Ich habe verschiedene Personen zu verschiedensten Zeitpunkten danach gefragt und nie mehr als ein Schulterzucken zur Antwort erhalten. Es war einfach Buschfleisch.

Als ich aus Ghana zurückkam, wollten alles wissen, wie es gewesen war. Ich sagte, ich müsste alles erst noch selbst »verarbeiten«, aber in Wahrheit wollte ich nicht darüber reden, wollte nicht darüber nachdenken, was ich gelernt oder was es mir bedeutet hatte, denn ich wusste es selbst nicht genau. Ich wusste nicht, was ich sagen sollte, wo anfangen, was herablassend klingen würde, was amerikanischen Ohren am merkwürdigsten vorkommen würde, oder ob ich überhaupt das Recht dazu hatte. Ich stand irgendwo zwischen Wut und Hoffnung.

Aber ich hatte in Ghana etwas gespürt, das vertraute Kribbeln im Bauch, das Gefühl von Hilflosigkeit und Wut im Angesicht von Ungerechtigkeit, die zusammen zu Aktivismus werden. Ich dachte daran, dass ich in einer völlig ungerechten Welt lebte, aber nur an die Misshandlung von Tieren gedacht hatte. Ich trug mein Lippenpiercing nicht mehr, meine Haare waren längst nachgewachsen und irgendwie hatte ich die Werte jener jungen Frau aus den Augen verloren. Ich wusste nicht, wo mein Essen wirklich herkam – wer es erntete, und was dazu nötig war, und wer das Glück hatte, etwas davon zu bekommen. Ich hatte mich so sehr darauf konzentriert, radikale Änderungen herbeiführen zu wollen, dass ich letztlich gar nichts änderte.

Aber ich wusste nach meiner Rückkehr aus Ghana, dass ich wieder anfangen musste, ernsthaft zu schreiben. Ich wusste, dass mich die Menschen in Bechem wieder daran erinnert hatten, was bei der Wahl unserer Essgewohnheiten auf dem Spiel stand.

Ich wusste, dass die Menschen, die Buschfleisch aßen, im Wald in Lehmhütten wohnten, außerhalb jeder Art von Stadt.

Ich wusste, dass an der Südküste jeder Fisch, den die Dorfbewohner am Tag fingen, genau der Menge Essen entsprach, die sie am Abend haben würden.

Ich wusste, dass sich Adjoa solche Sorgen um meinen Eiweißhaushalt machte, dass sie mir kalte Kichererbsen zum Frühstück vorsetzte.

Ich hatte mich verändert, war von der naiven Idealistin zur Realistin geworden. Ich wusste, dass es nicht mehr reichen würde, über mein Essen nachzudenken und im Supermarkt bestimmte Produkte zu kaufen. Ich wusste, dass sich die Dinge nur ändern konnten, wenn ich die Komplexität der Sache akzeptieren und wirklich arbeiten würde.

In seinem Buch *Das Omnivoren-Dilemma* stützt sich Michael Pollan auf die theologische Überlegung der Tischgemeinschaft – die soziale Verbindung, die durch das Teilen von Mahlzeiten entsteht –, um gegen vegetarische Ernährung zu argumentieren. Er gibt zu bedenken, dass ein Mensch, der aus moralischen Gründen auf den Verzehr von Fleisch verzichtet, von einer solchen Gemeinschaft nicht vollständig akzeptiert werden kann. Wenn wir uns zu sehr auf das konzentrieren, *was* wir essen, anstatt *mit wem* wir es essen, laufen wir Gefahr, etwas Wichtiges zu verlieren.

Durch meine Kindheitserfahrungen, die Verbindung meiner Familie zum Essen, verstand ich das Konzept der Tischgemeinschaft gut. Ich war damit aufgewachsen. Aber erst als ich bei den Mensahs am Tisch saß und Essen hinunterwürgte, das ich eklig fand, weil mein Gastgeber sich Sorgen um mich machte, verstand ich das Wichtigste daran. Ich sah, wie groß die Kluft war zwischen der Frage, wie ich essen wollte und wie diese Menschen essen mussten. Ich sah, dass es sich nicht jeder leisten konnte, so zu essen, wie er wollte.

Und trotzdem stand im Zentrum all dessen der Esstisch und die Liebe, die durch das Ernähren anderer deutlich wurde.

Ich wusste, dass es Adjoa unangenehm wäre, all dies zu lesen. Sie redete nicht darüber, aber sie war zufrieden mit ihrem Leben. Ich wollte nicht darüber sprechen, als ich aus Afrika zurückkam, weil ich nicht wollte, dass irgendjemand die Mensahs bedauerte. Denn Adjoa betrachtete die Ernährung ihrer Familie nicht als mangelhaft oder eingeschränkt. Jeden Morgen um drei Uhr früh stand sie auf, um mit der Arbeit zu beginnen, das Brot zu backen, das sie samstags auf dem Markt verkaufen würde. Sie schlüpfte in ihr weites lilafarbenes T-Shirt und ihre Leggings, lief leise in ihre Küche, setzte sich rittlings auf eine Bank, rührte Mehl und Wasser zusammen und knetete den Teig, bis ihre Handflächen weiß waren. Und während sie knetete und ihre Hände gegen das zähe Mehl drückte, sang sie.

»Joy like a river, joy like a river, joy like a river in my soul.«

Kapitel Acht

****

Mais

D urch ein Maisfeld zu laufen ist eine seltsame Erfahrung,
eine Mischung aus ländlicher Zurückgezogenheit und
industrieller Effizienz. Herunterhängende grüne Blätter streiften meine Schultern, während ich mich in den dicht
an dicht stehenden Reihen durch die Stängel zwängte, die
dick wie meine Handgelenke und unglaublich gerade gewachsen waren. Ich erfuhr später, dass Mais heutzutage fast
ausschließlich mit Maschinen gesät und geerntet wird, und
dadurch niemand mehr durch die Reihen laufen muss.

Im Herbst zuvor, kurz nach meiner Rückkehr aus Ghana,
hatte ich in Ventura Beach auf einer kleinen Steinmauer gesessen und den Sonnenuntergang über dem Pazifik beobachtet,
mit den Zehen zwischen kühlen rauen Steinen und einem
Notizbuch in der Hand, in dem ich Gründe dafür aufschrieb,
für ein Graduiertenprogramm in kreativem Schreiben zurück
an die Uni zu gehen.

Ich schrieb über meine Schüler im Förderunterricht: die
zwanzigjährigen, analphabetischen Nannys von Anwälten
aus Orange County, die Fünfjährigen, die in der Schule nicht

still sitzen konnten, die dunkelhäutigen Highschool-Football-spieler, die wussten, dass sie sich nur mit einem Sportstipendium eine Universitätsausbildung würden leisten können.

Ich schrieb über Afrika und was ich dort gesehen hatte. Ich schrieb über Methylbromid und Erdbeeren.

Ich schaute in den Sonnenuntergang und schrieb über Essen. Essen als Lebenskraft. Essen als Verbindung. Aber ich dachte auch an Essen, das mit Fehlern beladen ist. Ich dachte darüber nach, wie ich nun schon seit Jahren als Vegetarierin dahinlebte, einen Unterschied machen wollte, ohne es zu können, auf eine Bestimmung hoffte, sie aber nie ganz zu fassen bekam. Ich hatte Washington verlassen, weil ich mich wie eine einsame Insel inmitten der Stadt gefühlt hatte. Ich hatte in Montana nie zu mir selbst gefunden, weil ich immer nur das gesehen hatte, was mich zur Fremden machte. In Kalifornien hatte ich endlich einen Ort gefunden, an dem ich mich entfalten konnte, nur um durch mein fehlendes Bewusstsein und meine privilegierte Stellung alles wieder infrage zu stellen. Ich wollte nicht länger alleine durchs Land ziehen und so leicht meine Ziele aus den Augen verlieren, wollte nicht hoffen, nur um die Hoffnung enttäuscht zu sehen. Ich wollte einen Weg finden, mich selbst und andere zu ernähren. Ich wollte etwas Richtiges. Das Graduiertenprogramm war meine Hoffnung auf ein Happy End. Konnte ich endlich mein Utopia finden, eine Welt, an die ich glaubte, und an der ich arbeiten konnte, ohne mich so einsam zu fühlen?

Ich schrieb eine Reihe einzelner Szenen für meinen Bewerbungsaufsatz, in denen ich die zielstrebige Laufarbeit in Washington mit der dramatischen Schönheit von Montana und der verbindenden Kraft des südlichen Kalifornien verband, wie Wellen, die über den Sand spülen, leise und hartnäckig, aber dabei immer näher kommen und alles verändern.

Und so kam es, dass ich ein Jahr nach meiner Rückkehr aus Ghana in Iowa lebte. Nach einer spätsommerlichen Rundfahrt in der Abenddämmerung hatte ich ein Maisfeld neben einer lang gezogenen Straße gefunden, an der kein Haus zu sehen war. Ich war mir ziemlich sicher, dass es Landfriedensbruch war, in fremden Maisfeldern herumzulaufen, aber ich verspürte wie so oft den Drang, der Flora und Fauna eines unbekannten Ortes so nah wie möglich zu kommen. Ich hatte meine Zehen ins eiskalte Gletscherwasser von Schluchten im nördlichen New York getaucht. Ich war in den Bridger Mountains in Bozeman gewandert, hatte Wildpflanzen bestimmt und nach Bärenspuren gesucht. Ich war am Pazifik gewesen und hatte in Kalifornien gespürt, wie sich Seetang um meine bloßen Knöchel wickelte. Für Iowa, so meine Überlegung, waren Maisfelder typisch. Nicht, weil ich keine Grasebenen gefunden hätte – das hatte ich, und ich genoss es, wie das Gras im Sommer meine Füße kitzelte –, sondern weil es in Iowa mehr Mais als irgendetwas anderes gab, mehr Mais als Ebenen, Häuser oder Menschen. Es war das Charakteristischste für meinen neuen Wohnort, und ich hatte bis dahin noch nie eine Maispflanze aus der Nähe gesehen.

Ich kam nicht sehr weit ins Feld hinein, aber es reichte, um mich in Gänze zu umschließen. Meine orangen Turnschuhe waren völlig eingestaubt, meine Schultern eingezogen, und der Mais ragte stolz und stark weit über mich hinaus. Ich sah durch seidige Fäden hinauf in den violetten Abendhimmel und sah, wie die ersten Sterne sichtbar wurden. Jedes Mal, wenn neben dem Feld ein Auto entlangfuhr, zog die bewegte Luft wispernd durch die Blätter um mich herum. Ich bohrte meine Schuhspitze in den Boden und förderte Klumpen dicker schwarzer Erde zutage.

Ich hatte im Verlauf des letzten Jahres an der Uni viele Farmerkinder getroffen. Wenn ich sie so betrachtete, mit ihren

Pick-ups und John-Deere-Mützen, wenn sie über die Höfe sprachen, die seit über hundert Jahren in ihrem Familienbesitz waren, hörte ich eine starke Bindung heraus, die weder Naturkatastrophen noch Insolvenz zerstören konnten. Die Landwirtschaft hier war ein Lebensstil, der über Generationen weitergeführt wurde. Diese Familien hatten eine ganz andere Verbindung zu ihrem Boden, als ich es als Kleinstadtkind für den kleinen waldigen Garten hinter dem Haus verspürt hatte. Das Land war ihre Lebensgrundlage, ihre Heimat, ihre Gemeinschaft und ihre Identität. Eine wundervolle Beziehung zu einem Stück Boden.

Aber als ich im Maisfeld stand, spürte ich diese Verbindung nicht. Ich fühlte mich fremd und distanziert, obwohl die Pflanzen mich fest umschlossen. Ich kommunizierte nicht. Ich war lediglich eine Vegetarierin in einem Maisfeld. Was fehlte noch? Warum fand ich die Maispflanzen nicht wunderschön, faszinierend, sah sie nicht als Möglichkeit, die Natur des Westens lieb zu gewinnen? Warum dachte ich immer nur an Mastbetriebe und Frances Moore Lappé und die Lebensmittelindustrie? Ich hatte wieder Bedenken, dass ich den Blickpunkt von außen nie würde überwinden können, dass ich nicht genug daran arbeitete, meine Ostküsten-Vorurteile abzubauen, die Iowa nur oberflächlich als Land von Mais und Überfluss betrachteten, als Land voller Traktoren und Schweine, voller Industrie und Wachstum – und darin wenig Platz für eine liberale Vegetarierin sahen.

Im Verlauf des kalifornischen Sommers hatten Kevin und ich einen bequemen Rhythmus gefunden. Für die Arbeit musste er alle zwei Wochen fünf Tage am Stück auf einer entlegenen Insel fünfzig Meilen vor der Küste verbringen, also wechselten wir zwischen Phasen, die wir getrennt verbrachten, und intensiver, gemeinsam verbrachter Zeit. Das passte uns beiden gut, denn wir hatten sowohl Zeit für unsere eigenen Pläne als auch Freude an gemeinsamen Dingen. Als ich ihm im September erzählte, dass ich zurück zur Uni gehen wollte, hatte ich keine Ahnung, ob er mitkommen würde. Jahrelang waren wir vorsichtig um das Thema herumgeschlichen, wollten uns gegenseitig nicht vorschreiben, wie oder wo wir leben sollten, nur damit die Beziehung hielt, und hofften stattdessen, dass sich irgendwann alles von selbst finden würde. Ich hoffte, er würde mir folgen, aber ich wollte ihn nicht unter Druck setzen. Ich konnte ihn nicht darum bitten, genauso wenig, wie er mich damals gebeten hatte, mit ihm nach Kalifornien zu kommen.

Als ich ihm die Liste möglicher Studienorten zeigte, ein sorgfältig ausgearbeitetes Dokument, das ich ihm wie zufällig hinhielt, wie ein Grashalm, der zeigen sollte, woher der Wind wehte, nahm er es und schrieb seine eigenen Gedanken dazu, ordnete die Liste neu, nach den Orten, in die er gerne ziehen würde. Iowa State University lag auf dieser Liste ganz hinten.

Sechs Monate, drei Uni-Zusagen und ein Stipendium später zogen wir nach Ames, Iowa. Iowa State University hatte auf meiner eigenen Liste an dritter Stelle gelegen, unter den Orten, die ich kannte oder kennenlernen wollte, aber doch weit oben, weil das Graduiertenprogramm dort ein starkes Augenmerk auf das Schreiben über Natur und ortsspezifische Themen legte, und genau darauf wollte ich mich konzentrieren.

Als wir in unserem gemieteten Kleintransporter in die Stadt kamen, von der Route 30, Abfahrt Duff Avenue, eine Straße voller Selbstlagerzentren und Gebrauchtwagenhändler, sahen wir die Rauchwolken vom städtischen Kraftwerk und saßen schweigend am Bahnübergang hinter der herabgelassenen Schranke, während graffitibesprühte Container voller Maisöl quietschend über die rostigen Schienen in Richtung der Küstenstädte fuhren.

Ich sah zu Kevin auf dem Beifahrersitz und sagte: »Es tut mir so leid, dass du meinetwegen hier sein musst.«

Während der gesamten Eingewöhnungsphase in Ames lächelte ich gezwungen, spielte die Reiseführerin und machte Kevin voller Hoffnung auf alle faszinierenden kleinen Besonderheiten aufmerksam, als ob ich den Ort bereits kannte, als ob ich wusste, wie man über Nacht zu einem waschechten Einwohner des Mittleren Westens wird, als ob ich im Gegensatz zu ihm jemals gedacht hätte, einmal in der zentralen Zeitzone zu landen. Ich sagte Dinge wie »Wow, guck mal, so viel frisches Gemüse!« auf dem Wochenmarkt, oder: »Komm, wir fahren mit den Fahrrädern in den Park und spielen Scrabble«, und: »Wusstest du, dass Ames genau auf einer der größten Vogelzugstrecken der Vereinigten Staaten liegt?« Ich machte das Beste daraus. Ich bemühte mich, alles wunderbar zu finden. Er war übellaunig. Er sagte Dinge wie »Mann, so viel flaches Land. Mann, ist das langweilig.«

Ich versuchte, ihn zum Lächeln zu bringen und damit meine Schuldgefühle darüber loszuwerden, dass ich ihn hierhin verfrachtet hatte. Aber durch meine Glücksgefühle und meine hehren Ziele erschien mir alles wunderschön. Die Bäume erstrahlten im herbstlichen Bunt, rahmten mit knallgelben Blättern die Straßen und wuchsen über meinem Kopf zu einem Dach zusammen. Ich bekam einen eigenen Schreibtisch im Büro und neue Freunde gleich dazu. Ich stürzte mich in ein Leben voller Lesen, Schreiben und Workshops. Meine Lebenslust sprang über auf die Stadt, die ich niemals zu lieben erwartet hatte, auf die Blätter und Parks und Vögel. Ich liebte alles an Iowa, sogar wenn ich es nicht tat. Ich sah das Potenzial in diesem weiten, flachen Land; im feuchten, schwarzen Boden.

Als ich in jenem August mein Graduiertenprogramm anfing, wurde es mein Ein und Alles. Tage- und wochenlang saß ich an meinem Schreibtisch an der Uni, arbeitete den ganzen Tag und vergaß dabei oft bis zum Abend, etwas zu essen. Aufsätze von Studenten mussten kontrolliert werden, und ich saß stundenlang über den Schreibtisch gebeugt da und schrieb Kommentare, tippte meine eigenen Aufsätze, vertiefte und vergrub mich. Ich dachte an den nahenden Winter, und wie es wohl aussehen würde, wenn er sich über dieses ebene, flache Land legte. Wenn ich abends nach Hause kam, war Kevin schon da, die Hände voller Schmutz von seinem Job im botanischen Garten. Ich tänzelte durch die Küche und erzählte, während er Gemüse wusch und zerschnitt, unseren Fleischersatz in die Mikrowelle stellte oder Kartoffelbrei aus der Tüte anrührte. Meine Hände voller Leben. Seine Hände, die für mich kochten.

Kevin und ich stritten uns in jenem Jahr oft – darüber, dass ich zu viel arbeitete, über die engen Freundschaften, die ich mit den anderen in meinem Programm schloss, über seinen eigenen Mangel an Freunden, darüber, wer die Küche wischte und den Abwasch machte. Aber das wirkliche Problem war, dass ich Iowa liebte und meine Gemeinschaft gefunden hatte, während er mir vorhielt, ihn aus seiner herausgerissen zu haben. Seine Gemeinschaft war in Montana und in Kalifornien. Aber ich wollte auch einmal an der Reihe sein.

Als im Winter einer seiner ehemaligen Chefs anrief und ihm für den darauffolgenden Sommer einen Job anbot, waren wir beide ein wenig erleichtert. Es war sein Traumberuf: Er sollte der Spur der Blauflügel- und Goldflügel-Waldsänger durch die Wälder folgen, sie in ihren betauten Nestern fangen und sie in seinen Händen halten, seine langen Finger behutsam um flatternde Flügel und rasenden Herzschlag schließen. Er würde Kanülen einführen und Bluttests durchführen. Aber die Arbeit war in New York, nur ein paar Stunden von seinem Elternhaus entfernt. Er würde befördert werden und eine Gehaltserhöhung bekommen. Natürlich musste er den Job annehmen; da waren wir uns einig, er musste es einfach tun. Wir würden einfach wieder einen Sommer an unterschiedlichen Orten verbringen. Das hatten wir ja schon einmal getan, als ich in Washington war und er in Montana. Wir hatten überlegt, das auch mit seinem Job in Kalifornien so zu machen. Es waren nur ein paar Monate, und ich hatte ohnehin so viel zu tun. Ich denke, am Ende wussten wir beide, was passieren würde, und wir ließen es geschehen.

Kevin kündigte seine Arbeit im botanischen Garten im Februar, obwohl er erst im April in New York anfangen sollte und fuhr drei Wochen mit seinem Vater in den Urlaub. Er flog nach Montana, genoss die Skisaison und trank Big-Sky-Bier mit seinen ehemaligen Mitbewohnern; seine Haare waren lang und von einer Wollmütze platt gedrückt. Ich hatte nicht einmal Zeit zu bemerken, dass er nicht mehr da war.

Dann kam der März und der Schnee schmolz langsam. Und im April winkte ich seinem Subaru nach, der vollgepackt mit Sommersachen, Campingausrüstung und Bestimmungsbüchern in Richtung Osten auf die Fernstraße fuhr.

Im Mai wachte ich auf. Das akademische Jahr war vorbei, und ich war alleine in Iowa. Der Frühling war endlich da und in meinem Vorgarten blühten die Maiglöckchen. An den kahlen Ästen der vom Winter gezeichneten Bäume prangten zum Bersten gespannte grüne Knospen. Ich war glückselig nach meinem ersten harten Jahr im Graduiertenprogramm, wie ein Boxer nach vollen zwölf Runden, erschöpft, aber ich hatte gesiegt. Ich ließ mir zum ersten Mal seit sechs Monaten die Haare schneiden und feierte das Semesterende, indem ich nach Minneapolis fuhr und meine Lieblingsband im First Avenue Club spielen sah. Ich kaufte im Laden an der Ecke für sechzig Dollar Whiskey für meine Freunde und stolperte in den Club. Als der Sänger sich von der Bühne ins begeisterte

Publikum rollte, drückte ich mich betrunken weiter in die Menge, verspürte die Wärme von zig durchgeschwitzten T-Shirts und legte meinen Arm um seine Schultern, als er sich das Mikrofon gegen die Zähne schlug. Zusammen schrien und sangen wir. Für mich allein traf ich eine Entscheidung.

Als ich wieder in Iowa war, rief ich Kevin an und sagte: »Das funktioniert so nicht.«

Meine Trauer trug die Farben von Iowa, ein Gelbbraun, das sich im Laufe der folgenden Wochen in einen goldenen Glanz verwandeln sollte. Ich lag ein paar Tage lang heulend auf dem Bett, dann setzte ich mich auf, riss mich zusammen und dachte, *man kann halt nicht alles haben.* Ich war noch nie so glücklich gewesen, aber es hätte nie gereicht, um auch ihn glücklich zu machen. Als ich endlich mit meiner Hälfte unseres Lebens zufrieden war, geriet seine Hälfte in eine Krise. Unsere Beziehung konnte meinem neu gefundenen Selbstbewusstsein, meiner Zielstrebigkeit und Unabhängigkeit einfach nicht standhalten.

Und als ich wieder begann, mich selbst auszudrücken, musste ich meine Identität irgendwo verankern. Ob Iowa nun der Ort war, der mir vorgeschwebt hatte oder nicht: Ich pflanzte meine Fahne in die schwarze Erde und beschloss, es zu meiner Heimat zu machen. Wenn ich hier alleine sein sollte, würde ich mir eben alleine ein Leben aufbauen. Ich würde mich Iowa hingeben, ohne mich seinetwegen zurückzuhalten. Ich würde Iowa lieben lernen. Ich würde mich selbst ernähren.

Ich begann, meinen neuen Heimatstaat mit dem Auto zu erkunden, schwindelig von so viel Freiheit und dem leicht panischen Gefühl, abends in eine leere Wohnung zurückzukehren. Wenn ich mich fragte, wo die Grant Avenue in nördlicher Richtung hinführte, fuhr ich sie einfach entlang. Ich fand neue Kurven auf neuen Straßen und neue Orte – keine Städte, die ich besuchen würde, nur kleine Supermärkte und Parks und Tankstellen, aber Orte, wie eine überraschende Raststätte an der Fernstraße. Ich schaffte es endlich, meine Nachttischchen zu streichen, und probierte das neue Rezept für gebackenes Gemüse in Teriyaki-Soße. Ich kaufte neue Vorhänge. Mir fiel wieder ein, wie sehr ich Himbeeren mochte. Kevins Bücher lagen immer noch zwischen meinen herum, und ich wusste, dass wir irgendwann eine gründliche Gütertrennung würden vornehmen müssen, im August, wenn er mit einem Miettransporter aus New York kommen würde, um seine Besitztümer mitzunehmen. Aber der Boden, auf dem ich lief, fühlte sich langsam vertraut an, und ich spürte, dass etwas mit mir passierte.

Als ich nach Iowa gezogen war, hatte ich versucht, etwas wiederaufzunehmen. Ich hatte mich verlaufen, war ohne Ziel gewesen. Jetzt, da ich Zeit und nichts anderes zu tun hatte, konnte ich mich vollständig meiner neuen Heimat widmen und ein Teil von ihr werden. Im Verlauf der letzten drei Jahre war ich fröhlich von einem Bundesstaat zum anderen gezogen, hatte verschiedene Lebensstile ausprobiert, und jetzt war ich bereit für diesen. Ich wollte in dem Ort, an dem ich noch mindestens zwei weitere Jahre verbringen würde, eine Gemeinschaft finden. Ich wollte wieder die alte Stärke aufbauen, die im letzten Jahr langsam zunichtegemacht worden war.

Ich wollte mich bewegen, meinen Körper stärken und gesunden lassen. Ich fing nach einer achtmonatigen Pause wieder an zu joggen und schaffte die Meile, die ich mir zu Beginn meiner Zeit hier ausgesucht hatte, nur mit Ach und Krach. Ich fing einen Yogakurs an, der an der Uni kostenlos viermal die Woche angeboten wurde. Mit der Yogamatte über der Schulter, in Flip Flops und Caprihosen verlor ich mich auf den Busfahrten zum Fitnessstudio in meinen Radiohead-Alben.

Ich war positiv überrascht vom Mittleren Westen, dessen soziales Bewusstsein des Leben-und-Leben-Lassens in Verbindung mit dem landwirtschaftlichen Erbe und der Anbaustruktur für eine erstaunliche Essenskultur sorgte. Beinahe jede Woche in jenem Sommer warf ich meine Jutebeutel in den metallenen Fahrradkorb und radelte die wenigen Hundert Meter von meinem Haus zur Wheatsfield Grocery, dem neu ausgebauten genossenschaftlichen Lebensmittelladen. Die Wände waren lila gestrichen, mit Wandbildern von lächelnden Tieren, die um Cafétische herumtanzten; die Wandtafel verkündete in Neonfarben die Sonderangebote für Mitglieder. Gleich rechts vom Eingang stapelte sich das frische Obst und Gemüse im leichten Nebel der Auslage. Ich war bereit für ein neues Leben als gesunde, bewusste Vegetarierin. Nie wieder würde es Mikrowellenpizza und Kartoffelbrei aus der Tüte geben, mannigfaltig behandelten Reis aus Plastikverpackungen oder grüne Bohnen aus der Dose.

Vom Regal mit Frühstückszutaten und ausländischen Nahrungsmitteln nahm ich ein paar Dinge mit, die ich immer im Haus hatte: Cranberry-Mandel-Müsli von Cascadian für ein schnelles Frühstück, vegetarische Bohnenpaste von Amy's für Burritos, Biotomatenmark von Muir Glen für die Tomatensoße nach Familienrezept. Ich fühlte mich ein wenig unwohl, Dinge in Dosen zu kaufen, aber ich sagte mir, dass es zumindest Biomarken aus dem Genossenschaftsladen waren. Ich hatte immer in riesigen, rund um die Uhr geöffneten Supermärkten eingekauft, in denen es über 40 000 Produkte gab, die allesamt von großen Lebensmittelherstellern wie Kraft, Heinz oder ConAgra kamen – Firmen, die den Boden vergifteten und ihre Arbeiter ausbeuteten. Einen Tetrapack Biokartoffelsuppe aus dem Regal gleich neben den frisch zubereiteten Tofu-Sandwiches zu nehmen und in meinem Jutebeutel zu verstauen, fühlte sich schon ganz anders an, als mittwochnachts um elf im Neonlicht eines Supermarktes eine Dose Campbell's Tomatensuppe aus Konzentrat zu kaufen. Es war ein Anfang.

Irgendwann in jenem Sommer zeigte mir ein Freund eine
Übersicht von Tochtergesellschaften großer Lebensmittelkon-
zerne.[15] Vielleicht hatte derjenige, der sie erstellt hatte, Menschen helfen wollen, die »guten« und »sicheren« Biomarken
unter den 40 000 Produkten im Supermarkt zu finden. Aber
als ich die Verbindungen der Großkonzerne zur Biolebensmit-
telindustrie so deutlich vor mir sah, fühlte ich mich furchtbar.
Ich unternahm die ersten Schritte hin zur Identität der aktivis-
tischen Esserin, die ich immer hatte sein wollen, und schon
wurde ich ausgebremst. Mit nur einem Blick auf die Übersicht
war erkennbar, dass die bösen Lebensmittelgiganten auch bei
meinen Hippie-Fertiggerichten die Strippen zogen. Das Müsli,
das ich kaufte, war von Cascadian Farm, eine Genossenschaft,
die in den 70ern von Kleinbauern als New Cascadian Survival
and Reclamation-Projekt gegründet worden war, mit dem Ziel,
das Land wieder selbst zu bewirtschaften, um es nicht der Industrie zu überlassen. Jetzt gehört Cascadian Farm zum Rie-
senkonzern General Mills.

Immerhin, redete ich mir ein, wurden diese Massenpro-
dukte immer noch nach biologischen Gesichtspunkten hergestellt, ohne Pestizide und mit möglichst kleinem Schaden für
die Umwelt. Aber bald stellte sich heraus, dass mit dem
Wachstum der Biolandwirtschaft auch immer die Nebenwirkungen von größeren Mengen und größerer Verbreitung zutage treten. Großkonzerne kauften kleine Biobetriebe auf, die
ohne große Marktanteile und Verbreitung keinen Gewinn
machten und verkaufen mussten. Gerber, Heinz, Dole, ConAgra,
PepsiCo – sie alle besitzen Biomarken. Die Biokühe von Horizon leben in einem Stall mitten in der Wüste von Idaho, bekommen Biogetreide und Silage, die aus westlicheren Staaten
bezogen werden, und werden dreimal am Tag gemolken. Sie
bekommen keine Antibiotika und leben so, dass sie oft krank
werden. Und jeder, der schon einmal eine Tiefkühlpizza oder

einen fertigen Burrito von Amy's gegessen hat, wird wissen, dass es auch ungesundes fertiges Bioessen gibt: Biomaisstärke, Biokuchensnacks.

Einmal gesehen, ging mir die Konzernübersicht nicht mehr aus dem Kopf. Plötzlich sah ich die Etiketten in den Ladenregalen, sogar im Genossenschaftsladen, mit anderen Augen. Ich sah den Begriff »Bio« als das, was er wirklich war – eine Beschriftung unter vielen, die einen bestimmten Aspekt beschrieb. Ich fand ihn immer noch wichtig, und dachte dabei an das Methylbromid in Kalifornien, die Gefahren für die Landarbeiter, das ständige gründliche Waschen. Aber ich wollte nicht nur pestizidfreie Nahrung. Eine Biofarm mit riesigen Jauchebecken oder 20 000 Ställen für Masthühner war nicht das, was mir vorschwebte, als ich wieder begann, im Genossenschaftsladen einzukaufen. Ich wollte mehr, wollte Prinzipien und Werte, wollte eine Besinnung auf bewusstes, ethisches Essen.

Als ich Vegetarierin wurde, dachte ich, dass ich moralischer lebte, weil ich mein Essen unter bestimmten Gesichtspunkten einschränkte. Vegetarische Ernährung bedeutete – so hatte ich es an der Uni gelernt –, eine geringere Umweltbelastung und die Ablehnung großer Konzerne, die rechtliche Wasserqualitätsbestimmungen umgingen und Tierquälerei betrieben. Aber in jenem Sommer in Iowa begann ich meine eigenen Bemühungen zu hinterfragen und sah, dass der freie Markt seine eigenen Regeln hatte.

Ich wollte es besser machen, also suchte ich nach zusätzlichen Informationen, obwohl die Ergebnisse frustrierend waren. Ich begann, die Fleischersatzprodukte, die ich regelmäßig aß, zu hinterfragen und ihrer Herkunft nachzugehen. Auf der Webseite von Boca Burger war zu lesen, dass die Marke für vegetarische Burger in Boca Raton, Florida, entstanden sei, als ein

Koch sich an einem Veggieburger versuchte, der tatsächlich gut schmeckte. Was die Webseite verschwieg, war die Tatsache, dass Boca im Jahr 2000 von Kraft »erworben« wurde, dem größten Fertiggerichtproduzenten Nordamerikas. Und es wurde mit keinem Wort erwähnt, dass Kraft bis 2007 zur Altria Group gehörte – der neue verbesserte Name des nicht allzu gut beleumundeten Philip-Morris-Tabakkonzerns.

Als ich begann, den unternehmerischen Verbindungen in der Lebensmittelindustrie nachzugehen, fühlte ich mich wie ein Internetfreak, als wäre ich plötzlich zu einem dieser Menschen geworden, die in Internetforen allen lang und breit erklären, dass die Geburtsurkunde von Barack Obama eine Fälschung sei, oder dass die Regierung Pläne habe, allen Neugeborenen heimlich Mikrochips zu implantieren. Je weiter ich vordrang, desto mehr versuchte ich, mir einzureden, dass ich aus einer Mücke Elefanten machte – vielleicht wollte ich einfach etwas sehen, was gar nicht wirklich existierte. Vielleicht war es gar nicht so schwierig. Vielleicht könnte ich mich einfach abwenden und wieder zu meiner unkomplizierten vegetarischen Ernährung zurückkehren.

Bis ich las, dass Philip Morris von einer US-Jury im Jahr 2001 zur Zahlung von drei Milliarden Dollar Entschädigung an einen krebskranken ehemaligen Raucher verurteilt worden war, ein Urteil, das als großer Sieg für die Anti-Tabak-Bewegung gefeiert wurde.[16] Im Berufungsverfahren einige Monate später gelang es Philip Morris, die Entschädigungssumme auf 100 Millionen herunterzuhandeln, aber noch vorher hatten sie durch den Verkauf von nur 16 Prozent von Kraft Foods neun Milliarden Dollar eingenommen.[17] Plötzlich sorgte mein Kauf eines ethisch vertretbaren, fleischfreien Boca Burgers, der eigentlich nicht zur unternehmerische Habgier beitragen sollte, dafür, dass ein böser Tabakkonzern vor dem Bankrott gerettet wurde.

Zu guter Letzt erfuhr ich auch noch, dass Kraft die »Oscar Meyer«- und »Louis Rich«-Marken für Fleisch und Schinkenprodukte besitzt, deren Schweine von Smithfield Foods aufgezogen und geschlachtet werden, einem der drei größten Fleischproduzenten der Vereinigten Staaten. Seine Jauchegruben hatten während eines Hurrikans in den späten 90ern einen Großteil von North Carolina überflutet und seine illegale Umgehung von Wasserschutzabkommen war damals einer der Gründe für mich gewesen, Vegetarierin zu werden. Ich kaufte zwar vegetarische Burger, aber ich war immer noch ein Teil des ganzen Schlamassels.

Zwei Monate nach dem Ende meiner Beziehung saß ich eines Sonntagabends in der Wohnung eines Freundes und benotete Arbeiten aus der Sommerakademie. Er unterrichtete den Sommer über außerhalb von Ames und hatte mir seinen Schlüssel gegeben, damit ich seinen Briefkasten leeren und seine Blumen gießen konnte, und außerdem Zugang zu seiner Klimaanlage und dem Kabelfernsehen hatte. Meine Tasche stand zwischen dem Sofa und dem Couchtisch, ich räumte kurz auf, ließ die Jalousien herunter und schaltete die Klimaanlage aus. Aber als ich einen Schritt auf den Couchtisch zuging, um mich zum Fernseher hinüberzulehnen und ihn auszuschalten, streifte ich mit meiner linken Kniescheibe die Tischecke, und sie sprang heraus, quälend langsam.

Ich musste meinen Fuß ganz fest aufgestellt und mein Bein durchgedrückt haben. Ich war nicht einmal besonders fest angestoßen. Doch dieses winzige Versehen hatte ernsthafte Konsequenzen. Ich fiel rücklings aufs Sofa und fluchte laut. Ich bekam Panik. Während meiner Highschool-Zeit hatte ich dasselbe Knie schon mehrfach ausgerenkt – ich war beim Kicksprung bei den Proben zu unserer Aufführung von *Joseph and The Amazing Technicolor Dreamcoat* falsch aufgekommen, beim Basketball nach einem Rückprall seitlich in die Knie gegangen, beim Federballspiel im Garten meiner Großeltern auf nassem Gras ausgerutscht –, also wusste ich zumindest, was passiert war. Aber all jene Vorfälle waren ein kurzer, scharfer, seitlicher *Klick* gewesen. Der Schmerz hatte mir den Magen umgedreht und war mir durch den ganzen Körper gegangen, aber die Verletzung war jedes Mal direkt vorbei gewesen.

Jetzt war es anders. Ich merkte es sofort, als ich auf dem Sofa landete und einen Blick auf mein Knie erhaschte. Mein Knie war verrenkt. *Mein Knie war verrenkt.* Dieser grauenvolle falsche Winkel, leicht nach links verschoben, geometrisch so unnatürlich, dass mir die Galle hochkam. *Ach du Scheiße.* Panik umfing mich, schwer und heiß wie Lava. Ich begann unwillkürlich zu zittern. Ich hatte keine Ahnung, *keine Ahnung,* was ich tun sollte. Ich war in einer Wohnung. Ich war allein. Und ich war kaputt.

Nachdem ich ein paar Mal erfolglos versucht hatte, das Bein selbst zu richten, das Gelenk wieder an seinen Platz zu befördern, schaffte ich es, meinen Arm so weit zu strecken, dass ich mein Handy erreichen und den Notruf wählen konnte. Zwei Stunden später, nach einer Schmerzmittelinfusion, dem Transport durchs Treppenhaus auf einem tragbaren Sitz, den zwei Feuerwehrmänner hielten, einer Decke, die einer von ihnen mit den geflüsterten Worten »Das musst du jetzt nicht mehr sehen« über meine Beine legte, einem durch den Schock ausgelösten Zitteranfall im Krankenwagen, einem Eisbeutel gegen den Schmerz in der Notaufnahme, kam endlich ein Arzt zu mir. Er sah kurz auf mein Knie und sagte: »Ja, das ist draußen. Soll ich es wieder einrenken?«

»Ja, bitte«, sagte ich mit einem matten Lächeln.

Aber es war die nächste Frage – »Willst du es lieber nicht mitbekommen?« –, die mir Erleichterung verschaffte. Ich weinte, als mir klar wurde, dass ich für das Wiedereinrenken eine Vollnarkose bekommen konnte. Ich hatte bei meinem Vater gesehen, was für eine grauenhafte Reißbewegung vonnöten war, bei dem der Arzt den Knöchel mit beiden Armen packte und mit seinem gesamten Körpergewicht daran zog. Ich wusste, wie es aussah: das widerwillige Aufbäumen meines Körpers, die Muskelspasmen, die Schreie wie im Horrorfilm, die Krampfanfälle.

»Ja«, antwortete ich, und zum ersten Mal an diesem Abend kamen mir die Tränen. Ich wollte all das so unglaublich gern nicht mitbekommen.

Ich wurde gebeten, von hundert rückwärts zu zählen, und dann weiß ich nur, dass ich dem Notfallsanitäter neben mir erzählte, dass ich nervös war. Er sah mich verwirrt an, lächelte dann und sagte mir, dass alles schon vorbei wäre. Es war schon vorbei. Ich schaute an mir herunter und sah, dass mein gesamtes linkes Bein in einer Schiene lag. Ich konnte mich nicht erinnern, wusste nicht mehr, dass ich eingeschlafen oder aufgewacht war. Die letzten fünfzehn Minuten meines Lebens waren einfach weg. Weniger als eine Stunde später lief ich auf Krücken zum Ausgang des Krankenhauses und nahm für die drei Straßenzüge zu meiner Wohnung ein Taxi.

Am nächsten Morgen wachte ich nach ein paar Stunden unruhigen Schlafs und mit einem Kissen unter meinem schmerzenden Bein auf. Ich sah mich verwirrt um. Was würde sich jetzt ändern? Was musste ich erst wieder lernen? Was würde ich anders machen müssen? Ich nahm ein paar Ibuprofen-Tabletten, wusch mich in der Badewanne – die Ärzte hatten mich ermahnt, das verletzte Knie nicht ohne Schiene zu belasten – und ging für ein paar Stunden zu Studentengesprächen an die Uni.

Ich kam an jenem Abend nach Hause, um mir etwas zu essen zu machen, und war eher müde als schmerzgeplagt, einfach erschöpft vom Herumhumpeln auf Krücken und von den ständigen Schmerztabletten. Es hatte am Abend vorher nicht einmal richtig wehgetan. Zuerst hatten mich Angst und Schock erstarren lassen, bevor dann die Medikamente den körperlichen Schmerz ausblendeten. Sobald das Bein wieder eingerenkt war, und ich davon völlig unberührt selig geschlummert hatte, war das Schlimmste vorbei gewesen. In ein paar Wochen würde ich mit der Physiotherapie beginnen, um meine Muskelkraft wiederaufzubauen. Es fühlte sich seltsam an, es so auszudrücken, zum Beispiel meinen Eltern gegenüber, die ich am jenem Abend am Telefon überzeugte, nicht extra nach Iowa zu fliegen, um sich um mich zu kümmern, aber eigentlich war ein ausgerenktes Knie nicht weiter schlimm. Von der Verletzung bis zu meiner Krankenhausentlassung waren gerade einmal vier Stunden vergangen. Es war nichts weiter gewesen.

An jenem ersten Abend kochte ich mir mein Trostessen, das einfachste Gericht, das mir einfiel: Pasta mit Tomatensoße. Aber als ich das Essen in eine Schüssel gefüllt hatte, stellte ich fest, dass ich es mit den Krücken nicht zum Futon tragen konnte, wo ich normalerweise vor dem Fernseher aß.

Ich brach zusammen. Ich fing mitten in der Küche an zu heulen. Zum ersten Mal, seit Kevin weg war, fühlte ich mich wirklich allein. Ich schluchzte, weil ich schon wieder an etwas gescheitert war. Meine Versuche, mir eine neue Identität zuzulegen, stießen wieder an ihre Grenzen, obwohl ich mit neuer Kraft und Zuversicht schrieb, versuchte, bewusster zu essen, und sogar wieder Sport machte. Ich konnte einfach nicht besser werden. Und jetzt, als ich wirklich dringend etwas brauchte – auch wenn es nur ein zusätzliches Paar Hände waren –, war ich allein und niemand passte auf mich auf. Ich war allein. Ich war kaputt. Und ich konnte mich nicht einmal selbst ernähren.

Der Sommer verging wie in einem Nebel. Ich schob die Schuld, völlig unverdient, auf meine Umgebung. Auf irgendeine Art und Weise hatte Iowa mir das angetan. Ich verstand nicht, warum ich ausgerechnet jetzt scheiterte, obwohl ich doch alles besser machen wollte. Ich hatte hier so sehr hingehören wollen. Ich wollte die Bevölkerung nicht einfach abschreiben, wie ich es mit den Menschen in Montana getan hatte. Ich wollte in meinem ganzen Idealismus nicht die Probleme anderer Leute ignorieren, wie ich es in Kalifornien getan hatte. Ich mochte die schwarze Erde und die Steppe. Ich schrieb über die einheimischen Pflanzen und über die Gletscherschmelze. Ich wollte Iowa lieben. Aber es hatte mich kaputt gemacht.

Ich bekam Wut auf alle möglichen Dinge. Wie die Luft in Iowa nach Schweinemist stank, wenn der Wind ungünstig stand. Wie die Kühe, die auf meinem Campus in den Ställen des US-Landwirtschaftsministeriums standen, Löcher in den Bäuchen hatten, damit die Forscher sehen konnten, wie desaströs eine reine Maisfütterung für ihre Verdauungssysteme war. Plötzlich schien es mir, als hätte ich nur durch Iowa Kevin verloren, und die Sicherheit, die eine Beziehung mit sich brachte. Nun gab es hier niemanden, der für mich da war, wenn ich es am dringendsten brauchte.

Ich humpelte umher, unsicher und verletzt, versuchte, Dinge besser zu machen, und stieß doch alles um, schlug mir den Kopf an, und ständig kam mir die harte Wirklichkeit ins Gehege. Mein ausgekugeltes Knie war in meiner zweistöckigen Wohnung ein besonders großes Problem, weil ich jedes Mal auf Krücken die schmale, mit Teppich ausgelegte Treppe hochmusste, wenn ich ins Bad wollte. Ich geriet immer ins Schwitzen, wenn ich wieder heruntersteigen musste, ohne zu stolpern, ohne die Krücken an den Treppenkanten zu verkeilen, ohne mich zu weit nach vorn zu beugen und herunterzufallen. Nach einer Weile gab ich auf und hüpfte fortan auf einem Bein hoch, um dann auf dem Hosenboden wieder hinunterzurutschen. Alles andere wäre zu riskant gewesen. Ich verbrachte den ganzen Tag mit ausgestreckten Beinen auf dem Futon im Erdgeschoss, von Stützkissen umgeben, nahm Schmerztabletten, sah fern, korrigierte Essays und schlief. Ich fand mich ausgesprochen bemitleidenswert.

Bei meinem ersten Besuch maß die Physiotherapeutin den Umfang meiner Oberschenkel, um die Muskelmasse zu vergleichen. So konnte sie sehen, wie viel Muskeln ich im linken Bein seit meiner Verletzung verloren hatte. Es stellte sich heraus, dass das linke Bein ganze zwei Zentimeter dünner war als das rechte. Das war ein viel zu großer Verlust nach nur zwei Wochen mit der Knieschiene. Ich fiel aus allen Wolken – obwohl ich mir solche Mühe gegeben hatte, fit zu werden und meinen Körper zu stärken, war mein Bein schon vor der Verletzung schwächer gewesen.

Ich fühlte mich, als würde ich jeden Halt verlieren. Egal, wie sehr ich es versuchte, ich konnte einfach nicht gewinnen. Und ich war von den Anstrengungen erschöpft. Ich war kurz davor aufzugeben.

Die Physiotherapeutin beendete jede Sitzung mit einer Massage, bei der sie meine Kniescheibe sanft hin- und herschob. Ich schaute jedes Mal weg und mein Magen fühlte sich ganz schwach an. Es waren nicht meine schwachen Muskeln, die mir Übelkeit verursachten, es war meine eigene Angst. Ich hasste die Angst, die mir der Anblick meines eigenen verletzten Beines einjagte. Als die Therapeutin mir versicherte, dass bald alles wieder gut sein würde, sagte ich ihr nicht, dass ich gar nicht wieder joggen oder Rad fahren *wollte*. Ich wollte keinen Sport mehr treiben. Ich wollte keine Risiken mehr eingehen. Ich wollte sie fragen, ob ich nicht einfach für den Rest meines Lebens eine Schiene tragen könnte, damit ich nicht irgendwann auf der Treppe stolpern oder ungeschickt von der Bordsteinkante treten würde.

Ich dachte an die Worte des Arztes in jener Nacht, als er mein Knie wieder eingerenkt hatte: »Willst du es lieber nicht mitbekommen?«

Das wollte ich. Ich wollte die ganze Geschichte aus meinem Gedächtnis streichen, vergessen, dass es je passiert war, und dafür sorgen, dass es nie wieder passierte. Ich konnte nicht zusehen, wie die zarten Hände meiner Physiotherapeutin meine kleine Kniescheibe ein Millimeterchen zur Seite schoben, meine schwachen Muskeln dazu bringen wollten, die Bewegung wieder abzufedern, meinem kaputten Bein beibrachten, wieder ganz zu sein, weil ich zu viel Angst hatte, mich noch einmal so zu verletzen.

Eines Tages in jenem Sommer stand ich mit einer kleinen Kniebandage am Bein im Genossenschaftsladen hinter einem Mann in der Schlange, der aussah wie ein vegetarischer Aktivist. Er trug die veganen, fair hergestellten Blackspot-Schuhe von Adbusters. Oberhalb von schwarzen Skinny-Jeans und schwarzem T-Shirt trug er einen ungepflegten dunkelbraunen Ziegenbart, auf Hipster Art getrimmt, und einen Schnurrbart sowie eine Brille mit dickem schwarzen Gestell. Als er das wenige, was er im Einkaufswagen hatte, auspackte, kamen eine Flasche weißen Cranberrysafts, eine Tüte Tortillachips, ein Glas Salsa, ein Brot und nicht weniger als zehn Packungen vegetarischen Schinken von Yves zum Vorschein, eingeschweißt und grau.

Wäre ich ein anderer Mensch gewesen, noch immer das Mädchen mit rasiertem Kopf, das im Regen vor der Uni stand und ein selbst gemaltes Plakat mit der Aufschrift »Kein Blut für Öl« hochhielt, hätte ich ihn vom Kauf abgehalten. Ich hätte ihm erzählt, dass auch ich schon genug Fleischersatzprodukte aus Soja, schwarzen Bohnen und Mykoproteinen gegessen hätte, und ihn gefragt, warum er Vegetarier war.

Und hätte er dann etwas von Massentierhaltung, Umwelt-schäden, Unternehmensbesitz, industrieller Landwirtschaft oder Fairtrade erzählt, hätte ich vielleicht versucht, auch ihn völlig zu desillusionieren. Ich hätte ihn fragen können, ob er wusste, dass Yves zur Hain-Celestial-Gruppe gehört, die auch andere vegetarische Bestseller wie Spectrum Organics und Tofutown oder milchfreie Rice-Dream-Eisdesserts vertrieb. Ob er wusste, dass Hain Celestial für den McVeggie verant-wortlich war, den 400-Kalorien-Burger, den Yves exklusiv für McDonald's herstellte. Ob er wusste, dass McDonald's diesen Burger mit Vollkornbrot und Barbecuesoße servierte, die laut Kennzeichnung möglicherweise Rinderfett enthielt. Und dass dieselben Schilder auch vermerkten, dass der Burger bei der Zubereitung mit Fleisch in Berührung kommen konnte.

Ich hätte ihn fragen können, ob ihm bewusst war, dass Hain Celestial eine Untermarke von Heinz war, einem der zwanzig größten Lebensmittelhersteller der Welt, oder ob er andere Marken von Heinz kannte. Smart-Ones-Fertiggerichte beispielsweise oder Rotisserie-Huhn von Boston Market – die beide von Heinz mit Hühnerfleisch von Tyson Foods herge-stellt werden. Tyson, dem größten Fleischproduzenten der Welt. Der Konzern, der im Jahr 2003 mehr als 7,5 Millionen Dollar Strafe dafür zahlen mussten, dass er zwanzigfach die Wasserbestimmungen gebrochen und Jauche ins Grundwas-ser hatte gelangen lassen und ohnehin illegal seinen Abfall entsorgt hatte.[18] Kurzum, ich hätte sagen können, toll, dass du kein Fleisch isst, aber *was* isst du eigentlich.

Ich wollte ihn dasselbe fragen, was mich in jenem Sommer selbst umgetrieben hatte: »Wie viel Gutes tust du eigentlich wirklich?« Wenn man mit dem Kauf eines Boca Burgers direkt, und ohne sich herausreden zu können, den Angeklagten des größten Anti-Tabak-Prozesses in der Geschichte dabei half, nicht bankrottzugehen. Wenn das Geld, das man für einen

Boca Burger ausgab, das Geschäft von Smithfield Foods, dem größten Schweinefleischverarbeitungskonzern der Welt, beförderte. Was genau vorgeht, wenn man Yves-Tofuwürstchen kauft, und damit einen Exklusivvertrag mit der größten und bekanntermaßen ungesunden Fast-Food-Kette der Welt unterstützt? Wenn von Yves zu kaufen eigentlich bedeutet, dass man von Tyson kauft?

Aber ich sagte von all dem nichts. Ich sah zu, wie er seinen Fleischersatz in den Jutebeutel packte und den Laden verließ, und kaufte mir eine Packung Nudeln. Es wäre nicht fair gewesen, ihn mit meinen Fragen zu belasten. Diese Fragen verfolgten mich, weil ich Vegetarierin geworden war, Aktivistin, um etwas zu verändern, und es wollte einfach nicht funktionieren. Ich fing an, es für unmöglich zu halten. Ich stellte dem armen Kerl im Laden all diese Fragen nicht, bat ihn nicht, sich zu verteidigen, denn ich wusste, dass man die Verbindungen der Konzerne untereinander nicht aus dem Kopf bekommen konnte, wenn man sich ihrer erst einmal bewusst wurde. Genau wie die Furcht einflößende Reparatur meines kaputten Körpers wollte ich das alles überhaupt nicht mitbekommen.

Aber ich tat es trotzdem.

Ich stellte ihm keine Fragen, denn in Wahrheit war ich neidisch. Ich wollte auch wieder gutgläubig und der Meinung sein, dass ich ohne den Kauf von Fleisch auch niemandem wehtat. Dass ich, ohne Fleisch zu essen, gesund und kräftig sein würde und etwas für die Menschheit tun könnte. Ich war neidisch, denn ich konnte all das nicht mehr glauben.

Kapitel Neun

****

Ein ziemlich rauflustiges Pflänzchen

E nde August, als der Sommer langsam Spuren vom beginnenden Herbst zeigte, fing ich an, regelmäßig mit einem Freund aus meinen Graduiertenprogramm zu Abend zu essen. Scott war kein Vegetarier. Es war Scotts Wohnung gewesen, in der ich mir das Knie ausgerenkt hatte, und er sagte zum Scherz, dass sein Couchtisch mir einiges schuldete, also aßen wir dort ein paar Abende die Woche zusammen. Genauer gesagt kochten wir getrennt und aßen gemeinsam. Eines Abends gingen wir zusammen von seiner Wohnung zum Genossenschaftsladen, um Zutaten zu kaufen. Ich hatte mir selbst schon Couscous mit Mandeln und Cranberrys gemacht, und er hatte noch Tortillas und kaufte sich deshalb ein Stück wilden Tilapias für Fisch-Tacos. Weil ich schon einmal dort war, wollte ich mir auch noch etwas als Beilage zu meinem Couscous kaufen – eine Packung vegetarischer Hähnchenschnitzel von Qorn. Wir gingen zurück zu Scotts Wohnung und wechselten uns an der Mikrowelle ab. Ich wärmte mein falsches Huhn auf, und er schmolz Käse und Salsa über seinem gekochten Fischfilet, und dann saßen wir nebeneinander auf dem Sofa über unsere Teller gebeugt und sahen fern. Er aß an jenem Abend mehr Gemüse als ich, wenn man die Tomaten, Zwiebeln und Paprikastücke in seiner Salsa dazurechnete.

Scott und ich hatten uns in unserem ersten August in Ames während der Einführungskurse für neue Lehrkräfte angefreundet, nachdem wir festgestellt hatten, dass wir beide große Fans von Saddle Creek waren, dem Indie-Plattenlabel aus seiner Heimatstadt Omaha. Wir waren schnell enge Freunde geworden, die noch bis spät in Kneipen rumhingen, wenn alle anderen schon nach Hause gegangen waren, und gemeinsam zur Uni und zurückliefen. Nachdem meine Beziehung mit Kevin in die Brüche gegangen war, verbrachten wir noch mehr Zeit miteinander. Unsere gemeinsamen Bekannten überraschte es also wenig, als wir gegen Ende des Sommers begannen, auch die Nächte zusammen zu verbringen.

Scott war während unserer Zeit in Iowa ein eher pessimistischer Typ. Seine kurzen Haare und dunklen Augen faszinierten mich. Er war still – ein Mensch, der zuhörte und wartete und sich in seinem Kopf alles zurechtlegte, bis er endlich den Mund aufmachte. Er machte über alles Witze, sogar über die Dinge, die ihm ernst waren, und hatte vor nichts Respekt. Darin, wie auch in vielen anderen Dingen, unterschieden wir uns. Er liebte Football und Basketball und verbrachte große Teile seiner Freizeit auf dem Sofa vor dem Sportprogramm oder mit Sportspielen auf seiner Playstation 3. Es umgab ihn eine leise Trauer, denn er hatte als junger Mann seinen Vater verloren, der schmerzhaft an Darmkrebs gestorben war. Aber wir beide schrieben voller Zielstrebigkeit. Wir waren beide nach einigem Herumirren zum Schreiben gekommen und wussten, dass es das Richtige für uns war. Es überraschte mich, wie viel Hoffnung ich in seiner Gegenwart schöpfte, wie tröstlich sein

Zynismus für mich war. Wie er mich dreimal täglich unglaublich zum Lachen brachte.

In einer neuen Beziehung will man, dass alles perfekt ist. Man will seine besten Eigenschaften herausstellen. Kurz gesagt, ich hatte keine Lust, meinen neuen Freund zu schnell merken zu lassen, dass ich am liebsten Reis aus Mikrowellenbeuteln und Morning-Star-Farms-Rippchen in BBQ-Soße aß, also versuchte ich, mich als kulinarisch bewanderte Freundin zu präsentieren. Ich machte Gemüseaufläufe, Röstkartoffeln, Paprika und Zucchini mit Balsamicoessig-Dressing, Quiche mit Spinat und Tomaten. Er machte sich unablässig darüber lustig, dass ich Vegetarierin war. Er kam aus Nebraska, also waren Steak, Kartoffeln und Bier seine Grundnahrungsmittel, aber ich wollte ihm zeigen, dass auch vegetarisches Essen gutes Essen sein konnte.

Also zerbrach ich mir den Kopf über Gerichte, die sowohl seine Geschmacksnerven als auch meine Ernährungsbeschränkungen berücksichtigten, und merkte schnell, dass viele meiner Standardgerichte Pasta oder Kartoffelbrei aus der Tüte zur Grundlage hatten. Ich kochte für jemand anderen, also wollte ich gesunde, ausgewogene und nährstoffreiche Mahlzeiten präsentieren, und das hatte ich für mich selbst nie bewerkstelligt. Ich musste mich ins Zeug legen. Obwohl ich Zeit meines Lebens keine gute Köchin gewesen war, hatte ich jetzt jemanden gefunden, der viel aß, und sofort stand ich in der Küche und schnitt Gemüse. Und wieder kam die Erinnerung an die Küchenerlebnisse meiner Kindheit zurück, an Spaghetti und Fleischklößchen: Das unbändige Verlangen, jemanden zu ernähren. Ich war vorsichtig und machte mir Gedanken, wohin das alles führen würde, aber es gab für mich kein Halten mehr.

An den meisten Abenden verspürte ich so etwas wie einen Wettbewerbsgedanken in unseren Mahlzeiten: Er probierte gern alles Vegetarische aus, das ich ihm vorsetzte, und ich bestand darauf, die Nährstoffe in grünem Blattgemüse zu betonen, oder erzählte ihm, wie gut Paprika für das Herz war – aber wir wussten beide, dass er am liebsten ein Steak gegessen hätte.

An einem Wochenende fuhren wir in Scotts Heimatstadt Omaha, und er zeigte mir seinen Lieblingsbuchladen, Jackson Street Booksellers im Old Market, in dem die Besitzer nie Nein sagen. Die Gänge und Wände standen voller Bücherstapel, und wir liefen vorsichtig darum herum zu den Regalen. Er fotografierte ein paar Dinge, die er für seinen Roman brauchte, und ich umarmte ihn von hinten. Wir amüsierten uns darüber, dass im Laden für jeden Geschmack gesorgt war, von Cormac McCarthy bis hin zu Dan Brown und Danielle Steele. Wir küssten und zwickten uns zärtlich in den dunklen Ecken, berauscht von junger Liebe und alten Büchern. Wir waren frisch verliebte Bücherwürmer in ihrem Element. Beide kauften wir ganze Stapel. Ich hatte endlich ein Buch gefunden, das ich schon seit Langem lesen wollte: Michael Pollans *Das Omnivoren-Dilemma*.

Am Ende unseres ersten gemeinsamen Sommers gingen wir für ein paar Wochen getrennte Wege. Er fuhr zu seiner Schwester nach Kalifornien, und ich zu meinen Eltern nach New Hampshire, wo ich seit fast einem Jahr nicht mehr gewesen war. Im Nordosten herrschte ein klebriger und schweißtreibender Sommer, und der Pool im Garten meiner Eltern war genau das Richtige nach dem schweren Morgentau und den Kriebelmücken. Ich verbrachte viele entspannte Stunden auf der Terrasse, trank meinen Morgenkaffee und redete mit meiner Mutter übers Essen.

Sie zeigte mir ihren Gemüsegarten. Ich erinnerte mich nur an ein kleines Beet mit Gurken und Tomaten, aber inzwischen nahm es fast den gesamten Garten ein und quoll beinahe über von Bohnenstöcken, Kürbisblüten und Erbsenschoten. Gemeinsam ernteten wir frische Minze, Basilikum und Rosmarin und hingen sie zum Trocknen im Flur auf. Sie zeigte mir ihre Kellerregale voller eingeweckter Salsa, Tomatenchutney und -soße, den Tiefkühlschrank voller frischem Mais, grünen Bohnen und Tomaten-Basilikum-Suppe, die den ganzen Winter über reichen würden.

Meine Familie hatte sogar einen Milchmann. Jeden Mittwochabend stellte mein Vater die leeren Flaschen der Vorwoche hinaus und bekam vom örtlichen Lieferservice frisch befüllte. Meine Mutter hatte nach ihrer Hysterektomie einige Jahre zuvor aufgehört, normale Milch zu trinken, als ihr Arzt ihr erzählt hatte, dass die Wachstumshormone der Kühe den Östrogenhaushalt durcheinanderbrachten. Jetzt hatten sie eine hormonfreie, ökologische Milch gefunden, die lokal produziert und geliefert wurde.

Ich las Michael Pollan und die fehlenden Puzzlestücke der amerikanischen Agrargeschichte kamen ans Licht: die Manöver der Regierung, die den globalen Lebensmittelmarkt umgeschichtet und die Landschaften des Mittleren Westens, meiner neuen Heimat, in ein einziges großes Maisfeld verwandelt hatten. Obwohl ich von Maissirup mit erhöhtem Fruktosegehalt gehört hatte, hatte ich keine Ahnung, warum er in jedem unserer Lebensmittel enthalten war. Obwohl ich wusste, dass ich zu viel verarbeitete Lebensmittel aß, und mir bewusst war, dass ich dadurch mehr als nur ein paar Kilo zugenommen hatte, hatte ich mir keine Vorstellung davon gemacht, dass auch in jedem dieser Lebensmittel Mais war, und dass jener Mais mich an ein System fesselte, von dem ich mich eigentlich hatte loslösen wollen. Ich begann, von jenen dichten Maisfeldern eine Linie zu ziehen, nicht zu den Viehfutterställen, die ich seit Jahren umging, sondern direkt zu den Vollkornbroten in meiner Speisekammer.

Aus der Entfernung, die man nur durch das eigene Erwachsenenalter und finanzielle Unabhängigkeit gewinnt, begann ich meine Eltern als selbstbestimmte Erwachsene zu betrachten, Menschen mit eigenen Gedanken, Wünschen und Vorsätzen. Die Liebe, die meine Eltern ihrem Essen entgegenbrachten, und die ich als Kind so überwältigend und belastend gefunden hatte, durchdrang noch immer viele ihrer Entschlüsse. Aber nun sah ich diese Entschlüsse als Entscheidungen, die auch ich traf.

Vor Jahren, bei meinem ersten Weihnachtsessen als Vegetarierin, hatte ich nur Beilagen gegessen und darauf bestanden, dass meine Mutter sich keine zusätzliche Mühe machte. Aber in den Jahren darauf hatte sie so viel mehr für mich getan, als ich bemerkt oder geschätzt hatte. Anstatt ihre Älteste, die Vegetarierin, beim Essen nur zuschauen zu lassen, begann sie zwei große Portionen Tomatensoße zu kochen, denn sie goss ein Drittel der riesigen Menge im Topf für mich ab, bevor sie die Fleischklößchen dazugab. Sie machte zu jeder Mahlzeit, bei der ich in New Hampshire zu Gast war, zwei verschiedene Vorspeisen. Sie experimentierte mit Salatwickeln, Gemüsespießen, couscousgefüllten Paprikaschoten, allem möglichen, nur damit ich nicht einfach dasselbe wie alle anderen aß, nur ohne Fleisch. Mein Vater begann, auch das Reformkostregal bei seinen Einkäufen zu berücksichtigen, und füllte vor meinen Besuchen den Tiefkühlschrank mit Fleischersatz wie MorningStar-Frühstücksburgern oder falschen Hähnchenbrustfilets von Qorn.

Mir fiel wieder ein, wie meine Mutter sieben Jahre zuvor an meinem ersten Thanksgiving als Vegetarierin das *Festliche Kochbuch* von Moosewood gekauft und einen ganzen Tag lang an einem Polentabraten gewerkelt hatte. Als mein Vater mich von der Uni abholte, hatte sie den Tag in der Küche verbracht, die Polenta mit Gemüsebrühe köcheln lassen und getrocknete

Kräuter eingerührt. Sie backte die Polenta zu einer breiten, flachen Masse. Sie machte ihre eigene Gemüsefüllung und
formte die Polenta darum herum wie eine Roulade: mein Braten. Ich erinnerte mich wieder daran, wie sie am Thanksgi-
ving-Tag – nachdem sie den Truthahn gefüllt, die Süßkartoffeln geröstet, die Croissants aufs Blech gelegt und all die
anderen Gerichte vorbereitet hatte –, den ganzen Vormittag
Zwiebeln und Pilze schnitt und für mich zu vegetarischer
Soße verarbeitete. Und ich wusste noch, dass sie eine halbe
Stunde für das Aussieben der kleinsten Pilzteile gebraucht
hatte, weil ich doch keine Pilze mochte.

Als ich an der Uni war und Vegetarierin wurde, war Essen
von der gemeinschaftlichen Ebene auf eine politische gewechselt. Es war eine Form des Aktivismus und kein Ritual mehr.
Aber jetzt, aus der zeitlichen und räumlichen Entfernung, sah
ich, dass meine Eltern sich vielleicht all diese Mühe gemacht
hatten, um mich an die Familie zu binden, als ich versuchte
davonzulaufen, um unsere Essensgemeinschaft trotz meines
Aktivismus beizubehalten. Vielleicht hatten sie begriffen, dass
es wichtiger war, gemeinsam zu essen, als das Gleiche zu essen. Vielleicht hatten sie ja selbst radikale Ideen gehabt.

Auf dem Rückflug nach Iowa las ich *Das Omnivoren-Dilemma*
zu Ende und dachte an ein Gespräch, das Scott und ich zu
Beginn des Sommers geführt hatten, im Biergarten einer Bar,
über einem Krug Bier und inmitten von farbigen Lichter-
ketten und Rauchschwaden. Ich weiß noch, dass wir über
unsere Ernährungsgewohnheiten geredet hatten und über
die Enttäuschung, die mein vegetarisches Kochen für uns
beide mit sich brachte. Wir versuchten herauszufinden, warum wir beide – gebildete, privilegierte Menschen mit sozia-
lem Gewissen – es einfach nicht schafften, uns gesünder zu
ernähren.

»Ich glaube, das hat kulturelle Ursachen. Überleg doch mal, wo ich herkomme«, sagte er, und meinte seine Heimatstadt, die für Steaks berühmt war. »Wenn bei einer Mahlzeit kein Fleisch dabei ist, sogar wenn es mich satt macht, fühlt es sich an, als würde etwas fehlen.«

Lange Zeit hatte ich angenommen, die Probleme mit meinen Ernährungsgewohnheiten, mit meinem ganzen Leben, hätten etwas mit meiner Umgebung zu tun: In Montana hatte ich schlecht gegessen, weil es kaum vegetarisches Essen gab. In Kalifornien hatte sich das gebessert, denn es gab viel frisches Obst und Gemüse. Ich schob mein mangelndes Interesse am Kochen auf mein Bestreben, eine Karrierefrau zu werden, eine Frau, die keine Zeit für die Küche hatte.

Aus irgendwelchen Gründen hatte ich nie darüber nachgedacht, dass es nichts mit meiner Familie oder meinem Wohnort oder meinen politischen Ansichten zu tun haben könnte, dass ich mich schlecht ernährte. Es war mir nie in den Sinn gekommen, dass es damit zu tun haben könnte, wie ich über Essen dachte.

Ich war das Problem.

Zum ersten Mal wurde mir bewusst, dass all das nicht damit zusammenhing, dass ich als Frau eine kaputte Beziehung zum Essen oder zum Kochen hatte. Es war keine latente feministische Abneigung gegen die Küche oder das Gefühl von Ausgegrenztsein, das eine Aktivistin unter Jägern erfuhr. Es war überhaupt nichts Persönliches.

Ich begriff, dass ich mich gar nicht so sehr vom typischen amerikanischen Esser unterschied. Ich bestellte Pizza und trank zu viel Bier. Ich verstand nicht, warum man sich die Mühe machen sollte, Reis zu kochen und mit Gewürzen oder frischen Kräutern zu verfeinern, wenn man das alles auch aus einer Tüte haben konnte, die man für neunzig Sekunden in die Mikrowelle stellt. Ich aß lieber Fast Food als Selbstgekochtes, hatte lieber

Dinge, die man in einer Schale in der Mikrowelle kochen konnte. Diese Dinge waren aus Sojaprotein und strukturiertem Pflanzeneiweiß hergestellt, anstatt aus weißem Fisch oder püriertem Hühnchenkörper, aber irgendwie machte das plötzlich keinen großen Unterschied. Es ging nicht darum, ob ich Vegetarierin war oder nicht, oder eine Frau. Dies war eine kulturelle Störung, die beinahe das gesamte moderne Amerika erfasst hatte.

Während ich darauf achtete, Essen und Familie auf keinen Fall zu sehr zu verknüpfen, hatte ich es versäumt, mich um mein eigenes Wohlergehen zu kümmern. Wenn ich besser kochte, weil ich mich um den Mann kümmern wollte, den ich liebte, griff ich zurück auf meine Vergangenheit und die Auffassung von Essen, die mir von Kindesbeinen an eingeflößt worden war: das geheiligte Ritual, unsere Liebsten zu ernähren. Vielleicht war diese Idee auch eine Möglichkeit und kein Hindernis, auf mich selbst besser achtzugeben.

Vielleicht, dachte ich bei mir, hatte es auch noch andere vielschichtige Gespräche über Essen gegeben, die ich nur in Schwarz-Weiß gesehen hatte. Ich dachte an die Wanderarbeiter, die mein frisches Gemüse für viel zu geringen Lohn pflückten, und sich dabei von gefährlichen Chemikalien vergiften ließen. Ich dachte an Adjoa, die Yamswurzel zu einem ungefährlichen Nahrungsmittel für ihre Familie klopfte, und an all die Menschen, die sich Vegetarismus schlichtweg nicht leisten konnten. Ich dachte an die Biolebensmittelkonzerne und verstand plötzlich, dass auch Vegetarier dieselbe Landwirtschaft unterstützten, aus der die Schlachtbetriebe im PETA-Video hervorgegangen waren. Ich dachte wieder einmal darüber nach, ob ich wirklich etwas Gutes tat.

Aber anstatt mich wieder eingeschüchtert zu fühlen und innerlich aufzugeben, dachte ich an Michael Pollan und die Hoffnung, die sein Buch in mir geweckt hatte. Im Hauptteil des Buches beschreibt Pollan seine Besuche in landwirtschaftlichen Betrieben, bei denen er genau denselben Problemen begegnet, die auch ich schon in unterschiedlichster Art und Weise bemerkt hatte. Aber am Ende des Buches besucht er Joel Salatins Polyface Farms und findet dort einen nachhaltigen, artenreichen und integrativen Farmbetrieb. Als ich Pollans Beschreibung jenes Besuches las, konnte ich seine Erleichterung darüber spüren, dass er einen besseren Weg gefunden hatte.[19] Ich verstand seine Enttäuschung, das Gefühl der Sinnlosigkeit, das man verspüren kann, wenn man zu genau hinsieht, zu viel wissen will.

Ich fragte mich, ob ich auch etwas finden würde, woran ich glauben könnte. Vielleicht hatte ich bis jetzt einfach an den falschen Stellen gesucht.

Gegen Ende des Sommers, als wir beide aus dem Urlaub zurück waren, zog Scott in eine neue Wohnung. Ich trug noch immer meine Knieschiene, unter der es juckte und in der mittwestlichen Sonne heiß wurde, also konnte ich nicht viel mithelfen. Als ich ihn fragte, was ich tun konnte, bat er mich, auf eine Pflanze achtzugeben. Sonst dürfe nichts auf meinem Knie liegen, warnte er mich. Die Pflanze war eine Amaryllis, die ich den Sommer über für ihn gegossen hatte.

Ich hatte noch nie großen Erfolg mit Pflanzen gehabt. Ich vergaß immer, sie zu gießen, sogar wenn sie direkt vor meiner Nase standen, oder stellte sie viel zu früh im Jahr ins Kalte, oder schaffte es auf die seltsamsten Arten, sie um die Ecke zu bringen, – so hatten beispielsweise einmal Kaninchen mein Basilikum abgefressen. Am Tag nach meiner Knieverletzung schleppte ich mich die Treppen hinauf, um die Amaryllis zu gießen. Ich hatte 26 Jahre Erfahrung im schlechten Umgang mit Pflanzen, aber diese hier gehörte jemandem, den ich wirklich beeindrucken wollte. Irgendwie hatte ich es geschafft, die Amaryllis zwei Monate lang am Leben zu erhalten.

Am Umzugstag stellte ich die Pflanze auf den Boden vor dem Beifahrersitz meines Autos, fuhr zu Scotts neuer Wohnung, und wartete dann dort darauf, dass er mit dem Möbelwagen nachkam. Ich saß mit einem Buch im leeren Treppenhaus, streckte meine müden Gelenke und wartete auf die Teppichreinigung. Leider litt die Pflanze ziemlich darunter, dass sie im Auto mit geschlossenen Scheiben zwei Stunden in der Sonne stehen musste. Als ich Scott später an der neuen Wohnung begrüßte, stieg ich zerknirscht aus dem Auto und sagte: »Ich glaube, ich habe deine Pflanze umgebracht.«

Jene wunderschönen langen grünen Stängel, hochgewachsen wie die Hoffnung, waren verwelkt, olivgrün geworden wie Blätter im Herbst. Sie waren eingefallen und begannen zu vertrocknen. Als ich die Amaryllis aus dem Auto hob und ihm zeigte, lachte er nur. Es war kein schreckliches häusliches Vergehen, keinerlei Werturteil über mich als Freundin oder Mensch. Wir meinten im Scherz, dass ich es ja versucht hätte, aber im Angesicht meines schwarzen Daumens habe es halt keine Überlebenden gegeben. Zwei Stunden mit mir hatten der Amaryllis den Dolchstoß versetzt.

Am nächsten Morgen, bevor er noch einmal für eine Woche nach Omaha fuhr, gab Scott mir einen Satz Schlüssel zu seiner Wohnung – für immer. Er küsste mich auf die Stirn und sagte, es wäre meine Aufgabe, die Amaryllis wieder aufzupäppeln. Ich beschloss, ab jetzt unglaublich großartig Pflanzen aufziehen zu können.

Ich hatte in jenem Sommer wieder Hoffnung geschöpft und mich daran erinnert, dass Aktivisten nicht einfach nur Dinge nicht tun. Aktivismus ist der Glaube an Taten – an den Wert des Anfassens, Herumprobierens und Erschaffens. Ein Glaube an Wahlfreiheit, Schutz und Verwurzelung. Die Amaryllis aufzupäppeln war mehr als nur die Tat einer guten Freundin. Es ging um das Aufziehen. Ich würde es gut machen.

Ich öffnete mein Laptop, um mich über Amaryllispflege zu informieren – und fand heraus, dass es gar keine Amaryllis war.

Die echte Amaryllis ist ein zartes Geschöpf aus Südafrika, auch nackte Dame genannt. Sie ist normalerweise eine Zimmerpflanze und blüht im Winter, rosa und weiß wie aus Seidenpapier, Blüten, die sich wie Ballerinas langsam entfalten. Was Scott besaß, war ein knalliges Ding – ein Hippeastrum, dessen unspektakuläre Stängel oft mit denen der Amaryllis verwechselt werden. Ein Hippeastrum ist eine ganz andere Geschichte: eine große, rote, auffällige Blüte, die sich lauthals der Welt verkündet, ein Feuerwehrrot im verschneiten Winter. Obwohl die Knolle empfindlich ist und keinem Frost ausgesetzt werden sollte, bekommt die Pflanze schnell und einfach Blüten. Der Name bedeutet Ritterstern und ist vermutlich von einer mittelalterlichen Waffenart abgeleitet. Ein ziemlich rauflustiges Pflänzchen.

Ich kaufte der Pflanze einen neuen Topf – kein billiges Wegwerfplastik – und verpflanzte sie in den Boden ihres neuen festen Zuhauses aus Steingut. Ich steckte die Knolle tiefer in die nasse schwarze Erde, damit die Pflanze besser mit ihrem zunehmenden Gewicht klarkommen würde. Ich schnitt die verwelkten Stängel zurück und machte Monate des Wachsens zunichte, in blindem Vertrauen. Ich ging in Scotts neue Wohnung. Und ich stellte den Morgenstern auf den Couchtisch, der mein Knie ausgerenkt hatte, gleich beim Fenster, damit er Scott bei dessen Rückkehr frisch und lebendig begrüßen würde.

Als ich in jenem September zum ersten Mal auf den Wochenmarkt in Ames ging, kam ich mit einem Ziel. Ich hatte eine Mission. Gestärkt von Michael Pollan, von Scott, vom Gedanken an meine Familie und ihre Einstellung zum Essen, von den Moralvorstellungen, die mich zur Vegetarierin hatten werden lassen, übernahm ich die Kontrolle. Ich ging dorthin, um einen besseren Weg für mich zu finden. Ich wollte eine Quelle auftun – nur eine Farm, einen Markt, irgendetwas –, der ich vertrauen konnte: einen Ort, an den ich einfach glauben konnte.

Die Reste der letzten jungen Sommerfrüchte lagen in kleinen Portionen auf karierten Stoffen in Markständen, farbenfroh aufgeschichtet in ihren Holzkisten. Während ich durch das alte Eisenbahndepot lief, in dem der Markt abgehalten wurde, kleine Tütchen Zuckerschoten und grüner Bohnen aussuchte, lilafarbene und orangene Tomaten in die Hand nahm, Maisschoten und gekrümmte Paprika befühlte, geschah etwas Seltsames. Die Leute begannen mit mir zu sprechen.

Ich kaufte eine Gurke von Paula von Twin Girls Garden in Madrid, Iowa, und als ich ihr erzählte, wie niedlich ich den Namen ihres Hofes fand, wies sie wortlos auf die kichernden blonden Mädchen, die mit ihr unter dem weißen Baldachin saßen. Sie drehte sich lächelnd zu mir um und erzählte, dass sie ihren Betrieb nach ihren Töchtern, der Quelle ihrer Inspiration, benannt hatte. Für Paula brauchten gesunde Kinder viel Sonnenschein, frische Luft und frische Nahrung, also baute sie ihren Garten zu einem ganzen Hof aus, auf dem sie nur natürliche, schadstofffreie Pestizide und Düngemittel verwendete. Vor einigen Jahren hatte sie mitbekommen, dass ihr Hof durch die Herstellung seines eigenen Düngers vollständig unabhängig werden konnte, also brachten die Damen ein paar Säue ins Spiel und verkauften fortan auch Schweinefleisch. Als ich mich mit meiner Gurke verabschiedete, erzählte mir Paula, dass sie im Sommer täglich verkaufte, von einem Tisch mit Geldkassette am Rande ihrer Hofeinfahrt, von dem man auf Vertrauen das nehmen konnte, was man wollte, und dafür Geld daließ. Sie sagte, ich könne jederzeit vorbeikommen.

Ich kaufte eine große Flasche nicht homogenisierter Milch von der Picket-Fence-Molkerei, deren Stand von Jeff und seiner Tochter Jenna betrieben wurde. Ich hatte diese Milch vorher schon einmal im Wheatsfield-Genossenschaftsladen gekauft und wusste, dass der nicht homogenisierte Fettgehalt zu einer dickeren, schmackhafteren Milch beitrug. Während ich auf mein Restgeld wartete, blätterte ich in einer Broschüre über Verkostungstage, die die beiden am Stand liegen hatten. Jenna erklärte mir, dass sie alle paar Monate zu kostenlosen Besichtigungen auf den Hof einluden, damit man sich die Anlage und die frischen Weidewiesen der Kühe ansehen und den Hofladen entdecken konnte, auf dem auch Fleisch und Milchprodukte von neunzig weiteren Höfen verkauft wurden. Dann wurde der große Grill aufgebaut, es wurden Braten und Burger verkauft, eine Band aus der Umgebung spielte, und die Leute konnten herumgehen und Käsebruch und Eis verkosten.

Jenna meinte, sie wollten einfach nur, dass sich die Menschen auf der Farm wohlfühlten. Erst waren sie täglich für die Allgemeinheit zugänglich gewesen, hatten dann aber festgestellt, dass die festen offenen Tage viel Publikum anzogen und die Leute großes Interesse daran zeigten, wo genau ihre Milchprodukte herkamen. Ich kaufte die Milch und vom Restgeld eine Packung Schokoeis, aus Schokolade, die immer noch die beste, zartschmelzendste ist, die ich je gegessen habe, nicht zu schwer, aber trotzdem zuckrig-süß.

Ich ging in den Innenraum des Marktes und nahm ein Dutzend Eier aus dem Kühlfach. Als ich bezahlte, lächelte die Frau an der Kasse beim Blick auf das Etikett.

»Sie müssen Hallo zu Cindy sagen«, meinte sie. »Sie steht mit ihrem Honig und einer Kühlbox draußen.« Sie wies mir den Weg und widmete sich dann wieder ihren Stricknadeln.

Ich lief zu Cindys Stand, winkte, gab ihr die Hand und sagte: »Ich wollte mich nur für die Eier bedanken. Was verkaufen Sie denn noch so?«

Cindy zeigte mir den Honig und die Bienenwachskerzen, die sie verkaufte, und öffnete dann die weiße Kühlbox, die zu ihren Füßen stand. Es kamen tiefgefrorene, eingeschweißte, blutige Fleischpakete zum Vorschein. Sie begann, ihre Waren aufzuzählen: »Braten, Schweinefilets, Lende, ganze Brathühner. Wonach suchen Sie denn?«

Ich war etwas überrascht und sagte automatisch: »Nichts davon, danke.« Aber ich war neugierig und blieb noch ein wenig, um mehr über den Hof zu erfahren. Sowohl Cindy als auch ihr Mann Vic stammten, wie viele meiner Studenten, aus Bauernfamilien, hatten aber, sobald sie Kinder bekamen, bemerkt, dass mit ihrer Art der Landwirtschaft etwas nicht stimmte. »Ein Bauernhof«, sagte Cindy, »sollte nicht gefährlich für Kinder sein.« Sie hatte keine Lust darauf, ihren Söhnen zu verbieten, auf den schweren, riesigen Geräten zu spielen, oder sie ganz nach drinnen zu verbannen, wenn ihre Eltern die Felder mit Pestiziden besprühten.

Sie und Vic beschlossen, den Hof wieder zu dem zu machen, was er traditionell einmal gewesen war. Als Erstes änderten sie die Fruchtfolge. Sie lösten sich von der angestammten Abfolge von Mais und Soja und bauten stattdessen Mais, Soja, Gerste und Heu an, alles genetisch unverändert, wobei sie dem natürlichen Nährstoffwechsel folgten und ihren Tieren das Getreide fütterten und danach den Dung in die Felder einarbeiteten. Ihre Tiere bekamen keine Hormone, Medikamente oder Fleischabfälle, denn wenn Schweine sauber gehalten wurden, bleiben sie auch so, argumentierte Cindy.

Sie erzählte mir, dass das Beste an ihrem Farmbetrieb, der Aspekt, der all die Mühen wettmachte, die Tatsache sei, dass sie ihre Kundschaft direkt zu sich kommen lassen konnte. Die

Leute sahen gern Bilder von glücklichen Hennen und freilaufenden Schweinen. Es war ihr Ideal eines Bauernhofes und wenn sie auf Cindys Hof kamen, wurde all das Realität. Wenn sie Fragen hatten, konnte sie diese beantworten. Wenn Menschen über den Hof der Madsens liefen, kreischten ihre kleinen Kinder manchmal beim Anblick von Küken, jenen kleinen, wuseligen Gestalten, die Stadtkindern nicht vertraut sind, aber niemand ging enttäuscht wieder von dannen. Wenn Menschen die Möglichkeit hatten, Fragen zu stellen, entstand schnell eine enge Verbindung zu den Landwirten, die den Willen und die Möglichkeit hatten, offen und ehrlich zu antworten. »Deshalb kommen die Leute immer wieder«, sagte Cindy. Für sie selbst gab es genug Gründe, all die zusätzliche Arbeit auch weiterhin zu machen.

Ich verließ Cindy und den Wochenmarkt an jenem Tag mit vielen Antworten auf die technischen Fragen, die ich über Richtlinien, Praktiken und Pestizide, über biologische Zertifizierung und genetische Modifikation gehabt hatte. Aber es hatten sich eine Menge neuer Fragen ergeben.

Den ganzen Sommer über war mir langsam klar geworden, dass das Konzept einer verantwortungsvollen Ernährungsweise wesentlich differenzierter war, als ich gedacht hatte. Ich hatte eine Sichtweise aufgebaut, wonach Nahrung etwas war, das entweder gut oder schlecht sein konnte, eine Reihe von Gegensätzen, die strikt gegeneinander abgegrenzt waren. Konventionell gegen bio, industriell gegen nachhaltig. Aber auf welcher Seite konnte ich dort industrielle Biolebensmittel einordnen, wie Kashi, eine Untermarke von Kraft, oder Boca, die zur Fleischfirma Oscar Meyer gehörte? Und wo stand jemand wie Cindy?

Bis zu diesem Zeitpunkt war für mich die größte Kluft die zwischen Fleischessern und Vegetariern gewesen. Meine Meinung über die Fleischgiganten Tyson, Smithfield oder

Cargill hatte sich nicht geändert. Aber ich hatte immer wieder versucht zu handeln. Vielleicht konnte ich, anstatt mich auszugrenzen, einfach versuchen, einen Weg zurückzufinden. Ich könnte mich in eine positive förderliche Essensgemeinschaft einbringen. Ich konnte teilnehmen. Auf dem Wochenmarkt in Ames hatte ich die Möglichkeit entdeckt, etwas zu bewegen, so wie ich es geplant hatte, als ich Vegetarierin geworden war. Könnte ich vielleicht von jemandem wie Cindy Madsen ein Hühnchen kaufen; sollte ich es als bewusste Esserin sogar? Ich hatte nach etwas gesucht, dem ich vertrauen konnte, und ich war der Meinung, es jetzt gefunden zu haben. Aber es stellte sich als ganz anders heraus, als ich es mir vorgestellt hatte.

Ich beschloss, dass man sich manchmal einfach von seinen Vorstellungen verabschieden musste. Manchmal muss man sich von allem trennen. Manchmal muss man sich von seiner fünf Jahre währenden Liebe verabschieden, um eine zu finden, die besser passt. Manchmal muss man sich schwer verletzen, um herauszufinden, wie viel Schmerz man aushalten kann. Ich hatte die Amaryllis erst retten können, nachdem ich sie fast getötet hatte. Ich hatte das Potenzial von Cindy Madsens Hühnern erst erkennen können, nachdem ich meine fehlerhaften Vorstellungen über Ernährung bemerkt hatte. Ich musste mich von den Hoffnungen verabschieden, die ich mit dem Vegetarierdasein verbunden hatte, um wirklich aktiv werden und etwas Gutes tun zu können. Und so kaufte ich Anfang September seit sieben Jahren zum ersten Mal ein Hühnchen.

Kapite Zehn

****

Schmeckt nach Huhn

Am seltsamsten war die Konsistenz. Nach beinahe sieben Jahren – fünf verpassten Thanksgiving-Truthähnen, sechs verschmähten Roast Beefs zu Weihnachten, einem unglaublich deprimierenden Besuch im Charlie Palmer Steakhouse in Washington, und einer äußerst unangenehmen Erfahrung beim Verdauen der mit Ziegenfleisch versetzten pepe-Suppe in Ghana –, nach all den Überlegungen und Debatten aß ich zum ersten Mal Hühnerfleisch und dachte nur: *Ich hatte total vergessen, wie viel man bei so etwas kauen muss.*

Beinahe drei Stunden vor dieser Mahlzeit und den gesamten Monat, der zwischen meinem ersten Treffen mit Cindy Madsen und dem Kauf des Huhns gelegen hatte, hatte ich mich körperlich und mental darauf vorbereitet, wieder Fleisch zu essen. Als Erstes hatte ich festgestellt, dass Cindy nur ganze Hühner verkaufte, und ich war noch nicht ganz so weit gewesen, einen tiefgefrorenen Tierkörper zu zerlegen. Da es seit so langer Zeit mein erstes Hühnchen sein würde, entschloss ich mich, nicht gleich loszulegen und direkt von Cindy zu kaufen, sondern erst einmal entbeinte Hühnerbrüste im

Wheatsfield-Laden zu erstehen. Ich hatte mich über die Herkunft informiert: Ferndale Market war eine lokale Genossenschaft von Familienbetrieben, die biologische und nachhaltige Fleischproduktion betrieben. Ich kaufte vielleicht nicht direkt vom Bauernhof, aber es kam der Sache schon recht nahe.

Ich stand in der Küche und rührte die Tomatensoße mit dem großen Holzlöffel, der für meine Mutter das wichtigste Küchenwerkzeug war. Ich hatte wie immer viel zu viel Soße für zwei Personen gekocht, weil ich nur das Rezept für große Mengen kannte. Die aromatischen Gerüche von Knoblauch, Basilikum, schwarzem Pfeffer und Parmesan drangen aus dem großen kupfernen Topf, in dem die Soße bei geringer Hitze köchelte, in meine Nase. Frische, geschnittene grüne Bohnen warteten in einem zweiten Topf darauf, gekocht zu werden. Die eingeschweißte Brust eines Huhns, das vor Kurzem noch im Kuhmist gescharrt hatte, dessen weißgefederter Kopf auf dem Hof auf und ab gewippt hatte, lag auf einem Teller und taute auf.

Die Details waren wichtig und genau auf jene Mahlzeit abgestimmt. Grüne Bohnen für die Ballaststoffe, die mir beim Verdauen dieser ersten Fleischmahlzeit seit sieben Jahren helfen würden. Ziti-Nudeln mit Nonas Tomatensoße für das Vertraute, Tröstliche. Scott sollte das Huhn zubereiten, weil ich das noch nie gemacht hatte. Die Hühnerbrust von der Geflügelfarm in Familienbesitz, von Hühnern, die ohne Hormone, Antibiotika oder tierische Abfallprodukte ernährt wurden. Bauern, die mit einem kleinen örtlichen Schlachthof zusammenarbeiteten, in dem die Tiere schnell, sauber und tiergerecht verarbeitet wurden.

Ein Tier zu verarbeiten, heißt, es zu töten. Es zu schlachten und den Körper in die Teile zu zerlegen, deren Anblick uns Amerikanern zugemutet werden kann, und die wir essen wollen. Obwohl die Wortwahl mir immer zu klinisch und beschönigend vorgekommen war und eine Distanz zwischen dem Kunden und dem Tod herstellte, begann ich, sie anders wahrzunehmen.

Auch ich wollte mich bessern. Ich hatte all jene Details zurechtgelegt als Teil meiner Entwicklung, in der ich die Grenzen zwischen menschlichem Esser und tierischem Essen anders ziehen und eine neue Beziehung aufbauen wollte, anfangen wollte, die Erträge des fruchtbaren Ackerbodens meiner neuen Heimat zu verkosten.

So New-Age-Hippie-mäßig das auch klang, ich wollte das Huhn würdigen. Ich wollte, dass es dieses Mal anders war.

Scott und ich machten uns gemeinsam an die Vorbereitungen. Wir planten die Menüfolge. Er schlug vor, das Fleisch klein zu schneiden und zu etwas zu geben, das mein Körper als normal empfand, um eventuellen Verdauungsstörungen vorzubeugen. Ich entschied mich für Pasta, das heilige Ritual der Italiener und mit Abstand das meistverzehrte Essen, aber auch dasjenige, das mich an meine Mutter erinnerte, an eine Familie, die mich beschützte und ernährte.

Als der große Abend kam, machte Scott eine Flasche toskanischen Chianti von 2001 auf, um auf das besondere Ereignis anzustoßen. Ich deckte den Tisch mit Messern, Gabeln und Papierservietten. Er erklärte mir die Sicherheitsvorkehrungen in der Küche: benutze nie dieselben Küchenwerkzeuge oder Teller für rohes und gekochtes Fleisch. Da wir in Scotts Wohnung waren, bereiteten wir das Huhn auf seine Art zu, im zugegebenermaßen recht unpersönlichen Foreman-Grill, der laut Handbuch für eine Hühnerbrust sechs Minuten braucht, aus der Scott, nur um sicherzugehen, sieben machte. Schneide das Fleisch ein. Siehst du noch rosafarbene Stellen? Dann grill es noch eine weitere Minute. Er erklärte mir beim Kochen, was er tat, wie er normalerweise würzte. Wir entschieden uns für Oregano, damit es zur Soße passte, und Rosmarin zum hellen Fleisch.

Als der Grill fertig vorgeheizt war, sah ich Scott über die Schulter, als er die Folie aufschnitt, sie vom schleimig rosafarbenen Fleisch löste und Kräuter auf das Hühnchen streute. *Das ist der erste Schritt*, dachte ich. *Wir verwandeln ein Tier in Nahrung.* Als er das Huhn aufspießte und aus der Packung hob, sah ich die blutigen Stellen an der Unterseite der Brust und schreckte auf. Dieses inzwischen erkaltete Stück Fleisch hatte einmal Blutbahnen, Muskeln und einen Herzschlag gehabt. Dieses Tier hatte einmal gelebt und war gestorben, damit ich es essen konnte. Ich ließ das Huhn nicht aus den Augen, als er es auf die schwarzen Rillen des Grills legte und den Deckel schloss. Noch sieben Minuten bis zum Essen.

Ich stand unsicher in der Küche, während wir darauf warteten, bis das Fleisch durch war, und fühlte mich der ganzen Sache wesentlich ferner, als ich es erwartet hatte. Ich trat nervös von einem Bein aufs andere, rührte die Pasta um, probierte von der Tomatensoße, stach in die Bohnen und wiederholte alles noch einmal. Auf der Arbeitsplatte zischte und blubberte der Grill. Seitlich stiegen leichte Rauchsäulen auf, und ich versuchte, ihren Geruch zu erhaschen. Es roch leicht nach Oregano und nach etwas Ungewohntem. Etwas Rauchigem, wie ein Lagerfeuer oder Popcorn in der Mikrowelle. Ach ja. Fleisch. Das war Fleisch. Auf diese Art an das Huhn zu denken, ließ mich zögerlich werden, und ich bekam ein flaues Gefühl im Magen. Was, wenn mir schlecht davon wurde? Was, wenn ich den Geschmack von Fleisch einfach nicht mehr mochte?

Die Zweifel des vergangenen Sommers holten mich wieder ein und meine gut trainierten Schuldgefühle kamen hoch. War die ganze Sache hier sinnlos? Wollte ich vielleicht einfach nur mein Verlangen nach Fleisch damit schönreden, dass ich mit dem Kauf aus lokalen nachhaltigen Biobetrieben etwas Gutes tat? War es überhaupt möglich, moralisch vertretbar Fleisch zu essen? Die Sorgen und Gedanken, die ich mir machte, hingen damit zusammen, dass ich all jene Begriffe immer noch nicht ganz definieren konnte, und vor allem nicht wusste, was genau sie für mich bedeuteten. Ich hatte genug gesehen, um meine Zweifel daran zu haben, ob Firmen Begriffe wie »lokale Produktion«, »nachhaltiger Anbau« oder »ethische Landwirtschaft« tatsächlich richtig verwendeten. Ich hatte Werbefilme von Monsanto gesehen, in denen die Umweltfreundlichkeit ihrer Roundup-Ready-Sojabohnen gepriesen wurde, die genetisch verändert waren, um dem gleichnamigen Unkrautvernichter zu widerstehen; Filme, die die Hingabe der Firma zu genau dem Boden Iowas betonten, den sie vergifteten. Ich hatte bemerkt, wie sich die Bedeutung eines Etiketts veränderte, das Lebensmittel »aus der Region« anbot, wenn man im Radius von hundert Kilometern eines Tyson-Vertriebs lebte. Ich hatte Bioavocados gesehen, die aus Argentinien eingeflogen worden waren, und ich hatte mir sagen lassen, Maissirup sei gut für mich.

Ich machte mir Sorgen, dass es ein sinnloses Unterfangen war, dass ich trotz aller Bemühungen nie feststellen würde, wo meine Nahrungsmittel herkamen, und ob jede einzelne Zutat meinen moralischen Anforderungen entsprach. Ich konnte mir vorstellen, dass ich nach ein paar Wochen frustriert und desillusioniert aufgeben und den Glauben an nachhaltige Landwirtschaft und ethische Tierhaltung verlieren würde.

Aber ich hatte genug davon, enttäuscht zu werden. Und ich hatte gemerkt, dass ich mir diese Enttäuschung selbst aussuchte. Als ich Vegetarierin wurde, war es mein Ziel gewesen, nicht mehr am bestehenden Nahrungsmittelsystem teilzunehmen, einfach auszusteigen und mich in eine Vergangenheit zurückzuziehen, in der noch keine Verbrechen an Tieren und dem Land begangen wurden. Aber eine solche Vergangenheit gab es gar nicht – zumindest für mich nicht. Ich hatte nie zu den Zeiten der ersten Siedler gelebt. Meine Kleinstadtfamilie hatte nie ihr gesamtes Essen selbst angebaut und ihre gesamte Kleidung selbst genäht. Zu der Zeit, in der unser Land tatsächlich so lebte, hätten viele der Siedler diese Zustände wahrscheinlich nur zu gern aufgegeben, ihre Pferdepflüge durch Traktoren ersetzt und ihre Hühnerställe gegen Supermärkte eingetauscht.

Eine große, nie da gewesene Kluft hatte sich aufgetan zwischen dem Ideal des selbst bestellten Bodens und dem fertigen vegetarischen Burger aus Pflanzeneiweiß, dessen Herstellung dem Tochterunternehmen eines Schweinefleischpökelbetriebs unterliegt. Und ich konnte nichts weiter tun, als meinen Weg zwischen diesen Extremen zu finden. Ich würde alles tun, um meinen Idealen näherzukommen, aber ich musste mich damit abfinden, dass es perfekte, harmlose Lebensmittel nicht gab und das auch gar nicht nötig war. Ich wollte an mein Essen glauben, wissen, wo es herkam und wie es gewachsen war, und akzeptieren, was für dieses Wachstum nötig gewesen war und wer dafür hatte sterben müssen, anstatt mir einzubilden, dass es solches Sterben nie gegeben hatte, nur, um einem fernen Pionierideal zu entsprechen. Ich mischte mich wieder unter die Fleischesser, um Essen als Verantwortung anzuerkennen – mir selbst gegenüber, meinem Körper, meiner Gesundheit und dem Land. Um mir der Herkunft meines Essens bewusst zu sein. Um wieder an etwas glauben zu können, indem ich genau hinsah und wusste, was geschah, so kompliziert und verworren es auch war.

Vielleicht würde es nie den einen, perfekten Landwirtschaftsbetrieb geben. Vielleicht konnte ich Hoffnung gewinnen, indem ich einsah, dass es ihn gar nicht geben musste.

Und so setzte ich mich an den Tisch und aß mein Hühnchen. Der Teller stand vor mir, und ich trank einen Schluck Wein und atmete tief durch. Ich hatte gleich beim ersten Bissen sowohl Pasta als auch Fleisch auf der Gabel, um sicherzugehen. Ich kaute langsam. Schluckte. Noch wurde mir nicht übel. Ich nahm einen weiteren Bissen und konzentrierte mich dieses Mal besser darauf, befühlte das Fleisch im Mund mit meiner Zunge, biss vorsichtig zu, schmeckte den Rosmarin.

Ich hatte noch nie so bewusst gegessen – und genau darum ging es ja. Das Fleisch war ein bisschen zäh, es gab meinen Kiefern zu tun, und ich musste meine Kaumuskeln anstrengen. Der Saft trat aus dem Hühnerfleisch und lief mir in den Mund. Ich kaute noch einmal, um den süßlichen Geschmack besser wahrnehmen zu können.

Ich dachte an meinen Kommilitonen, den Vegetarier, der damals gesagt hatte, wir müssten den Tatsachen ins Auge sehen und den Tod der Tiere akzeptieren, um das Recht zu haben, ihr Fleisch zu essen. Ich dachte an all die anderen Dinge, die ich erfahren hatte – die Arbeitsbedingungen der Wanderarbeiter und die Umweltpraktiken der großen Bioketten –, an all die Dinge, derer ich mir bewusst sein wollte.

Ich wusste, dass diese Mahlzeit erst der Anfang war. Ich hatte noch immer Fragen und ich musste einen Weg finden, meinen Wunsch nach Teilhabe mit meinen Ängsten vor Enttäuschungen und der Furcht vor dem, was ich entdecken würde, zu vereinbaren.

Ich konnte den Geschmack schlecht beschreiben. Er war so konkret und mir fiel nur ein Wort ein: Hühnchen. Es schmeckte einfach nach Huhn, nach einer saftigen, herzhaften, zähen Sache, an die ich mich erst wieder gewöhnen musste. Und dann, während ich das Fleisch noch im Mund hatte und kaute, zwang ich mich dazu, an ein lebendes Huhn zu denken, es mir als Tier vorzustellen, mit gelben Krallen, die Gräser ausrupften; ich zwang mich dazu, kleine, glatte, gefleckte Eier vor mir zu sehen.

Ich war überrascht, dass mir nicht schlecht wurde und ich das Fleisch nicht ausspuckte. Ich fühlte, wie mich eine Welle von Gefühlen überkam, und dachte lächelnd an dieses Wesen, das im Gras gelebt hatte, als Huhn, und dann gestorben war. Ich verspürte eine Art dankbarer Zuneigung und ich schluckte.

»Und?«, fragte Scott und sah mich an. »Was denkst du?«

Ich nickte, lächelte und nahm noch einen Bissen. »Es schmeckt nach Huhn.«

Kapitel Elf

****

Wie man ein Huhn zerlegt

Als ich es mir so ansah, wurde mir klar, dass der blutige gelbhäutige Klumpen knochenhart gefrorenen Huhns noch recht wenig mit den Chicken-Quesadillas gemein hatte, die es abends geben sollte. Ich drehte den Klotz ein paar Minuten lang über dem Abwaschbecken hin und her, versuchte, durch die Haut und das Plastik etwas Vertrautes zu erkennen, irgendeinen Hinweis darauf, dass es sich hierbei um Nahrung oder ein Tier handelte. Dieses Mal hatte ich mein Huhn direkt von Cindy Madsen gekauft. Wie sich herausstellte, bedeutete das Ankreuzen der Option »zerlegt« statt »ganz« auf dem Bestellformular keineswegs, dass man die Teile sauber getrennt in einer Styroporschale bekam, wie man es aus dem Supermarkt kannte.

Zu meiner Verteidigung muss ich sagen, dass ich noch Anfängerin war. Keine zwei Wochen waren vergangen, seit ich Hühnchen mit Pasta gegessen hatte, nach einer Unterbrechung von sieben Jahren, in denen ich einen Universitätsabschluss erlangt, meine erste Wohnung bezogen und gelernt hatte, ernsthaft zu kochen. Ich konnte beinahe überhaupt nicht kochen und mein Wissen beschränkte sich auf fleischfreie Gerichte. Vor dieser Woche bestand meine gesamte Erfahrung mit Fleischgerichten darin, den Tisch zu decken, während meine Mutter im Hintergrund etwas anbriet. Ich hatte keine Ahnung, wie ein Huhn zwischen seinem lebendigen Zustand und dem als panierter Hühnerbrust mit Pommes überhaupt aussah. Aber ich wollte es lernen. Ich wusste, dass ich erst wieder zur Fleischesserin werden konnte, wenn ich das bedachte, was mich überhaupt erst zur Vegetarierin gemacht hatte; ich durfte mich nicht von der Einfachheit und Sterilität von Supermarktgerichten einlullen lassen. Ich musste wissen, wie ein Huhn aussah.

An jenem Abend wandte ich mich an eine meiner zuverlässigsten Informationsquellen: HowStuffWorks.com, einer Webseite für Anleitungen aller Art. Eine schnelle Suche nach »Wie man ein Huhn zerlegt« führte mich zu genau dem richtigen Artikel, der Schritt für Schritt, komplett mit Bildern, alles genau erklärte. Ich ließ das Huhn über Nacht abtauen. Am Nachmittag darauf nahm ich ein Schneidebrett, räumte das Spülbecken frei, legte ein paar Abfallbeutel zurecht, und fing an, mir beizubringen, wie man ein totes Huhn zerteilt.

Als Erstes musste ich mir darüber klar werden, womit ich es hier eigentlich zu tun hatte. Im Internetartikel gab es Informationen darüber, wie man ein ganzes Huhn in Hälften oder Viertel zerteilte, in Einzelteile, auf chinesische Art, wie man es häutete, entbeinte, in Scheiben oder Würfel schnitt. Ich ritzte die Plastikhülle auf, schob meine Hände um den Hühnerkörper, und zog sanft an den Seiten, um zu sehen, wo sich etwas auseinanderziehen ließ. Die Beine und Flügel entfalteten sich und das halb geschmolzene Eis knirschte ein wenig. Die Brust war intakt, und ich sah deutlich den Verlauf der Wirbelsäule. Ich schob mir die Anleitung mit dem Ellenbogen zurecht, denn meine Hände waren bereits schleimig wie Öl vom rohen Fleisch, und betrachtete die Schwarzweißbilder, als versuchte ich, einer Wegstrecke zu folgen, irgendetwas zu erkennen, was dem Huhn vor mir ähnelte. Soweit ich es erkennen konnte, hatte jemand das Huhn in eine ganze Brust, einzelne Beine und Flügel zerlegt, um es dann wie ein makabres Autopsieopfer wieder zusammenzulegen und einzufrieren. Ich würde die Brüste zerschneiden, die Beine in Schenkel und Keulen zerteilen, die Knochen in Rücken und Brust entfernen und alles häuten müssen.

Ich war sieben Jahre lang Vegetarierin gewesen, weil ich nie ein Huhn so genau ansehen wollte. Den Großteil meines Lebens über hatte ich die Tiere, die ich aß, nicht anschauen wollen, die großen Augen der Kühe auf dem Volksfest ignoriert, während ich ein Steak aß, und mich geekelt, wenn ich unter der Panade meines Fischfilets ab und zu ein Äderchen entdeckte. Ich hasste gekochten Hummer – was in den Küstengebieten Neuenglands einer Gotteslästerung gleichkam –, weil er zu sehr dem Tier ähnelte, das er einmal gewesen war. Ich aß lieber panierte Hühnerbrust als Flügel oder Keulen, zog Thunfisch aus der Dose frischem vor, wollte nicht an die lebendigen Tiere denken, wenn ich ihre toten Körper aß. Aber wenn ich das hier durchziehen wollte – zur Fleischesserin werden, um ein aktiver, integraler Teil eines Nahrungssystems, einer Gemeinschaft zu werden –, würde ich mich meinen Abneigungen stellen müssen. So unwohl es mir auch war, ich konnte nicht länger von den körperlichen, blutigen Tatsachen wegschauen, die mit dem Verzehr von Tieren einhergingen.

Finden Sie das Gelenk, indem sie den Schenkel mit einer Hand hin- und herbewegen und mit der anderen die Keule festhalten.

Ich stand mit dem Huhn in der Küche, darauf vorbereitet, mich zum ersten Mal mit meiner Nahrung als totem Tier auseinanderzusetzen, die anatomische Realität der Nahrungszubereitung kennenzulernen. Und ich fand es widerlich. Ich griff mit beiden Händen nach dem Bein und suchte nach dem Gelenk, so wie es die Anleitung beschrieben hatte. Ich war überrascht, wie leicht es sich bewegen ließ. Ein Hühnerbein beugt sich im Gegensatz zum menschlichen Bein in die entgegengesetzte Richtung, und als ich die Keule sanft nach oben drückte, bewegte sich der dicke, fleischige Schenkel entsprechend. Ich sah, wie das Gelenk funktionierte. Ich konnte mir vorstellen, wie das Bein, im weißem Federkleid, eine seltsam groteske gelbe Kralle anhob, auf diese vorsichtige, wackelige Art und Weise, die lebende Hühner so an sich haben.

Ich wusste nicht genau, was ich von dem Ding in meiner Hand halten sollte. Irgendwie sah es so tierisch aus, aber in gewisser Hinsicht auch einfach wie ein Bein, mit Poren in gelblicher Haut, wie auch mein eigenes Bein an manchen Stellen. Aber vom restlichen Körper getrennt, von Federn befreit, nur durch mich bewegt wie eine gruselige Marionette, erinnerte es mich vor allem ans Essen. Ich sah es nicht als Teil eines einst lebendigen Wesens, aber ich erkannte die Z-Form der Flügel als die derer, die ich oft genug mit dicker orangefarbener Barbecuesoße in Sportkneipen gesehen hatte. Ich konnte deutlich das Fleisch erkennen, das bis zu den Enden um die Knochen der Keule lag. Mein Ziel war, dieses Bein in seine Einzelteile zu zerlegen, also legte ich es auf das Schneidebrett aus Plastik und fing an.

Legen Sie das Bein mit der Haut nach unten auf ein Schneidebrett. Zertrennen Sie das Gelenk vollständig. Wiederholen Sie den Vorgang mit dem anderen Bein.

Ich war mir nicht sicher, wo genau ich einschneiden sollte, und konnte mir nicht vorstellen, dass es tatsächlich funktionieren würde, also fing ich irgendwo in der Mitte des Beines an zu säbeln, wobei ich die Haut wegschob, um die richtige Stelle zu finden. Das Messer war ein stinknormales Küchenmesser, das ich mir irgendwann einmal gekauft hatte, und es hatte bis jetzt außer Paprikaschoten nichts weiter zerteilt. Es rutschte ein wenig über das Fleisch, stach in die Haut, aber es schnitt nicht ein, sondern schob das Fleisch ein wenig hin und her. Ich legte es weg, nahm eins mit Sägezähnen, ein Steakmesser aus meinem Holzblock, und stach mit mehr Kraft ein. Ich spürte, wie der Muskel an den Zacken hängen blieb und riss. Mir wurde klar, dass ich keine Ahnung hatte, welche Art Messer ich benutzen sollte, ob ich überhaupt ein passendes hatte oder ob meine Messer nach Jahren vegetarischer Nahrung überhaupt noch scharf genug waren, um Fleisch zu schneiden. Nach einer Weile konnte ich das runde weiße Gelenk und die Gelenkpfanne sehen. Ich hörte auf zu schneiden und hob das ganze Bein noch einmal an, um mir die Anatomie des perfekt funktionierenden Gelenks anzusehen, das sich bewegte, wenn ich Keule und Schenkel hin- und herschob.

Ich hatte schon einmal Knochen gesehen, sowohl menschliche als auch tierische, aber die komplizierten inneren Funktionen unserer Körper konnte ich nie richtig fassen. Ich dachte an die Röntgenbilder meines ausgerenkten Knies und rief mir wieder in Erinnerung, dass Hühnerknie ganz anders funktionierten. Menschliche Knie sind keine Kugelgelenke, aber unsere Hüften sind welche. Ich dachte darüber nach. Das Hühnergelenk, das ich gerade brechen wollte, auch nur mit einem meiner eigenen Gelenke in Verbindung zu bringen, ließ mich erschauern. Ich musste ein Gelenk ausrenken, während die Erinnerung an meine eigenen Schmerzen noch recht frisch war. Obwohl das Tier schon lange tot war und keinen Schmerz mehr empfand, wusste ich, dass ich es verletzen und seinen Körper zerbrechen musste.

Ich griff noch einmal fester zu und versuchte, die zwei Beinteile auseinanderzureißen. Es knirschte leicht und ploppte kurz, aber nichts zerbrach. Ich hatte das Gelenk in die falsche

Richtung gebogen. Erfolglos. Also wieder mit Messer. Ich überlegte, die Schneide zwischen Gelenk und Gelenkpfanne zu schieben und damit zu bohren, hatte dabei aber Angst um meine Augen und beschloss, stattdessen durch den Knochen zu schneiden. Das ging erstaunlich leicht. Es stand vielleicht nicht ganz so in der Anleitung, aber es war nicht das erste Mal, dass ich von einem Rezept abgewichen war. Ich schnitt beherzt zu und stellte mir vor, ich würde mit einer Metallsäge eine Amputation durchführen. Aber die gezahnte Schneide brauchte nur ein paar Schnitte, um den Knochen anzusägen, und danach konnte ich ihn einfach brechen. Ganz ohne zu splittern brach er durch.

Jetzt kam wieder etwas völlig Neues und Unbekanntes zum Vorschein – Knochenmark. Ich konnte das komplizierte Innenleben eines Hühnerknochens vor mir sehen: das schwammige rosafarbene Geflecht, das im Inneren des Skeletts zutage trat, noch immer voller roter Blutzellen.

Mir wurde übel, und ich legte das zerbrochene Bein ab und beugte mich über die Spüle. Während ich mit gesenktem Kopf und geschlossenen Augen dastand und durch den Mund atmete, um von dem muffigen Geruch des toten Tierkörpers nichts mitzubekommen, fragte ich mich noch einmal, warum ich das eigentlich alles tat. Welcher normale Mensch würde sich solche Dinge freiwillig ansehen? Wäre es nicht leichter gewesen, Vegetarierin zu bleiben und niemals herauszufinden, wie das Knochenmark eines Huhnes aussah? Warum machte ich mir überhaupt die Mühe? In meinem Magen tobten die Säuren und mir war so schlecht, dass ich mich fragte, ob ich es überhaupt jemals schaffen würde, dieses eine Hühnchen zu essen.

Aber all dies war eine Frage der Selbstverwirklichung, und ich wollte nicht aufgeben. Ich verstehe die Welt, indem ich mich in sie hineinfühle. Um mich meiner Nahrung wirklich nah zu fühlen, um das Opfer zu verstehen, das dem Fleischessen zugrunde liegt, musste ich mir die Hände schmutzig machen. Ich musste meine Angst vor Salmonellen außen vor lassen, genau wie mein Unbehagen, wenn es um rohes Fleisch ging. Ich musste hinsehen. Und so stand ich da, mit tränenden Augen, das Messer in der Hand, durch den Mund atmend, um den säuerlichen Geruch auszublenden, und brach Rippen und sägte die herzförmige Hühnerbrust vom Rückgrat.

Zerschneiden Sie das restliche Bindegewebe und ziehen Sie die Brust vom Rückgrat. Schieben Sie die Messerspitze unter den langen Rippenknochen seitlich der Brust. Schneiden und schaben Sie das Fleisch vom Rippenknochen und ziehen Sie den Knochen heraus.

Inzwischen fühlte ich mich ein bisschen wie ein Jäger und Sammler. Es war egal, dass ich nur ein Supermarktmesser hatte, es hatte einfach etwas Ursprüngliches, durch Fleisch zu schneiden und ab und zu ein Frösteln auf der Haut zu verspüren, wenn das Messer abrutschte und am Knochen entlangschabte. Ich kratzte Fleisch von einem Skelett. Hatte ein getötetes Wesen vor mir, wenn auch nicht eigenhändig erlegt, und zerlegte es in seine brauchbaren Teile. Ich entbeinte ein Tier.

Das Brustfleisch ließ sich leicht vom Knochen lösen und die gezackte Klinge schnitt problemlos, sodass nur ein paar rosafarbene Überbleibsel am Rückgrat hängen blieben. Ich legte das dicke Stück weichen Fleisches auf das Schneidebrett. Ich betrachtete die dünnen weißen Sehnen, die sich wie die Wurzeln einer kleinen Pflanze streckten, die Spuren von Blutbahnen, wo sich einst der Rücken befunden hatte. Dann wurde mir bewusst, was übrig geblieben war, was ich noch immer in den Händen hielt: einen Brustkorb, komplett mit baumelndem Hühnerherz. Ich legte das Messer ab.

In Anbetracht der Größe und Menge an Fleisch, das auf meiner Arbeitsoberfläche lag, war ich erstaunt, wie klein der Brustkorb war. Ich konnte ihn mit beiden Händen umfassen, und das tat ich auch. Ich stand ein paar Minuten lang damit vor der Spüle und fuhr mit meinen Daumen über die gebogenen Rippen. An meinem linken Daumen waren Blutspuren zu erkennen, und ich starrte darauf, starrte auf den Beweis in meinen Händen, dass Leben und Tod stattgefunden hatten. Ich starrte das Blut an, damit ich das Herz nicht sehen musste.

Ich wollte das Herz so unglaublich gern berühren, aber es kam mir irgendwie unangemessen vor, wie ein Übergriff, einen Finger auf das wertvollste, wichtigste Organ eines anderen Lebewesens zu legen. Aber dann dachte ich daran, dass manche Menschen einer Autopsie unterzogen wurden, und dass Jäger Gewehrkugeln aus den Herzen von Rehen holten, und dass manche Leute sogar Hühnerherzen und andere Kleinteile aßen, die in kleinen Plastikbeuteln unter dem Namen »Innereien« verkauft wurden. Ich hatte dieses Huhn zersägt, also fasste ich es auch an. Ich drückte zögerlich mit einer Fingerspitze auf das Herz, das wie eine getrocknete Beere im Brustkorb hing, und zog den Finger dann schnell wieder zurück.

In einer Kolumne in der *New York Times* stellte Roger Cohen die These auf, dass Amerikanern vorbereitete Hühnerbrüste, Plastikverpackungen und behandschuhte Hände lieber sind als die blutige urtümliche Herangehensweise, die ich hier gerade mit meinem Essen veranstaltete, weil wir tief in uns drin panische Angst vor den Innereien der Tiere haben, die wir essen. Die Eingeweide, schreibt er, stinken nach Leben.[20] Vielleicht haben wir auch einfach Angst vor der Erkenntnis, dass wir im Innersten wie ein Tier aussehen. Ich hatte noch nie das Herz eines Tieres gesehen. Dieses war unglaublich winzig, nicht größer als mein Daumennagel. Ich war beeindruckt. Ich stand einfach da und sah es eine Weile lang an, bevor ich den ganzen Brustkorb ins Spülbecken legte. Ich sah, wie das Herz von der Schwerkraft nach hinten gedrückt wurde, bis es am

Rückgrat anlag, und ließ das Geripppe liegen. Ich wollte mich wieder der ernst zu nehmenden Aufgabe widmen, Leben in Nahrung zu verwandeln.

Legen Sie die Brust mit der Hautseite nach oben auf ein Schneidebrett. Teilen Sie die Brust in zwei Hälften, indem Sie am Brustbein entlangschneiden.

Inzwischen hatte ich Flügel, Schenkel, Keulen und Brüste vor mir liegen: Nahrung. Einige Monate zuvor, als ich ernsthaft angefangen hatte, mich mit meinen Nahrungsmitteln auseinanderzusetzen, dachte ich, dass jeder Mensch sich ekeln würde, dem wirklich klar war, dass sein Steak einst eine Kuh und sein Schinken ein Schwein gewesen waren. Ich hatte mein ganzes Leben über angenommen, dass die Vorstellung von Nahrung als Tier ein überzeugender Grund war, dieses Tier nicht essen zu wollen, besonders wenn man es lebendig und unausweichlich sterbend vor sich sah. Aber nachdem ich dieses Herz berührt und wieder abgelegt hatte, verspürte ich einen seltsamen, vagen Respekt vor dem Tier, der mit dem Gedanken an Nahrung nichts zu tun hatte. Ich war mir immer noch sicher, dass ich dieses Huhn nicht am selben Abend essen würde, aber übel war mir nicht mehr.

Schieben Sie die Finger an beiden Seiten des Brustbeines entlang, um die kielförmige Verlängerung des Knochens zu lockern. Ziehen Sie sie heraus.

Ich drückte mit meinen Fingern gegen das Fleisch, als würde ich eine verrutschte Kordel wieder zurückfädeln wollen, und am oberen Ende der Brust kam ein kleiner dreieckiger Knochen zum Vorschein. Nachdem er noch ein paar Mal weggerutscht war, schaffte ich es endlich, ihn aus der Hühnerbrust zu entfernen.

Schneiden Sie mit der Messerspitze das Fleisch vom Gabelbein. Halten Sie das Ende des Gabelbeins und ziehen Sie es langsam aus der Brust, ohne es zu zerbrechen.

Ich legte das Ende des Gabelbeins vorsichtig mit der Spitze des Messers frei und hielt die obere Spitze zwischen Daumen und Zeigefinger wie die Person, die den Knochen beim Thanksgiving-Essen halten soll, damit zwei andere ihn zerbrechen und sich etwas wünschen können, und ich zog ihn langsam aus dem Brustfleisch. Wenn die Teller leergegessen waren, die letzten Onkel die letzten Soßenreste mit Brötchenstücken aufgewischt hatten, und Großmütter die Knochen- und Hautreste auf einen Abfallteller häuften und in die Küche brachten, war dies das letzte Stück des Truthahns, das übrig blieb. Es war das Stück, das Wünsche erfüllte. Ich stand über meiner Spüle und atmete weiterhin durch den Mund. Ich war mir ziemlich sicher, dass es Unglück bringen würde, sollte ich das Gabelbein meines ersten Huhnes zerbrechen. Aber ich fragte mich, ob das Wünschen auch alleine funktionieren, und was ich mir überhaupt wünschen würde.

Ich beschloss, dass ich schon genug Glück hatte. Stattdessen konnte ich mir vorstellen, dankbar zu sein. Ich war dabei, etwas so Bedeutungsschweres zu tun, so voller Möglichkeiten, dass das Zerbrechen des kleinen Knochens nicht mehr wichtig schien. Nichts als Aberglaube. Unnötig. Außerdem war es vielleicht dem Huhn gegenüber nicht besonders respektvoll. Also legte ich das intakte Gabelbein neben den Brustkorb in den Plastikbeutel in der Spüle.

Halten Sie die Haut mit einem sauberen Küchentuch fest, damit sie nicht abrutschen. Ziehen Sie das Tuch mit der Haut vom Fleisch ab.

Beim Wort *häuten* allein wurde mir ganz anders, vielleicht, weil mir dabei all die Knieabschürfungen meiner Kindheit wieder in den Sinn kamen. Ich sah wieder blutige Schürfwunden vor mir und kleine Steinchen, die unter die Haut gerieten. Ich musste an gruselige Typen in roten Holzfällerhemden denken, die Tierkörper präparierten, oder erlegte Grizzlybären in Bettvorleger verwandelten. Irgendwie kam mir dieser Schritt der Verwandlung meines Huhns in etwas Essbares makabrer vor als alle bisherigen, als wäre das Hautabziehen noch respektloser, als dem Huhn das Rückgrat zu brechen oder sein Herz zu berühren. Es schien mir, als wäre das Häuten der endgültige Schritt, mit dem ich dem Huhn die Stirn bot und es endgültig in Nahrung verwandelte. Aber ich hatte schon gehäutete Hühnerbrüste im Lebensmittelladen gekauft in dem Glauben, dass das fettärmer und gesünder war, und nun wollte ich herausfinden, was nötig war, um das Tier genauso aussehen zu lassen, wie wir es aus dem Tiefkühlregal kannten.

Häuten war eine ziemliche Arbeit. Seit knapp einer Stunde war ich mit dem Huhn beschäftigt und ich wurde langsam ungeduldig, noch immer voller Interesse, aber in Gedanken schon wieder bei den Essays, die ich korrigieren musste, den Blumen, die gegossen werden mussten, und dem Fernsehprogramm, das meiner harrte. Das Häuten brauchte eine ganze Menge Zeit. Ich benutzte Küchenpapier zum Festhalten, weil ich mir nicht sicher war, ob meine Trockentücher wirklich sauber genug für rohes Hühnerfleisch waren. Aber trotz der nicht besonders deutlich formulierten Anleitung war genau das dringend nötig. Denn als ich versuchte, die Haut mithilfe von Küchenpapier vom Schenkel zu lösen, landete dieser auf dem schmutzigen Küchenboden.

Der Anfang war leicht. Man ritzt die Haut an einer Seite ein wenig ein und fängt an zu ziehen. Die gelbe Haut, innen weiß, ließ sich problemlos zurückziehen. Aber irgendwo gegen Mitte des Schenkels, oder dort, wo die Keule anfing, verlagerte sich das Gewicht und die Haut schob sich zusammen, und trotz des Küchenpapiers entstand zu viel Reibung, um weiterzumachen.

Das weiße Bindegewebe an der Unterseite hing wie festgenäht am rosafarbenen Fleisch. Als ich heftig an dem glitschigen dicken Hautlappen in meiner rechten Hand zog, hörte ich, wie der Muskel mit einem leisen Sauggeräusch nachgab. Ich drehte mein Handgelenk, wickelte mir die schmierige, schlappe Haut um die Hand und zog noch einmal fester, aber sie ging noch immer nicht ab. Ich nahm noch einmal das Messer zur Hand, legte die Hühnerkeule seitlich auf das Schneidebrett, drückte mit dem Papier auf die Haut und schnitt das Bein einfach durch. Ein Hautfetzen hing noch immer an der Keule. Das ging schon. Einen Teil hatte ich geschafft – eine Keule und einen Schenkel. Jetzt fehlten nur noch die Brüste.

Ich stand gebeugt über der Arbeitsfläche, ächzte ein wenig, zerrte an einer halb gehäuteten Hühnerkeule, versuchte, die feuchte Haut abzuziehen, und merkte plötzlich, dass all das nichts mehr mit einem Tier zu tun hatte. Es war harte, schmutzige und vollkommen entwürdigende Arbeit. Dies war längst kein feierlicher Akt mehr, bei dem das Huhn als Lebewesen gewürdigt wurde. Es ging hier nicht um ein Ritual. Ich zog die Haut vom Fleisch, weil ich sie nicht mitessen wollte. Was ich hier tat, erinnerte mich endgültig nicht mehr an ein einzelnes Huhn, sondern an Hühnchenfleisch.

Entsorgen Sie die Haut.

In seiner Kolumne beschreibt Roger Cohen den Moment, an dem er sich nach seinem Umzug endgültig in Frankreich heimisch fühlte: als er seinen Freund mit bloßen Händen einen Seebarsch ausnehmen sah. Für Cohen spiegelte dieser Moment die Beziehung zwischen Menschen und ihrer Nahrung wider, die sich die französische Gesellschaft erhalten hat, während amerikanisches Essen bis zur Sterilität unkenntlich gemacht wird.

Für mich kam dieser Augenblick der wiedergefundenen Zugehörigkeit, als ich den zugeschnittenen und gehäuteten Teil des Hühnchens in der Hand hielt, den wir *tenders* nennen, den Filetstreifen. Als ich ein Kind war, ein strohblondes, sommersprossiges Mädchen aus dem Nordosten, das nichts aß, was irgendwie an ein Tier erinnerte, Muscheln nur aus der Schale gelöst probierte, nie eine Auster, eine Krabbe oder einen Hummer auch nur anrührte, waren *tenders* mein Lieblingsessen. Egal, wo wir waren, sogar in der sandigen Hütte in Hampton Beach in New Hampshire, wo Essen in Kartons serviert wurde und die Gäste über Betonboden auf feuchten Picknickbänken saßen, gab es *tenders*. Aber ich hatte immer angenommen, dass der Name von der Form oder dem Zubereitungsverfahren abgeleitet war. Bis zu diesem Moment, mit 26, hatte ich nicht gewusst, dass sie einfach ein Teil des Hühnchens waren.

Nachdem ich alle Knochen in der Hühnerbrust entfernt und das Fleisch abgetrennt hatte, wies der Artikel mich an, an der weißen Sehne entlangzuschneiden, um die Brüste und die Filetstreifen zu trennen, jene kleinen, dicken Teile, die seitlich an den Brüsten anliegen. Nachdem ich mit einer Seite fertig war, hob ich den Streifen hoch und schaute ihn mir etwas erstaunt an. Ja. Das sah genauso aus wie die panierten, frittierten Streifen, die ich die ersten elf Jahre meines Lebens über gegessen hatte. Ich konnte kaum glauben, wie perfekt das Fleisch aussah, blassrosa wie Marmor und genauso lang wie meine Handfläche. Ich hielt den Filetstreifen noch eine Weile in der Hand und schob ihn mit dem Finger ein wenig hin und her. Ich lief sogar damit durch die Wohnung, hielt das Fleisch, untersuchte es, schloss meine Hand darum und war nach wie vor bass erstaunt.

Meine erste Begegnung mit dem Innenleben eines Huhns hatte genau den gegenteiligen Effekt von dem gehabt, den ich erwartet hatte. Anstatt mich zu ekeln, mir Schuldgefühle zu bereiten oder meinen Vegetarismus zu bestätigen, versetzten mich die anatomischen Gegebenheiten des Huhns, das ich später essen würde, in ein Staunen, das ich nie erwartet hätte.

Es war, als sähe ich zum ersten Mal die tastenden Tentakel eines Seesternes oder eine Mücke beim Blutsaugen in Zeitlupe. Ich verstand es einfach. Nachdem ich einmal unter die Haut gesehen hatte, die Venen, Sehnen, Knochen und das Herz betrachtet hatte, fühlte ich mich dem Huhn verbunden und akzeptierte es als genau das, was es war: ein Tier, das nicht mehr lebte und nun zu Nahrung geworden war.

Ich kochte das Hühnchen an jenem Abend wirklich nicht mehr. Ich brauchte einfach etwas Zeit zwischen dieser genauen Betrachtung und dem eigentlichen Akt des Essens. Aber am nächsten Abend, als ich die Keulen aus der Aluminiumfolie nahm, in die ich sie gewickelt hatte, sie in Buttermilch einlegte, sie dann in Ei und Mehl wälzte und auf den Backrost legte, war ich unglaublich stolz. Dies war mein Huhn, ein Huhn, das ich nicht nur gekauft, sondern genau kennengelernt hatte, ein Huhn, dem ich mich ausführlich gewidmet hatte. Und später, als ich den Knochen in der Hand hielt und in das dunkle Fleisch biss, konnte ich mir ganz ohne aufsteigende Übelkeit vorstellen, wie sich dieses Bein einmal bewegt hatte, bevor ich es ausrenkte. Die Erinnerung an jenen Moment mischte sich in meinem Mund mit dem Hühnergeschmack und der Marinade aus Senf und Chili, und ich könnte schwören, dass es tatsächlich besser schmeckte.

Kapitel Zwölf

****

Definitiv nicht wie im Kochbuch

Ich stand in meiner Küche, einen Topflappen in der einen und den Pfannenwender in der anderen Hand, und fing an zu heulen. Ich blickte auf ein braunes Etwas, an den Rändern verkohlt und in der Mitte matschig vom Bratensaft – meine erste Hühnerpastete. Ein kompletter kulinarischer Reinfall. In meinem Kopf kamen die Erinnerungen an jene knochenharten Schokoladenküchlein und völlig zermatschten Kartoffelbreie meiner Jugend hoch. Zum Entsetzen meiner inneren Feministin schluchzte ich in meiner Küche und dachte: *Wozu bin ich überhaupt gut, wenn ich nicht einmal das kann?*

Ich hatte mit solcher Zielstrebigkeit damit begonnen, ethisch vertretbare, nachhaltige Lebensmittel zu kaufen und zu kochen, dass es mehr als nur Lebensart war, sondern eher einer Mission ähnelte. Ich wollte besser auf die Menschen achtgeben, die mir etwas bedeuteten, und auf unsere Erde auch. Ich wollte besser leben. Und es stellte sich als jede Menge Stress heraus. Vielleicht konnte ich es einfach nicht. Ich war nie eine gute Köchin gewesen und hatte so viele meiner Träume und Vorhaben nicht verwirklicht. Vielleicht, dachte ich bei mir, war ich einfach von Geburt an eine schlechte Köchin, zu sprunghaft für den Herd, zu ungeschickt für kulinarische Feinheiten, zu feministisch, um in der Küche etwas zu taugen.

Ich hatte mich so viele Jahre von der Küche ferngehalten, sie als einen Ort der Unterdrückung betrachtet, als einen Hort der Häuslichkeit, an den Frauen viel zu lange gekettet worden waren. Und plötzlich verbrachte ich so viel Zeit dort.

Als mein zweiter Sommer in Iowa langsam in den Herbst überging, kam ich jeden Dienstagnachmittag vollgepackt mit frischem Obst und Gemüse von meinem Einkauf bei der örtlichen landwirtschaftlichen Genossenschaft zurück, der ich beigetreten war. Kartoffeln und gelbe Zwiebeln, Himbeeren, Äpfel, rote und gelbe Paprikaschoten. Blaue Plastiktüten mit Lauchstangen so lang wie mein Arm, deren dicke weiße Knollen noch immer nach Erde rochen. Ein kleines Bündel Baby-Pak-Choi, die grünen Blätter mit blauem Gummiband zusammengeschnürt. Knubbelige Zucchini und Kürbisse, krumm wie Ellenbogen. Eine große Auswahl an Tomaten, allesamt alte Sorten, manche lilafarben, gestreift und an einigen Stellen schon aufgeplatzt, andere kleiner, weicher, dunkelorange und goldgelb.

Ich hatte noch nie eine Tomate gegessen, deren Namen ich nicht kannte. Ich hatte noch nie Sommerkürbis gekocht. Ich wusste nicht einmal, welchen Teil vom Lauch man essen konnte. Aber ich wollte es ausprobieren. Obwohl ich es nie für möglich gehalten und es auch nie gewollt hatte, wurde ich zur Köchin.

Das, was mir half, meine Fähigkeiten in der Küche zu entfalten und mir die verborgenen Möglichkeiten meiner Nahrungsmittel eröffnete, war die Tatsache, dass ich wieder Fleisch aß.

Je mehr ich über die Lebensmittelindustrie erfuhr, desto mehr Dinge sah ich, von denen ich mich fernhalten wollte. Ich merkte, dass die Gefahren der industriellen Landwirtschaft über die Beschränkungen von Kastenständen in der Schweinezucht und Umweltverschmutzung im Zuge der industriellen Lachszucht hinausgingen, und auch den Anteil von Bisphenol A in den Dosen grüner Bohnen betraf, die ich manchmal kaufte, oder die Farbstoffe, die in Mikrowellenreis enthalten waren. Konservierungsstoffe, Zusätze, Chemikalien und Zuschüsse fand ich inzwischen genauso beängstigend wie die Zustände im Schlachthaus und die Lebensbedingungen von Tieren. Je mehr ich herausfand, desto genauer wollte ich hinsehen. Ich konzentrierte mich nicht mehr nur darauf, tiergerecht geschlachtetes Fleisch zu essen. Ich wollte generell ethisch, gesund und mit geringer Umweltbelastung essen und das bedeutete einfach, dass ich selbst kochen musste.

Ich verbrachte jeden Tag mehr als eine Stunde in der Küche, um das Abendessen zuzubereiten. Ich recherchierte die Zutaten im Internet und googelte seltsame Kombinationsmöglichkeiten. Ich pürierte Sommerkürbis zu samtweicher Suppe, süß mit genau der richtigen Menge Salz, serviert mit selbst gemachten Parmesandreiecken aus Filoteig. Ich grillte Zucchini und Paprika mit Balsamicoglasur. Ich stiftelte Pak Choi und Möhren für hausgemachte chinesische Bratnudeln. Ich erfand neue Nudelsoßen, je nachdem, was die Ernte mir gerade an Zutaten ins Haus brachte: Zitronensoße mit Zuckerschoten, cremige Zwiebelsoße mit rosafarbenem Mangold. Jedes neue Experiment wurde zu einem weiteren Häkchen auf meiner Liste, zu einer Errungenschaft, die mich mit Stolz erfüllte.

Aber manchmal stolperte ich noch über meine ungeschickten küchenentwöhnten Füße und versuchte mich an allzu seltsamen Dingen. Als ich zum ersten Mal Lauchstangen mit nach

Hause brachte, versuchte ich ein Rezept für Lauch- und Süß-kartoffel-Galette zu etwas mit normalen festkochenden Kartoffeln, oranger Paprika und Gruyère-Käse umzugestalten. Ich habe keine Ahnung, was ich mir dabei dachte – vielleicht, dass ähnlich farbige Zutaten zu ähnlichen Ergebnissen führen würden? Dem war nicht so und der bittere Lauch übertönte jede andere seltsame Zutat. Eine neue Erkenntnis tat sich auf. Anfangs war ich stolz auf meine ethische, omnivore Ernährung gewesen und hatte wie frisch verliebt gerne alles ausprobiert. Aber als es draußen kälter wurde, fragte ich mich, wie viel Zeit ich jeden Tag damit verbringen wollte, und wie sehr mich meine Ernährungsweise an die Küche fesseln würde.

Eine meiner Lieblingssünden der vegetarischen Küche genoss ich meist alleine, ohne dass mich meine Mitbewohner oder Freunde dafür verurteilen hätten können. Es war eine fertige, tiefgefrorene Hühnerersatzpastete von Amy's, deren Aluminiumschale genau in meine Hand passte. Ich trug meine Jogginghose und aß mein liebstes Trostessen, genoss den vertrauten Geschmack von brauner Soße, warmer Vollkornteigkruste, kleinen Tofustückchen und Kartoffeln, Erbsen und Mais. Und als ich wieder anfing, Hühnchen zu essen, verspürte ich sofort Verlangen danach, eine Hühnerpastete zu backen. Aber anstatt sie tiefgefroren zu kaufen, wollte ich sie selbst machen, ein Vorhaben, das ich mir als Vegetarierin nicht einmal in meinen kühnsten Träumen ausgemalt hätte. Warum würde ich so etwas tun wollen, wenn man es genauso gut tiefgefroren in einer Packung kaufen konnte? Und ich sagte mir, wenn ich schon Kartoffeln und Möhren schnitt, wenn ich die grünen Bohnen per Hand erntete, wenn ich Hühnerbrühe zu Soße andickte, dann könnte ich doch eigentlich auch die Vollkornteigkruste selber zubereiten. Ich hatte schon Plätzchen und Cupcakes gebacken, wie schwierig konnte dann eine Pastete sein?

Es dauerte einen ganzen Freitagnachmittag, bis ich es geschafft hatte. Ich schnitt, über die weiße Plastikschüssel mit dem Vollkornmehl gebeugt, Butter in kleine Würfel und verbröselte sie mit dem Mehl – winzige Flocken in Mehl gehüllt. Ich spritzte angemessene Mengen Wasser auf den Teig und als es sich immer noch nicht mischen ließ, knete ich den Teig mit meinen Händen. Das Mehl blieb trocken und bröselig und das Wasser hatte nur kleine klebrige Teigfetzen zustande gebracht. Ich gab mehr Wasser dazu und dann noch mehr. Endlich ließ sich der Teig zu einer Art Kugel formen, die ich auf der Arbeitsplatte mit meinen Fingern und Handflächen weiter zu kneten und auszurollen versuchte. Bei jedem Kneten klebte der elastische Teig an meinen Händen fest, sodass ich wie ein teigiges Sumpfmonster aussah. Ich griff nach dem Nudelholz und machte mich daran, den Klebeteig zu einem Kreis zu formen. Die Ränder zerrissen und brachen ab.

Ich machte unbeirrt weiter und legte das erste Rund auf den Boden meiner Backform, wo es sofort in der Mitte durchriss. Ich versuchte, es mit etwas Wasser wieder zusammenzukleben und goss dann die warme Soße, das Gemüse und die Hühnerfleischfetzen darauf. Schnell legte ich die zweite ausgerollte Teigscheibe darauf. Beide Hälften waren inzwischen viel zu hart, um sie noch an den Rändern zusammendrücken zu können, also schob ich einfach schnell alles in den Ofen.

Als ich zwanzig Minuten später alles wieder herausnahm, ging der Rauchmelder los, weil zu viel Soße über die unkonventionellen Teigränder getreten und in den Ofen getropft war. Ich musste das große gezahnte Messer benutzen, um zwei Stücke aus der Pastete zu schneiden, wobei beide zerbrachen, bevor sie den Teller erreichten. Alles, was in der Backform übrig blieb, war von Soße aufgeweichter Teig. Es sah definitiv nicht aus wie im Kochbuch.

Die Frage, die sich mir in jenem Herbst stellte, war: *Wurde ich unfeministischer, je mehr ich kochte? Natürlich nicht,* dachte ich. Offiziell. Beim Feminismus geht es darum, wählen zu dürfen, und wenn ich es so wollte, gab es nichts daran auszusetzen, dass ich viel in der Küche stand.

Aber das, was ich wollte, war gar nicht so einfach. Ich wollte ein Teil des lokalen Nahrungsmittelsystems sein, aber ich hatte nicht gedacht, dass das so viel Kochen mit sich bringen würde. Ich hatte nicht gedacht, dass ich so viel von mir selbst in meine Mahlzeiten würde einbringen müssen; dass sie so viel über mich aussagen würden; wie stolz ich auf jeden Erfolg sein und wie sehr mir jede Niederlage zusetzen würde. Und wie konnte ich überhaupt wissen, was ich wollte? Ich dachte, ich wollte kochen, aber ich wollte genauso sehr Kleidergröße 34 und Haare wie Jennifer Aniston haben – nicht alle Wünsche waren gleichwertig. Manches, was wir wollen, kommt nicht von uns selbst, sondern wird von äußeren Einflüssen hervorgerufen. War mein Interesse am Kochen, vor allem für meinen Freund, nur gesellschaftlicher Druck?

Was, wenn die Sehnsucht nach ethischer Ernährung nur eine Ausrede dafür war, ganz die traditionelle Frauenrolle einzunehmen? Wurde ich unterbewusst vielleicht von meiner Sehnsucht nach Häuslichkeit eingeholt?

Genau diese Häuslichkeit hatte ich versucht zu vermeiden, als ich lieber mit meinem Vater zu Hause geblieben war, anstatt mit meiner Mutter und meinen Schwestern auszugehen. Und plötzlich sah ich meine Zukunft vor mir, genau, wie ich es immer befürchtet hatte. Ich würde zufällig zur Hausfrau werden, fröhlich vor mich hin pfeifen, während ich meinem Mann eine heiße Mahlzeit kochte, mir einen Klaps auf den Hintern abholen, bevor er sich vor den Fernseher setzte und ich seine Hemden bügelte und die Kinder ins Bett brachte, um anschließend ein paar Martinis und Valium hinunterzukippen.

Es ging bergab, es ging rapide bergab, und ich wusste es. Egal ob meine Mutter keine unterjochte Hausfrau war, egal ob sie eine Karriere hatte, egal ob sie wirklich gern kochte – das hier war nicht das Richtige. Es passte nicht zu mir. Ich verstand nicht, wie ich wieder hier gelandet war, eine Frau, zurück in der Küche, heulend über einem blöden Pastetenteig.

Als ich dort in der Küche vor dem seltsamen matschigen Teig stand und völlig die Fassung verlor, kam Scott und tröstete mich, indem er mich ablenkte. Er ließ mich weder über die Pastete sprechen, noch sie auch nur ansehen. Er nahm mir den Pfannenwender aus der Hand und schob mich zur Tür und in Richtung der Yogastunde, für die ich mich vorher schon umgezogen hatte. Auf der Autofahrt wurde mir klar, warum ich mich so aufgeregt hatte: Weil ich *für* jemanden kochte, für ihn. Weil ich wusste, dass es für jemand anderen wichtig war, dass ich gut kochte und ihm etwas anderes als Fertignudeln, Pizza oder Erdnussbuttersandwiches vorsetzte, konnte ich schlecht versagen. Genau davor hatte ich als Kind Angst gehabt, wenn ich gesehen hatte, welche Macht meine Mutter und Großmutter in der Küche ausübten. Wenn man Kochen als Liebesbekundung sah, konnte schlecht zu kochen genauso gut bedeuten, dass man nicht genug liebte.

Und genau diese Denkweise, diese Bürde war es, die das Ganze unfeministisch machte. Nicht die Tatsache, dass ich kochte, war eine gesellschaftliche Erwartungshaltung, sondern die, es als Verpflichtung anzusehen. Mir selbst dafür die Schuld zu geben, nicht besser kochen zu können, es als Pflicht oder Verantwortung zu betrachten, das war patriarchale Prägung. Aber ich musste dem nicht nachkommen.

Während der Yogastunde streckte ich meine Hüften zur Position des herabschauenden Hundes und sagte mir, dass all das ja noch Neuland für mich war. Während ich eine Abfolge von Kriegerpositionen einnahm, dachte ich daran, wie stark ich mich gefühlt hatte, als ich mich den Herausforderungen neuer Zutaten gestellt hatte, und jeder Erfolg und Misserfolg zu neuen Erfahrungen geführt hatte. Ich nahm mich selbst der Zubereitung meiner Mahlzeiten an und arbeitete hart daran, mich moralisch vertretbar zu ernähren. Als ich auf dem Rücken lag und die abschließende Ruhehaltung einnahm, sah ich ein, dass mich die misslungene Pastete nicht so aufgeregt hätte, wenn Scott nicht da gewesen wäre. Ich atmete ein. In Wahrheit hatte ich mich geschämt, meine weibliche Ehre war verletzt worden und ich war ein bisschen enttäuscht, so etwas überhaupt zu haben. Ich atmete aus. Letzten Endes war dies meine eigene Reise. Das Abenteuer des Kochens, mit allen Experimenten und Misserfolgen, war allein meines. Ich musste mich auf dieser Mission auch selbst finden und mir eingestehen, dass ich mit dem Kochen vor allem mir selbst Liebe entgegenbrachte.

Nahrung konnte Macht bedeuten, aber nur, wenn ich mich nicht von ihr kontrollieren ließ. Ich musste keine Angst haben. Kein Versagen war groß genug, als dass es Tränen verdient hätte. Ich würde versuchen, es gut zu machen, und lachen, wenn ich es nicht schaffte. Hierin lag der Unterschied zwischen dem, was ich machte, und dem Hausfrauenklischee, das ich vor Augen gehabt hatte. Ich würde in meine eigene Küchenwelt hineinwachsen und einen Weg finden, der den Generationen vor mir würdig war und sie weiterführte. Ich würde stolz meine Familientradition fortführen und eine gute Köchin werden, die Rezepte weitergab und ihre Familie gesund ernährte, *und* ich würde eine Aktivistin sein, die chemikalienfreie Gerichte aus lokalen Bioprodukten zubereitete, Nahrung, die aus der Erde wuchs. Ich konnte beides sein, radikal und traditionell. Auch wenn ich manchmal Essen bestellen musste, weil der Pastetenteig eine Katastrophe war.

Kapitel Dreizehn

****

Frühreifer Kürbis

Die grüne Hügellandschaft von Wisconsin zog sich in Wellen rings um das kleine gelbe Gästehaus, in dem ich die nächsten zwei Wochen wohnen sollte, bis zum baumbestandenen Horizont. Auf einer kleinen Anhöhe saß eine schwarze Katze vor einer roten Scheune. Dies war Shooting Star, ein kleiner Biogemüsehof, den das Ehepaar Rink und Jenny betrieb. Die beiden hatten mich nur zu gern als Freiwillige aufgenommen, die jede Art von Arbeit erledigen wollte, um den Ursprüngen näherzukommen.

Im Verlauf meines ersten Frühjahrs als Fleischesserin hatte ich mich ans Kochen gewöhnt. Ich kaufte zweimal in der Woche frisches Obst und Gemüse von der Genossenschaft und war einem örtlichen Einkaufsring beigetreten, bei dem ich monatlich Hühnchen, Rind- und Schweinefleisch von verschiedenen Farmen in Iowa bestellte. Aber ich war noch immer nicht mit der Uni fertig, unterrichtete zwei Kurse, nahm an dreien teil und schrieb an meiner Abschlussarbeit, einem Buch über meine Erfahrungen mit den Nahrungsmitteln des Landes. Da blieb nicht viel Zeit übrig, um die Höfe, von denen ich kaufte, selbst zu besuchen und über sie zu schreiben.

Glücklicherweise gehörte aufgrund der Ausrichtung meines Graduiertenprogramms auf Umweltthemen ein Praxismodul zu den Anforderungen des Kurses. Irgendwann während der Sommerferien würde ich ein umweltrelevantes Praktikum oder ein Freiwilligenprogramm finden müssen, im Idealfall eines, das meine Abschlussarbeit voranbringen würde. Ich wusste, dass dies die beste Gelegenheit war, um mich noch etwas mehr einzubringen, mir die Hände schmutzig zu machen, an der Nahrungsmittelerzeugung teilzunehmen, aber ich hatte keine Ahnung, wie ich an so etwas herankommen konnte.

Eines Nachmittags ging ich bei einem meiner Professoren, Dean, vorbei, um gemeinsam mit ihm Ideen zu sammeln.

»Ich weiß doch auch nicht«, sagte ich achselzuckend. »Soll ich einfach auf einem Bauernhof arbeiten, oder wie läuft das ab?«

Dean lächelte. »Ich ruf mal meinen Freund Rink an.«

Bevor er letzten Herbst nach Iowa gezogen war, um dort zu unterrichten, hatte Dean zehn Jahre in Mineral Point in Wisconsin gelebt, einer kleinen Stadt fünfzig Kilometer außerhalb von Madison, in der jeder jeden kannte und Dean mit fast allen befreundet war. Mit Rink und Jenny verband ihn eine besonders enge Beziehung. Einen kurzen Anruf und ein paar E-Mails später war mein zweiwöchiger Freiwilligeneinsatz beschlossene Sache.

Ich hätte mir nie vorstellen können, mal auf einem Bauernhof zu arbeiten, aber je mehr ich zum Fleischesser wurde, desto mehr Informationen, Wissen und Direktkontakt zu meinen Nahrungsquellen wollte ich. Ich war mir sicher, dass ich alles besser verstehen würde, je näher ich dem Ursprung kam, den Samen, dem Boden, dem Bauern.

Rink und Jenny sahen ein wenig so aus, wie ich mir Bauern vorgestellt hatte – von vielen Sonnentagen gerötete Wangen, ungekünstelte, praktische Haarschnitte, die man leicht unter eine Mütze schieben oder mit einem Haargummi zurückbinden konnte. Beide trugen Jeans, graue T-Shirts und einfache Slipper an den Füßen. Wir saßen im Wohnzimmer und unterhielten uns leise, jeder von uns mit einem Glas Weißwein, während ihr Sohn Charlie oben schlief.

Mithilfe einiger Saisonarbeiter führten Rink und Jenny auf dem Land, das ihr großes Haus umgab, ein zertifiziertes Biounternehmen und einen Lieferservice von Bioobst und -gemüse für Restaurants. Ich war darauf vorbereitet, dass die Arbeit auf dem Hof anstrengend werden würde, aber in einer solch schönen, friedvollen Umgebung wollte ich gerne sofort loslegen. Als ich früh am nächsten Morgen aufgestanden war, mich mit Sonnenmilch eingecremt, meinen Sonnenhut aus alten Armeebeständen und die Arbeitshandschuhe angezogen hatte und in die Felder ging, um beim Ernten, Waschen, Verpacken und Pflanzen zu helfen, lernte ich schnell, was es hieß, ein selbstständiger Biobauer zu sein. Die harte Arbeit, die ich mir ausgemalt hatte, war lediglich eine Ahnung gewesen und mein Körper zeigte mir am Ende jenes ersten Arbeitstages, wie es wirklich war.

Wir fingen damit an, Schalen voller Tomaten-, Paprika- und Auberginensetzlinge aus dem Gewächshaus hinaus in die Sonne zu bringen. Jenny erklärte mir, dass die Pflanzen, die im warmen Hochsommer geerntet wurden, nicht direkt vom beheizten Gewächshaus in die Erde gesetzt werden konnten, da sie Ende Mai noch ziemlich kalt war. Sie mussten stattdessen über einige Wochen hinweg langsam an die Morgenluft gewöhnt werden. Die Kälte half ihnen dabei, widerstandsfähig genug zu werden, um später mit den Bodenverhältnissen klarzukommen.

Meine Oberarme schmerzten schon, als ich mit Rink auf ein weiter draußen gelegenes Feld ging, um Radieschen zu ernten, die wie arthritische Finger aussahen, aber knallig pink und weiß leuchteten, und sie anschließend für den Verkauf zu bündeln. Ungefähr zwei Stunden lang krochen wir auf dem schlammigen Boden herum, feucht vom Morgentau, umschlossen die nassen grünen Blätter mit unseren Handflächen und zogen die Radieschen heraus, zählten zehn ab und bündelten sie – kriechen, ziehen, kriechen, ziehen, abzählen, binden und noch einmal von vorn. Als wir endlich wieder aufstanden, waren meine Knie steif und geschwollen.

Danach verbrachten wir drei Stunden im Folientunnel, einer Art Gewächshaus, in dem Pflanzen in der Erde wuchsen, aber von einem großen gebogenen Plastikdach geschützt wurden. Wir ernteten Rüben und sortierten sie nach Größe, wobei die kleinsten nicht größer als meine Nasenspitze waren und die größten einer geballten Faust ähnelten. Ich schonte meine schmerzenden Knie, indem ich immer wieder im Sitzen arbeitete, aber ich verspürte schnell ein Brennen im Rücken. Im Laufe der Woche taten mir auch die Bauchmuskeln weh, nachdem ich mich wiederholt bücken und schwere Düngersäcke hochheben musste, und die Oberschenkelmuskeln von den Ausfallschritten, die ich beim Pflanzen der Paprikasetzlinge machte.

Dennoch war weniger die körperliche Anstrengung überraschend als vielmehr der Schmutz, der damit einherging. »Schmutzig« ist nicht das richtige Wort für die Schicht, die einen umfängt, wenn man in frisch gegossener Erde im Folientunnel herumkriecht oder unter einer Schutzfolie Bewässerungsstreifen für das Auberginenbeet legt. Wir wissen alle, was passiert, wenn Erdreich nass wird. Was vielleicht nicht so bekannt ist, sind die Auswirkungen auf noch so wetterfeste Wanderstiefel, wenn man bis zum Knöchel in solch eine Mischung tritt: Es zieht einem den Schuh einfach aus, sodass man plötzlich nur noch in Socken im Matsch steht.

All der Schmutz und Matsch, die Erdspritzer im Gesicht, auf den Armen und in meinen Zöpfen, verdeutlichten mir die Grundlagen des Farmlebens. Nahrungsmittel wachsen im Boden, direkt im Schmutz der Erde. Und manchmal macht das ganz schön Dreck.

Das Gesprächsthema beim Mittagessen – und am nächsten Tag beim Frühstück und bei jeder Mahlzeit wieder – war das Wetter. Jeden Abend berichtete Jenny darüber, wie viel Regen für den nächsten Tag vorausgesagt war, und wann. Vielleicht zum ersten Mal in meinem Leben waren solche Informationen nicht Small Talk, sondern unbedingt notwendig. Wenn wir wussten, dass es nachmittags zwischen eins und drei regnen würde, wussten wir, dass wir eine Stunde eher anfangen mussten, um den Salat zu ernten und vom Feld zu transportieren, damit wir ihn während des Regens in der Scheune waschen und abpacken konnten. Im Regen Salat zu ernten würde zu matschigen Blättern führen, zusätzliche Waschgänge mit sich bringen und den Salat durch die viele Feuchtigkeit schlaff machen.

Jenny musste wissen, wie das Wetter wurde. Sie musste wissen, wann es regnen würde, um den Tagesablauf zu planen. Um zu entscheiden, ob die Setzlinge ausgepflanzt werden konnten, um zu wissen, ob wir den Salat gießen mussten, der bald geerntet werden würde, oder ob es ein Gewitter geben würde, das es ihm ermöglichen würde, noch zwei weitere Tage in der warmen Junisonne zu wachsen, ohne kurz vor der Ernte auszutrocknen. Zu wissen, wie das Wetter werden würde, hieß zu wissen, wie viel man in jener Woche verkaufen konnte.

Ein paar Tage später wurden ein Saisonarbeiter und ich von einem Regenguss überrascht, als wir versuchten, Lauch zu pflanzen. Die neuen winzigen Wurzelsysteme lösten sich in unseren Händen auf und die Setzlinge hingen schon nach den ersten Regentropfen wie Grashalme schlaff herunter. Wir mussten nach drinnen rennen, um sie zu retten. Meine durchweichten Jeans klebten mir an den Hüften. Anschließend aßen wir stehend in der Küche Avocadosandwiches, damit wir nicht den ganzen Matsch im Haus verteilten. An das Wetter musste immer gedacht werden, als eine Erinnerung daran, dass Nahrung nur in Kooperation mit der Natur wächst und dass ohne den Kreislauf von Sonnenlicht und Wasser nichts funktioniert. Eine einfache Wahrheit. Aber in der Welt von Taco Bell Burritos, einer städtischen, bodenfernen Welt, wird sie schnell vergessen.

Am späten Nachmittag meines ersten Arbeitstages zeigte mir Rink die sorgfältig angelegten Felder der 1,5 Hektar großen Farm und was in welchem Feld wuchs. Wir sahen uns ein brachliegendes Stück Boden an, das aussah wie ein Rasen, der zum ersten Mal gemäht worden war, voller abgestorbener, entwurzelter Gräser, nur dass diese über einen Meter lang waren. Rink erzählte mir, dass hier noch vor zwei Tagen Weizen gestanden hatte, den sie abwechselnd mit ihren üblichen Getreidesorten anbauten, um die Nährstoffe im Boden zu erhalten. Am Samstagabend, nur ein paar Tage, bevor ich angekommen war, hatte der Weizen so hoch gestanden, dass ihr Sohn Charlie mit seinen vierjährigen Freunden im Feld Fangen und Verstecken gespielt hatte. Jetzt lag das Feld brach, und Rink hatte die Stoppeln untergeackert, damit sie langsam im Ackerboden verrotten würden.

»Das mag ich an der Farm«, sagte er. »Alles ist vergänglich.«

Obwohl sich wohl jedes Feld von Tag zu Tag veränderte, betrachtete Rink seinen Hof als einen einzigen großen Kreislauf, der nie endete, und jedes Feld als Vorführparzelle eines anderen Schrittes auf dem Weg vom Saatgut zum Teller.

An meinem ersten Abend auf dem Hof blieb ich lange wach und redete mit Rink und Jenny über die Dinge, die ich lernen wollte, und darüber, dass ich die Realität eines abstrakten Nahrungsmittelsystems verstehen wollte. Ich erzählte ihnen von dem Weg, der mich nach sieben Jahren des Lebens als Vegetarierin bis zu ihnen geführt hatte. Sobald ich erwähnt hatte, dass ich die moralischen Aspekte einer postvegetarischen Ernährung untersuchte, sahen die beiden sich an, lächelten und meinten, ich müsse unbedingt Bartlett kennenlernen.

Bartlett Durand war der Mitinhaber von Black Earth Meats, einem Frischfleischlieferanten in einem benachbarten Ort. Ein paar Tage später unterhielt ich mich bei einer Tasse Kaffee zwei Stunden lang mit ihm. Bartlett hatte kurze Haare, trug ein weißes Polohemd, das ordentlich in seine Jeans gesteckt war, und eine fesche Sonnenbrille. Mit seinem BlackBerry in der Hand sah er aus wie ein Vorstadtvater am Wochenende und nicht wie ein Aktivist für nachhaltige Ernährung, aber im Laufe der Unterhaltung sah ich, dass wir uns nicht unähnlich waren. Als praktizierender Buddhist war er jahrelang Vegetarier gewesen und versuchte sein Leben so zu gestalten, dass er möglichst wenig Leiden verursachte. Aber während eines mehrjährigen Aufenthalts in Indien, bei dem er Yoga und Kampfkunst studierte, begannen sich die mentalen Anstrengungen seines Trainings negativ auf seine körperlichen Kräfte auszuwirken, und er begann, wieder Fisch zu essen, um seine spirituelle Entwicklung anzuregen und sich näher mit den hinduistischen Aspekten seiner geografischen Umgebung auseinanderzusetzen.

Als Bartlett nach Wisconsin zurückkehrte, hatte er Probleme, Fleisch zu finden, das auf eine Art gezüchtet und geschlachtet worden war, die er für tiergerecht befand. Als ein Schlachthaus in der Umgebung in Insolvenz ging, kauften

Bartlett und sein Schwiegervater Gary Zimmer, ein Vorreiter der mineralisch differenzierten Landwirtschaft, den Betrieb. Innerhalb weniger Jahre entwickelte sich Black Earth Meats zum voll ausgestatteten Fleischlieferanten, der Vieh direkt von Bauern kaufte, die ihren strengen Vorgaben zu Zucht und Lebensbedingungen der Tiere nachkamen, es möglichst schmerzlos schlachtete, das Fleisch direkt an Restaurants und Läden im Mittleren Westen verkaufte und zusätzlich einen Fabrikverkauf anbot.

Wir redeten zwei Stunden lang und als sich ein Ende unserer Unterhaltung abzeichnete, wollte ich noch ein wenig mehr über das Konzept des schmerzfreien Schlachtens wissen. Ich hatte während der vergangenen anderthalb Jahre viel über die Lebensbedingungen von Schlachtvieh nachgedacht, und wie Bauern die Ökologie von landwirtschaftlichen Betrieben und auch die lokale Wirtschaft respektieren und unterstützen konnten. Aber eine wichtige Frage trieb mich noch immer um, die von meiner Vergangenheit als Vegetarierin herrührte, von den Nachwirkungen des PETA-Videos, mit dem alles begonnen hatte: Gab es überhaupt so etwas wie eine gute Art zu töten? Also fragte ich Bartlett, ob er mir genau erklären konnte, wie ein Schlachtvorgang bei Black Earth Meats ablief. Ich wollte genau wissen, welche ethischen Überlegungen dem Ganzen zugrunde lagen: Wie genau sah es aus, wie klang es, wie fühlte es sich an, schmerzfrei zu schlachten?

Er gab mir seine Karte und sagte: »Weißt du, es ist am einfachsten, wenn du dir das selbst ansiehst. Komm doch einfach mal vorbei.«

Er sagte mir, dass jeden Mittwochmorgen geschlachtet wurde, und dass ich in der darauffolgenden Woche vorbeischauen sollte.

Damit hatte ich nicht gerechnet. Ich konnte mir nicht vorstellen, dass mich einfach irgendwer zum Schlachten einladen würde. Er wollte, dass ich mir das ansah. Ich musste noch nicht einmal darum bitten.

Am Samstagmorgen, gegen Ende meiner ersten Woche auf dem Hof, fingen Rink und ich um sechs Uhr an, den Lieferwagen zu beladen: zwei Klapptische, ein paar karierte Tischdecken, Plastikkisten und mit Stoff ausgelegte Holzkisten voller Rucola, roten und grünen Salatköpfen, Steckrüben, Radieschen, Spinat, Rhabarber und Pastinaken. Wir fuhren zum Markt.

Mit nassen Zöpfen und einem langärmeligen Hemd, das mich vor der morgendlichen Kühle des örtlichen Spätfrühlings schützen sollte, sah ich mich in Mineral Points Water Tower Park um, in dem sich bereits Massen von Händlern und Kunden befanden. Ich hatte Angst. Ich bin introvertiert und hatte noch nie gern mit Fremden gesprochen. Ich wusste außerdem, dass ich viel kopfrechnen musste. Und ich hatte noch nie auf dem Bauernmarkt – oder einem Bauernhof – gearbeitet. Es war so nett von Rink und Jenny gewesen, mich bei ihnen arbeiten zu lassen, obwohl ich mich so unbeholfen angestellt hatte, und ich hatte Angst davor zu versagen. Die Marktverkäufe bildeten einen Großteil ihres Einkommens, und ich konnte es nicht mehr nur langsam angehen lassen, um nicht zu viele Radieschen bündeln zu müssen, oder gewissenhaft genau die richtige Stiellänge an den Rucolablättern zu lassen, die ich erntete. Jetzt ging es ums Geschäft.

Sobald wir das Zelt mit dem Stoffdach aufgestellt und die Tischtücher ausgebreitet, die Steckrübenkisten hinter uns aufgestellt und die roten Salatköpfe arrangiert hatten, machte ich mich daran, Tüten mit Spinat vorzubereiten. Ich stellte schnell fest, dass eine Handvoll Spinat ziemlich genau zwei Unzen waren, und arbeitete emsig daran, die feuchten Blätter vorsichtig in die Plastiktüten zu schaufeln und sie zu verschließen, während ich mir überlegte, wie ich das Gewicht der Tüten auf der Waage würde abziehen können. Nach ein paar Minuten des selbstvergessenen Wiederholens dieser Arbeitsschritte – füllen, auswiegen, zubinden –, sah ich auf und merkte, dass die Menschenmassen herangerollt waren. Kurz vor neun, wenn der Markt offiziell aufmachte, kamen Kunden mit Stoffbeuteln und roten Wägelchen, mit Hunden oder Kindern im Schlepptau zu unserem Stand und fingen an einzukaufen. Ich beobachtete, wie Nahrung einmal mehr einen einst leeren Ort in eine Gemeinschaft verwandelte.

Obwohl ich gedacht hatte, dass ich an jenem Tag möglichst im Hintergrund auf dem Bauernmarkt arbeiten würde, verbrachte Rink die nächsten Stunden damit, mich jedem Kunden vorzustellen. Und da Dean, mein Professor und Freund, in Mineral Point gelebt hatte, war beinahe jeder Käufer an Rink und Jennys Stand ein alter Bekannter. Rink musste lediglich sagen: »Sie kennt Dean.«

Und dann ging es los: Die Leute wollten wissen, wie Dean sich als Lehrer machte, erzählten mir, wie sehr sie ihn vermissten, lobten seine Beiträge zur Kunstszene von Mineral Point und berichteten lachend von seinen besten Trinkgeschichten. Wir verkauften unsere Waren, aber am Ende jenes Vormittags fühlte ich mich der Stadt mehr verbunden, als ich es die ganze Woche über getan hatte.

Gegen Ende des Marktverkaufs, als langsam immer weniger Kunden kamen, schickte Rink mich vom Stand weg. »Geh und sieh dir den Rest an«, sagte er.

Ich drehte ein paar Runden um den Park und sah, wie sich vor meinen Augen der Charakter einer Kleinstadt entfaltete. Kinder kletterten mit angebissenen Möhren und Rüben auf dem Spielplatz herum. Eine Streichergruppe spielte Polkamelodien. Amische Männer verkauften gleich neben Frauen mit Dreadlocks ihre Waren. Eine neue Anwohnerin kaufte etwas an jedem Stand, um sich der Gemeinschaft vorzustellen.

Auf dem Heimweg erzählte mir Rink, dass man den Wochenmarkt in Mineral Point auch »Kirche« nannte. Es war ihr wöchentliches Ritual, ihr Gottesdienst, ihre Version der Spiritualität und des Lebens im Sinne einer höheren moralischen Instanz. Obwohl es als Scherz gedacht war – der Markt war ein Ort des Austauschs und der Plauderei, auf dem Menschen von außerhalb ihre Bekannten treffen konnten –, lag doch etwas Wahres in dieser Vermischung von Nahrung und Religion. An jenem kühlen, sonnigen Nachmittag, den ich dort verbrachte, konnte ich mir nichts Ernsteres oder Wohlmeinenderes vorstellen als eine Gemeinschaft, die diejenigen unterstützte, die hart dafür arbeiteten, den Kindern ihrer Nachbarn gesundes, sicheres Essen bieten zu können. Wenn man sich die Hände gab und Lebensmittel tauschte, bedeutete das etwas Wichtiges. So etwas wie: *Nehmt und esst davon.*

Am darauffolgenden Mittwoch umarmte ich Rink, Jenny und Charlie zum Abschied und dankte ihnen dafür, dass sie mich eine Woche lang auf ihrem Hof hatten herumwirtschaften lassen. Um sechs Uhr früh fuhr ich durch den Morgennebel von Wisconsin zu Black Earth Meats. Ich war nervös und musste an das furchtbare PETA-Video denken. Ich fragte mich, ob ich wieder aufhören würde, Fleisch zu essen, wenn ich beim Schlachten dabei gewesen wäre. Aber ich wusste auch, dass ich mir das nicht entgehen lassen konnte. Zu sehen, wie grausam und brutal in einer industriellen Schlachtanlage getötet wurde, war der Grund für mich gewesen, kein Fleisch mehr zu essen. Wenn ich wieder damit anfangen und als Konsument am Schlachten teilhaben wollte, musste ich den Tatsachen ins Auge sehen. Ich konnte nur hoffen, dass das Schlachthaus anders aussehen würde als jenes, das ich vor Jahren in Professor Bobs Seminarraum hatte sehen müssen.

Ich ging durch den Haupteingang und sagte der Frau an der Anmeldung, dass Bartlett mich eingeladen hatte, beim Schlachten zuzusehen. Sie nickte und fragte, ob ich Stiefel mitgebracht hätte. Das hatte ich nicht – aus irgendwelchen Gründen hatte ich nicht darüber nachgedacht, welche Schuhe auf blutbesudeltem Boden am günstigen wären –, also begleitete sie mich nach oben in einen Ankleideraum und gab mir ein paar grüne Gummistiefel, ein Haarnetz und einen weißen Kittel. Sie stellte keine Fragen, vor allem nicht die eine, die sich mir sofort stellte: *Warum Sind Sie hier?* Sie brachte mich einfach zum Schlachtraum und stellte mich Francisco, dem Aufseher, mit den Worten »Bartlett schickt sie« vor. Niemand fand das seltsam. Niemand fragte sich, warum ich zusehen wollte. Niemand verhielt sich zurückhaltend. Es gab keine Überwachungskameras, Zäune oder Sicherheitspersonal. Man brauchte keinen Werksausweis. Man hatte nichts zu verbergen.

Und hier verstand ich es endlich. Als ich sah, wie der Stierkopf vom unsichtbaren Schlag des Bolzenschussgerätes getroffen wurde, und das Tier zu Boden ging, als ich die tanzende Wange und das Zersägen und Häuten und Schneiden beobachtete. Die ganze Zeit über stand ich unter einem großen Schild, auf dem zu lesen war: *Wir würdigen diese Tiere, denn mit ihrem Tod geben sie uns Leben.*

Was ich auf der Shooting-Star-Farm gelernt hatte, war, dass es Schwerstarbeit war, Bauer zu sein. Man verdient nicht genug – Rink hatte mir erzählt, dass er halbtags auf dem Hof arbeitete und halbtags für seinen eigenen Lieferservice, da er festgestellt hatte, dass man mit der Landarbeit keinen angemessenen Lohn erwirtschaften konnte. Man arbeitete ständig – beinahe jeden Abend mussten Rink oder Jenny nach dem Essen, nachdem Charlie im Bett war, noch einmal hinaus auf die Felder, um zu bewässern, zu mähen oder Unkraut zu ziehen. Die Arbeit war schmerzhaft. Mein Rücken tat vom Bücken und Aufstehen beim Pflanzen von Tomatensetzlingen nach nur ein paar Stunden höllisch weh. Meine Knie brannten vom Herumkriechen auf dem steinigen Boden. Auf meinen Handflächen hatte ich Blasen vom Unkrauthacken.

Man braucht ein besonderes Wissen von der Natur, das den meisten Amerikanern über Generationen abhandengekommen war, von Witterungsverläufen, Regenwassersammlung und Nährstoffzyklen des Bodens. Man muss sich durch einen Bürokratiedschungel kämpfen. An einem Tag verbrachte Jenny fünf Stunden mit dem Verantwortlichen für die Biozertifizierung, für den sie die gesamten Einkaufslisten für den Hof zusammenstellen und über Jahre jede Rechnung vom Düngemittel bis zum Setzling in einem Aktenschrank aufheben muss. Er sagte ihr, dass ihm noch nie ein besser organisiertes Ordnungssystem untergekommen war. Und neben all dem und der Wochenendarbeit zieht man seine Kinder auf.

Aber ich erfuhr auch, dass die beiden ihre Arbeit liebten. Sie kamen aus Familien, die nicht bäuerlich waren: Rink war in Chicago aufgewachsen und zuerst Küchenhilfe bei Chez Panisse gewesen, Jenny machte ihren Masterabschluss in Psychologie. Zuerst mieteten sie den Hof und lebten in einem winzigen Einzimmerhaus mit ausgebautem Dachboden auf dem Land, das sie bewirtschafteten, bis sie es kaufen und ihr Haus darauf bauen konnten. Und nach all dem zog Rink bei unserer Besichtigungstour vorsichtig die Plastikplane von einer Pflanzenreihe und zeigte mir kleine Salatköpfe mit den Worten »Sind sie nicht wunderschön?« Die beiden liebten ihr Leben. Sie hatten es sich so ausgesucht.

Auf der Fahrt zurück nach Iowa nach meinem Besuch bei Black Earth Meats hielt ich an, als ich am Highway ein Schild sah, das auf den Drehort von *Feld der Träume* hinwies. Nur ein paar Stunden, nachdem ich beim Schlachten gewesen war, machte ich Touristenfotos von einem verlassenen Baseballfeld, einer Zuschauertribüne und einem Maisfeld. Ich kaufte mir ein T-Shirt. Ich schickte meinem Vater ein Foto mit den Worten: *Rate mal, wo ich bin. Hinweis: nicht im Himmel, nur in Iowa.*

Ich fühlte mich selbst dort auf seltsame Weise meiner selbst bewusst. Irgendwas musste ich nicht bedacht haben. Warum ging mir dieses Erlebnis nicht näher? Warum hatte ich nicht anhalten müssen, um mich zu übergeben? Warum hatte ich nicht geweint? *Ich habe heute früh zugesehen, wie ein Tier starb,* dachte ich immer wieder. *Warum fühle ich mich nicht so?*

Wenn mich in den darauffolgenden Wochen jemand nach meinen Schilderungen des Schlachthauses fragte, wie ich es fand, konnte ich nur mit Plattitüden wie »eindrucksvoll«, »bewegend« oder »wichtig« antworten, um nicht zugeben zu müssen, dass ich in Wahrheit wenig gespürt hatte. Ich verstand es nicht. Ich war an jenem Tag ins Schlachthaus gegangen und hatte ein tiefes spirituelles Erlebnis erwartet, hatte endlich erfahren wollen, was es wirklich bedeutete, dass Tiere für mich starben. Aber ich fühlte mich kein bisschen verändert.

Eines faulen Samstags im Sommer, ein paar Wochen nach meiner Rückkehr vom Bauernhof, sah ich mir den Dokumentarfilm *Food, Inc.* an. Ganz am Anfang besucht das Filmteam eine Hühnerfarm, die für Tyson arbeitet. Die Bäuerin läuft durch die Reihen und hebt tote Hühner auf, die unter dem Gewicht ihrer eigenen Körper zusammengebrochen sind, und wirft sie in die Schaufel eines Baggers. Die Kamera filmt ein sterbendes Huhn, dessen gebrochene Beine wie wild strampeln und dessen angeschwollene Brust sich panisch hebt und senkt und von einem Herzanfall geschüttelt wird.

Ich brach in Tränen aus, auf meinem eigenen Sofa, viele Meilen von jenem sterbenden Huhn entfernt. Ich dachte an

Black Earth Meats und noch weiter zurück an das PETA-Video, das mich zur Vegetarierin gemacht hatte. Und dann verstand ich, warum ich im Schlachthaus nicht so verzweifelt geweint hatte wie jetzt: Weil dort kein Unrecht geschehen war.

Bei Black Earth Meats stand ich und sah zu, akzeptierte, was ich sah, weil es nur um eine ganz einfache Sache ging: Leben und dann Tod.

Aber in diesen Filmen sah ich den Tod, wie er nicht hätte sein müssen, einen ungerechten Tod.

Die Hühner in diesem Film, genau wie die Ferkel im PETA-Film, waren Wegwerfkörper, Körper, die von Menschenhänden wie Dinge und nicht wie Lebewesen behandelt wurden. Diese Körper litten, ohne jeden Grund, und ohne dadurch etwas zu bewirken – kaum jemand schien es zu bemerken. Der Mensch wird tierisches Leid vielleicht nie ganz verstehen, nicht wissen, ob Tiere wie wir Schmerzen verspüren und ob das für uns als Esser überhaupt von Bedeutung ist. Wir können die neurologischen Vorgänge des Bewusstseins theoretisieren und abstrahieren, wie wir wollen, aber in Wahrheit weiß ich genau, wie Schmerzen aussehen. Tief in meinem Innersten. Ich weiß, was Leid ist, wenn ich es sehe.

Ich kenne aber auch das Gegenteil: Ich weiß, wie es aussieht, wenn man sich wirklich um etwas kümmert.

An einem Tag gegen Ende meines Aufenthalts auf dem Hof liefen Rink und ich durch die Reihen, Schritt für Schritt, und warfen Kürbissetzlinge auf den Boden, um sie später einzeln einzupflanzen, auf Knien und mit den Händen im Schmutz.

Rink blieb mit der Schale voller Pflänzchen stehen und sagte: »Weißt du, warum ich Kürbisse mag?«

Ich lächelte und schüttelte den Kopf.

»Sie sind so frühreif«, antwortete er und begann wieder, im Takt Setzlinge fallen zu lassen.

Was er damit sagen wollte, war, dass Kürbispflanzen sehr schnell blühten; sie würden nach dem Auspflanzen nur etwa eine Woche dafür brauchen. Für Rink verdeutlichten sie den Kreislauf des Gemüseanbaus besonders gut. Aber ich fand es erstaunlich, wie er diesen Pflanzen menschliche Eigenschaften zuschrieb, für sie dieselben Adjektive verwendete, mit denen andere Leute ihre eigenen Kinder beschrieben. Rink liebt seine Pflanzen nicht genauso, wie er seinen Sohn liebt, aber er liebt sie wirklich, mit dem Stolz einer starken, zeitaufwendigen Hingabe. Und so sah ich nun, was die Landwirtschaft für Rink und Jenny bedeutete, und wie Bartlett das Schlachten sah. Es war mehr als nur harte Arbeit. Mehr als schmerzende Knie und Sonnenbrand, mehr als all die zusätzliche Schreibarbeit und kein Erspartes für die Krankenversicherung. Mehr als Tierkörper ohne Bedeutung, mehr als nur Sterben. Ihr Leben waren der Bauernmarkt und das Händeschütteln. Wind, Sonne und Regen, die Voraussetzungen für den Boden. Ehre und Aufopferung. Die Natur der Dinge. Schöne Salatköpfe und frühreife Kürbisse. So einfache und wundervolle Dinge, wie für andere Menschen Nahrung anzubauen.

Kapitel Vierzehn

****

Wildnis, Teil 2

erkst du das?«, fragte Rick. Er drehte sich zu mir um und schob seine Tarnmustermütze ein Stück nach hinten. »Wie alles plötzlich leiser geworden ist?«

Ich nickte still und ernst, obwohl ich log. Ich hatte es nicht bemerkt. Ich hatte mich auf den Pfad vor mir konzentriert, der an dieser Stelle besonders steinig war, und ich schlitterte immer wieder mit meinen neuen Wanderstiefeln auf dem vom Frost und Kiefernnadeln bedeckten Gestein. Ich hatte nicht zugehört. Ich hatte nur den Anschluss nicht verlieren wollen. Er zeigte auf den Boden.

»Hier verläuft die unsichtbare Grenze im Wald. Wenn ich hier weitergehe, bin ich in der Wildnis, im Wapitiland.«

Es war noch nicht einmal richtig Morgen gewesen, als wir losgefahren, leise in den leeren Parkplatz am Anfang des Wanderweges gerollt waren und die Waffe im Scheinwerferlicht geladen hatten. Ich war die ersten Kilometer im Dunkeln den Pfad entlanggestolpert und hatte mich immer wieder beeilen müssen, um mit jemandem Schritt zu halten, der so etwas schon oft gemacht hatte. Ich hoffte, meine Regenhose machte beim Laufen nicht zu viel Lärm. Im Verlauf der folgenden Stunden ging die Sonne langsam auf. Tief in der Felsschlucht im südwestlichen Montana, von allen Seiten von gletschergeschliffenen Felswänden und jahrhundertealten Kiefern umgeben, empfand ich den Sonnenaufgang lediglich als ein stetiges Ergrauen der Luft, die ich atmete, ein dunkles Violett, das langsam zum typisch blassen, nebligen Tageslicht der Berge wurde. Das Grau ließ den Tag unwirklich und still erscheinen, unsere Schritte wurden vom Kiefernnadelteppich gedämpft, und das einzige Geräusch war das Streifen von Zweigen an unseren Jacken.

Auf den ersten paar Kilometern erzählte er mir, wie sich die Jagd für ihn verändert hatte. Er sagte, es wäre ursprünglich ums Adrenalin gegangen, um das Hol-es-dir-Gefühl, das Herzklopfen, den Wettbewerb. Das wäre jetzt nicht mehr so, und er vermisse es. Jetzt ginge es genau so sehr um das Herumlaufen im Wald wie um das Erlegen des Tieres.

Ich konnte es immer noch nicht ganz fassen, dass ich hier war. Konnte nicht glauben, dass all dies wirklich geschah. Es war erst eine Woche her, seit Rick sich damit einverstanden erklärt hatte, mich mit auf die Jagd zu nehmen, und erst ein paar Wochen, seit mir selbst die Idee gekommen war. Ich saß im Seminarraum und arbeitete an dem Essay, den ich über meine Zeit auf dem Bauernhof geschrieben hatte, als mein Doktorvater Ben sagte: »Ich weiß, wie dein Buch endet. Du gehst in Montana auf Hirschjagd.«

Er schlug Montana vor, weil er wusste, dass ich dort gelebt und über die Kultur der Jagd geschrieben hatte, aber auch, weil er dort einen Schriftsteller kannte, Rick, der selbst ein bewusster ethischer Jäger war. Es war nicht nur ein literarischer Vorschlag, sondern auch ein praktischer. Je mehr ich darüber nachdachte, desto richtiger schien mir Bens Idee: Ich musste eine Jagd sehen. Wieder einmal ergab sich plötzlich und entschieden etwas, womit ich nie gerechnet hatte. Nur ein paar Tage nach Bens Vorschlag saß ich in seinem Büro und bat ihn, alles Nötige in die Wege zu leiten.

Rick zu überzeugen war nicht einfach. Wie viele Schriftsteller war er lieber allein. Aber davon abgesehen war die Jagd etwas Privates, eine vertrauliche Beziehung zwischen ihm, dem Tier und dem Wald. Und genau deshalb wollte ich ja ihn begleiten und keinen anderen. Ich wollte nicht dabei sein, wenn ein durchschnittlicher amerikanischer Fleischesser auf die Jagd ging, sondern jemandem zusehen, der das Land und das Tier respektierte. Als ich ihm das erklärte, willigte er ein; er hätte am darauffolgenden Wochenende Zeit. Ich ließ all meine Bonusmeilen für einen Flug nach Missoula springen.

An dem Wochenende, an dem ich in Montana ankam, Anfang Oktober 2010, veranstaltete die örtliche Universität ein Literaturfestival, also lud mich Rick am Vorabend der Jagd zu einem Abendessen mit anderen Schriftstellern ein. Als ich dort ankam, war der einzige freie Platz weit von ihm entfernt. Nach ein paar Minuten stand er auf, hockte sich neben mich und begann, den Plan für den darauffolgenden Morgen zu besprechen. Ich vermutete, dass er mich irgendwie prüfen wollte.

Als ich sagte: »Ich möchte nur sehen, was Jagen bedeutet«, sah ich, wie sein Gesicht sich entspannte und er voller Ernst nickte. Ich wusste, dass ich das Richtige gesagt hatte.

Später, als wir dachten, die Jagd sei schon vorbei, und den steilen Berghang hinunterliefen, um wieder auf den Wanderpfad zu gelangen, drehte er sich zu mir um und sagte: »Im Moment jagen wir nicht. Wir laufen einfach.«

Nach ungefähr fünf Kilometern verließen wir den Pfad und marschierten rechts den steilen, steinigen Berghang hinauf. Das Geröll wurde immer rutschiger und er sagte, dass das ein Zeichen für Schnee sei. Wir liefen kreuz und quer um den Berg herum, schwer atmend, durch abgeknickte Zweige, über Steine und unebenen Boden. Wir würden lange und weit nach oben wandern, hatte er mir erzählt, um uns von Norden der ausgebrannten Schlucht zu nähern, damit das Tier – so sprach er davon, von einem einzigen, sagenumwobenen, symbolträchtigen Tier – uns nicht im Südwind wittern konnte.

Während wir kletterten – oder vielmehr er kletterte, und ich ihm hinterher kraxelte – und uns gegen den Hang lehnten, ich mich ab und zu mit den Händen am frostigen Boden abstützte und die Sonne auf unsere dicken Jacken brannte, blieb er manchmal kurz stehen. Er hockte sich hin, deutete auf Stellen, an denen der Boden aufgewühlt war und er Kotkügelchen oder Hufabdrücke gesehen hatte, und sagte mit leiser Stimme: »Da. Ein Tier.«

Wenn er mir die Spuren zeigte, sah ich sie auch, aber ohne ihn hätte ich sie nie gefunden. Er hatte das besondere Gespür eines Jägers.

Ich wusste, dass ich an jenem Tag nicht lernen würde, einen Wapitihirsch aufzuspüren. Wieso hatte ich gedacht, dass man so etwas an einem Tag lernen könnte? Den Wald zu verstehen war eine Lebensaufgabe.

Als wir die steinerne Wand hochkletterten, musste ich an meine Zeit in Montana denken und an meine Kollegin Maggie, die gesagt hatte, sie könne nicht mit Vegetariern befreundet sein. Das war jetzt fünf Jahre her, und ich dachte nicht mehr in Schwarz-Weiß über die moralische Vertretbarkeit von Vegetarismus und Fleischverzehr. Ich merkte, dass ich langsam verstand, was ihr die Jagd bedeutete, obwohl ich erst mit Rick im Wald stehen musste, um zu begreifen, welchen Zusammenhalt es mit sich brachte.

Ich dachte an meine eigene Familie. Vielleicht lag es an der Klarheit, die von der Natur ausging, oder an der Verbindung, die ich zwischen Jäger und Gejagtem herzustellen versuchte, aber ich hatte plötzlich eine unglaublich lebendige Erinnerung an unsere Küche zu Hause vor Augen, in der wir uns alle nach einem langen Tag der Nudelherstellung drängten, und die Pasta in den großen Kupfertöpfen im kochenden Wasser tanzte. Ich sah vor mir, wie Gampi mir und meinen Schwestern erklärte, wie man testete, ob die Nudeln fertig und al dente waren. Maggies Vater hatte ihr erklärt, wie man ein Tier häutet, mit dem Messer mit dem handgeschnitzten Griff, das er ihr zum dreizehnten Geburtstag geschenkt hatte, und diese Lehrstunde war meiner von der Pastaherstellung gar nicht unähnlich, bei der ich Gampi dabei zugesehen hatte, wie er die Kurbel der Nudelmaschine drehte. Es ging darum zuzusehen, wie langsam Nahrung entsteht. Ich verstand jetzt, warum es meiner Familie so komisch vorgekommen war, als ich Vegetarierin wurde. *So haben wir dir nicht beigebracht, dich zu ernähren.*

Vor Jahren war mir bei dem Gedanken an die Haarspangen aus Geweih, die Maggie mit ihrem Vater gebastelt hatte, ganz anders geworden, aber jetzt ist mir klar, wie verbunden sie ihrer Nahrung war. Ich hatte diese Beziehung so lange unterbunden, hatte mich nicht mit Bedacht ernährt. Jetzt weiß ich, dass Wanderarbeiter für einen mageren Lohn schwer dafür schuften, dass Gemüse in meinem Supermarkt landet und Chemikalien in meinem vegetarischen Essen. Ich hatte anderen Leuten dabei zugesehen, wie sie bis zum Ellenbogen in Tierkörpern steckten, um sie zu Nahrung zu verarbeiten, und es hatte mich nicht erschreckt. Es schien mir, als sei Maggies Haltung zu Nahrung gar nicht so verschieden von meiner eigenen. Uns beiden ging es um die Menschen, die Verbindung, den Respekt vor den Ursprüngen unseres Essens und die Kunst, Mahlzeiten herzustellen.

Diese Jagd, das wusste ich mit immer schwerer gehendem Atem, konnte mehr sein als nur Sport, als das Bedürfnis, eine Waffe abzufeuern, als lediglich Gier nach dem Tod. Sie hatte etwas Ehrliches an sich: Man hatte keine Angst, sich schmutzig zu machen, man gab zu, dass dieses Vordringen zum Innersten der Nahrungskette unordentlich und kompliziert war.

Als wir Mittagspause machten und den Schnee von einem umgefallenen Stamm am Berghang wischten, um uns zu setzen, merkte ich, wie erschöpft ich war. In meinen Ohren rauschte das Blut und meine Wangen waren gerötet. Ich hockte auf dem Stamm und stopfte Erdnussbuttersandwiches in mich hinein, um das Schwindelgefühl loszuwerden, und Rick zeigte mir, wo wir noch hinmussten. Wir konnten die Schlucht schon sehen, und er zeigte in sie hinein auf eine Stelle, in der schwarzgerußte Baumstämme standen, die vor Jahren einmal abgebrannt waren. Dort, wo die Wapitis am Tag ruhten, wo es hoch genug war, dass der Schneefall sie mit einer weichen weißen Decke kühlte, würden wir den Bullen finden, hinter dem Rick her war.

Der Anstieg wurde beschwerlicher. Plötzlich wurde mir bewusst, wie ungeübt ich kletterte, und ich hörte jeden Zweig, der unter meinen Füßen knackte. Ich errötete vor Scham darüber, wie laut ich atmete. Rick ging leichten Fußes voran, während ich hinter ihm hart daran arbeiten musste, meine Füße aus dem mittlerweile knöchelhohen Schnee zu ziehen. Er hielt an und sagte mir, dass ich das alles großartig machte – für jemanden aus dem Flachland. Ich zerrte mich an Baumstämmen hoch und sah am Rande meines Blickfeldes kleine flackernde Würmchen, als ich bemerkte, dass er stehengeblieben war.

»Da sind sie.« Hirschspuren.

Und dann hörten wir den Schuss.

»Scheiße. Verdammt!«

Wir sahen uns an, warteten mit reglosen Gesichtsausdrücken. Kein zweiter Schuss. Er fluchte noch einmal leise und wandte sich von mir ab.

»Das war unser Tier.«

Ich folgte ihm blindlings durch den Wald, aber er hatte seinen Weg mit Bedacht gewählt, war die ganze Zeit einem einzigen Wapitibullen gefolgt, seinen sichtbaren Spuren zwischen den Bäumen, der aufgewühlten Erde und den Abdrücken im Schnee nachgegangen. Er wusste, dass es ein und dasselbe Tier war. Er war sich sogar sicher, da er dieser Herde hier schon einmal gefolgt war, dass er genau wusste, welchem Bullen wir auf der Spur waren. Aber jetzt stellte sich heraus, dass eine andere Gruppe Jäger sich aus einer anderen Richtung genähert hatte und zuerst bei dem Tier gewesen war, das wir den ganzen Vormittag lang verfolgt hatten.

Wir liefen noch ein Stück weiter und folgten den Hufspuren, die nun im Schnee leicht zu sehen waren. Nach einer Weile gesellten sich andere Abdrücke dazu, die eines Pferdes, die um die Fährte des Hirsches in Bögen entlangliefen. Sie waren weitaus auffälliger als alles andere, was ich an jenem Tag gesehen hatte, wie die Fußspuren eines Menschen im Schnee.

»In all den Jahren, die ich hier schon jagen gehe, ist mir hier noch nie jemand begegnet. Niemand«, sagte er.

Wir hörten in der Ferne ein Pferd wiehern. Er zeigte mir die Stelle, an der dem Bullen bewusst geworden war, dass er nicht allein war, und sich die Fährte um Bäume wand, den Hang hinauf und wieder hinab. Er lachte und schüttelte den Kopf wie jemand, der über einen alten Freund lächeln musste, eine vertraute Geschichte hörte. Der Hirsch spielte mit seinen Verfolgern Verstecken.

Wir liefen weiter, und ich trat bewusst in die Abdrücke, die der Hirsch hinterlassen hatte, lief denselben Weg wie das verletzte oder sterbende Tier, als ob mir dieser Weg helfen könnte, etwas besser zu verstehen.

Knapp unterhalb der Hangkante begann Rick zu winken; er hatte die Jagdgruppe noch vor mir gesehen. Er fluchte leise und rief dann fröhlich »Glückwunsch!«.

Ich muss seltsam gewirkt haben, in meiner Regenhose und der dicken Fleeceweste unter meinem Wintermantel, einer Mütze über den Zöpfen und den schwarzen Streifen im Gesicht von dem Versuch, mir mit verrußten Händen den Schweiß abzuwischen. Als ich sie sah, waren es genau die Art Jäger, die ich mir immer vorgestellt hatte: Männer mit Cowboyhüten und orangenen Warnwesten, die auf Pferden ritten und sich gegenseitig mit den Armen um die gebrochenen Hälse neu erlegter Tiere fotografierten. Der Mann im blauen Pullover, der den tödlichen Schuss abgegeben hatte, hielt ein kleines Schlachtbeil in der Hand, breitete die Arme aus und sagte: »Willkommen bei meiner Beute!«

Ich weiß noch, wie riesig das Tier wirkte und wie seltsam muffig sein Fell roch, feucht von Schweiß und Schnee. Ich weiß noch, dass ich die Blutlache betrachtete und dachte, *hier ist es passiert*. Ich erinnere mich an die geöffneten braunen Augen, feucht vom Glanz des Todes. Ich betrachtete seine Flanken genau, den riesigen Brustkorb, der noch nicht aufgebrochen war, und erwartete fast, dass die Lungen sich noch einmal aufblähen, ein Huf noch einmal als letztes Lebenszeichen zucken würde.

Ich war der Quelle meiner Nahrung noch nie näher gewesen. Dies war etwas völlig anderes als ein tiefgefrorenes, künstlich hergestelltes, unechtes MorningStar Chik'n. Hier gab es nichts als Blut, Körper, Schweiß und Tod. Der Körper lag still, als hätte er sich ergeben. Wir verließen die drei Männer, damit sie den Hirsch in Ruhe zerlegen, säubern und auf dem Pferd nach Hause bringen konnten.

Die Ureinwohner der Great Plains werden manchmal als »Büffelstämme« bezeichnet, weil das Tier in jedem Aspekt ihres Lebens eine so große Rolle spielte.[21] Obwohl manche Stämme Nomaden waren und ihren Herden auf den jahreszeitlichen Wanderungen folgten, und andere Halbnomaden, die zusätzlich zur Bisonjagd noch Getreide anbauten, waren sie alle vom Bison abhängig, den sie für Nahrung, Kleidung, Unterkunft, Dekorationen, Handarbeiten und aus Gründen der Spiritualität benötigten. Bevor diese Stämme zu Beginn des achtzehnten Jahrhunderts Pferde für sich entdeckten, jagten sie den Bison zu Fuß, wozu große Gruppen von Menschen früh aufbrechen und eine Herde umzingeln mussten, um sie dann an die Stelle zu führen, an der man die Tiere am besten erlegen konnte.

Manchmal kreisten die Stämme die Bisons trichterförmig ein und trieben sie an einen von allen Seiten eingeschlossenen Ort, wo man die Tiere mit Pfeil und Bogen leicht erlegen konnte. Ein in Bisonfell gehüllter Jäger, der den Ruf der Tiere nachahmte, konnte leicht eine Massenflucht auslösen und den Strom der schnaufenden, panischen Tiere direkt über eine Klippe leiten, sodass manchmal Hunderte Bisons in den Tod stürzten.

Als wir die kleine Gruppe von Männern hinter uns ließen, die erst zusammen gejagt hatten und bald zusammen essen würden, dachte ich zurück an meine ersten Abende in Washington, in meiner Anfangszeit als Vegetarierin, als ich alleine vor dem Fernseher auf dem Sofa gesessen und Dinge aus verschiedensten Verpackungen gegessen hatte. Was für eine seltsame Distanz zwischen der Quelle und der Nahrung damals bestanden hatte. Wie allein ich gewesen war.

Eine Herde. Ein Rudel. Wo war meines?

Ich denke, ich hatte es verlassen, weil ich nicht mehr so essen wollte wie die anderen, aber als ich ein Kind war, hatte meine Familie durchaus im Sinne eines Rudels gegessen. Obwohl unser Küchentisch riesig war, hatten wir trotzdem nicht alle daran Platz gehabt. Es war wie in dem Gemälde, das über dem Küchentisch an der Wand hing, dem gerahmten Druck von Norman Rockwells *Freiheit von Not.*

Das Rudel aß gemeinsam.

Hier beugten die Jäger ihre Körper über das Tier, das gestorben war, damit sie es essen konnten. Sie sprachen zu ihrer Nahrung; das Schlachten war eine Danksagung.

Rick wusste, dass der Rest der Herde nach den Schüssen in Panik geraten und den Abhang hinunter zu den bekannten Schlafstätten gestürmt sein musste. Er wusste, dass heute kein weiteres Tier erlegt werden konnte. Während in ihren Köpfen noch der Schuss widerhallte, würden die Wapitis besonders auf der Hut sein. Und ich war inzwischen wirklich erschöpft, mir war schwindelig und ich japste nach Luft. Wir beschlossen, den Rückweg anzutreten.

Wir liefen den Bergkamm hinunter, auf der gegenüberliegenden Seite der Schlucht, die wir mittags gesehen hatten, und sahen immer wieder an beiden Seiten hinunter. Von hier hatte Rick einmal seinen Lieblingsbullen ruhen gesehen. Wir folgten den Spuren, die die panische kleine Herde nach den Schüssen hinterlassen hatte – große Klumpen Erde lagen aufgeworfen da und die Fährten verliefen in Bögen um einander herum und überschnitten sich. Sogar ich konnte das erkennen. Er zeigte mir, wo einige erfahrenere, ältere Hirsche bekannten Fluchtwegen gefolgt waren und wo die jüngeren einfach wild den Berghang hinab geflohenen waren.

Wapitihirsche waren einmal Prärietiere gewesen, erzählte er mir auf dem Rückweg. Sie zogen wie Bisons und andere Herdentiere über die großen Steppen. Sie waren Grasfresser, Flachlandtiere. Aber als die weißen Siedler in die Steppe zogen und mehr und mehr Land für sich beanspruchten, die

216

Grasflächen aufgruben und Felder anlegten oder Häuser bauten, wurden die Wapitis immer weiter nach Westen verdrängt, bis ihnen schließlich nichts anderes übrig blieb, als in die Berge zu gehen. Ihre Körper entwickelten dickere Haut und dichteres Fell. Ihre Hufe verhärteten sich, ihre Knochen wurden stärker, um die steilen Aufstiege und das Herumstolpern in bergigem Terrain besser meistern zu können. Und ihre Herdengrößen schrumpften, denn auf steilen Berghängen gibt es viel weniger Gras, als dass mehrere Hirschfamilien sich zusammen davon ernähren könnten. Inzwischen bestehen ihre Gruppen aus vier oder fünf Tieren, Kühen und Kälbern, während die Bullen sich alleine durchschlagen. Obwohl Geografie und Evolution ihr Möglichstes getan hatten, konnten die Wapitis nicht auf ihr Herdenleben verzichten. Egal wie wenige sie waren, sie grasten noch immer gemeinsam in kleinen Herden.

Auf halbem Weg den Bergkamm hinunter blieb Rick plötzlich stehen. Er hatte so oft sein Gewehr von der Schulter genommen, dass ich mir schon nichts mehr dabei dachte – nur dieses Mal schoss er, und der Schuss dröhnte in meinen Ohren, als wäre er mitten in meinem Kopf abgegeben worden. Ich sah, wie die goldene Patronenhülse zu Boden fiel und schaffte es nicht einmal, mir vor dem zweiten Schuss die Ohren zuzuhalten.

Als er sich zu mir umdrehte, um festzustellen, ob ich das zweite Tier gesehen hatte, musste er grinsen, als er meinen schockierten Gesichtsausdruck sah. Er sprach jetzt viel sanfter als vorher und erzählte mir, dass wir jetzt abwarten müssten. Ich war verwirrt, stimmte aber zu, obwohl Gedanken auf mich einstürmten und ich plötzlich das Bedürfnis hatte zu reden, all das zu besprechen, was passiert war, und wie viel wir gesehen hatten. Aber stattdessen warteten wir in unerträglicher

Stille, damit uns das Tier nicht hören und davonrennen würde. Falls es verletzt war, wollten wir, dass es sich hinlegte und starb. Wir wollten einen schnellen und schmerzlosen Tod. Wir wollten den Hirsch leicht finden können.

Wir hatten nicht nach ihm gesucht. Ich hatte ihn nicht einmal gesehen. Wir standen still, und Rick schoss, zweimal.

Wenn ich Erzählungen von Bisonjagden in der Zeit vor der Besiedlung Nordamerikas lese, fällt mir immer wieder auf, wie ähnlich sie den Großjagden der europäischen Siedler im neunzehnten Jahrhundert sind. Es mag keine Gewehre oder Pferde gegeben haben, aber man kann sich leicht vorstellen, dass die Bisons ziemlich panisch gewesen sein mussten, um sich über eine Klippe jagen zu lassen. Man kann davon ausgehen, dass eine ganze Menge Furcht im Spiel gewesen war. Ich konnte nicht sagen, ob es schmerzhafter oder wünschenswerter war, eine Kugel in den Kopf zu bekommen oder mir dem Schädel auf dem Talgrund aufzuschlagen und meine Hirnmasse herumspritzen zu lassen. Warum klingt es dann aber so verschieden? Die Waffen und Umstände mögen sich unterschieden haben, aber das Schicksal der Tiere war das gleiche – in beiden Fällen war der Bison zum Schluss tot.

Für mich bestand der Unterschied darin, was danach passierte, in den Folgen der Bisonjagden der Ureinwohner. Um möglichst wenig vom Tier zu verschwenden, hatten die amerikanischen Ureinwohner ein besonderes Schlachtverfahren entwickelt, bei dem sie den Rücken häuteten, um an das weiche Fleisch direkt darunter zu gelangen. Dann wurden die Vorderbeine abgetrennt, zusammen mit den Schulterblättern, um das Buckelfleisch und die Rippen und Organe freizulegen. Wenn alles offen lag, wurden das Rückgrat durchtrennt und die Hüften und Hinterbeine entfernt. Zum Schluss wurden Hals und Kopf in einem Stück abgetrennt. Dadurch konnte das sehnige Fleisch besser trocknen und dann zu Pemmikan verarbeitet werden, einer Mischung aus Fett und Proteinen, die sich gut lagern ließ. Auf diese Art konnte von jedem Bison so viel Fleisch wie möglich gewonnen werden, genug, um eine Familie durch den Winter zu bringen. Danach gerbten die Jäger die Haut zu Leder, um Kleidung und Tipis herzustellen, reinigten die Sehnen, um Bogensehnen daraus zu machen, behielten das Fett und die Innereien zum Kochen, trockneten den Kot zum Feuermachen und kochten selbst die Hufe zu Kleber aus.

Diese vollständige Verarbeitung des Tieres war mit Sicherheit der Realität geschuldet – die Praktiken orientierten sich an den Notwendigkeiten des Prärielebens. Aber sie hatten auch etwas Zeremonielles, das Vorgehen, das Tier so gründlich zu verarbeiten, glich einem Ritual und kam einer Respektsbezeugung gleich. Vielleicht bedeutete es, dass die Art, *wie* ein Tier starb, nicht nur mit seinen Lebensumständen, der Art der Jagd oder der Todesart zu tun hatte, sondern auch mit dem, was danach geschah. Um in Gänze dazu zu stehen, dass ein Tier für uns sterben musste, war es vielleicht notwendig, dass wir uns die Hände schmutzig machten und uns lange genug mit dem Blut und den Sehnen beschäftigten, um zu verstehen, welche Möglichkeiten sein Körper uns bieten konnte. Mit der Weigerung, auch nur ein einziges Teil des Tierkörpers unberührt zurückzulassen, würdigten die Präriestämme das Opfer, das das Tier hatte bringen müssen, und sie erwiesen seinem Leben die Ehre, indem sie aus seinem Tod den größtmöglichen Nutzen zogen.

Als Rick und ich dort saßen und warteten, begann ich das, was ich an jenem Tag gesehen hatte, zu verarbeiten. Die Art, wie die Jagd die Beziehung zwischen Nahrung und Körper offenlegte. Das Pochen des Bluts in unseren Ohren. Wie das Blut des Hirsches durch die bewusste Handlung des Schlachtens in Filetstück und Steak, in Mahlzeiten verwandelt wurde. Die Grenzen zwischen Mensch und Nahrung verschwammen.

Ich dachte an die Hände meiner Urgroßmutter beim Rollen von Fleischbällchen, und wie wir im Garten meiner Großeltern Wein hergestellt hatten. Ich erinnerte mich an das Gefühl, mit den bloßen Füßen Weintrauben zu zerstampfen, und wie der blasslila Saft meine Füße bis über die Knöchel eingefärbt hatte. Ein Prozess, der vom Grundprodukt bis zum Esstisch ausgeführt wurde, wundervoll und grotesk: Man trank den Saft, der dadurch entstanden war, dass man zuvor von den Füßen bis zu den Ellenbogen im Matsch der Trauben gestanden und auf sie eingestampft hatte.

Endlich fanden wir die Stelle, an der der Hirsch getroffen worden war, anhand einer erstaunlich kleinen Menge Blut. Wir waren tief genug den Berg hinabgestiegen, um nicht mehr im Schnee zu laufen, und mussten den Blutspuren über Steine, Kiefernnadeln und abgebrochene Zweige folgen, um das Tier aufzuspüren.

Endlich konnte ich nützlich sein: Es fiel mir nicht schwer, das Blut aufzuspüren. Irgendwie konnte ich die roten Spritzer zwischen dem Braun und Grün des Waldes leicht erkennen. Wir liefen gebückt und starrten auf den Boden, und ich drehte nur leicht den Kopf und konnte auf eine weitere Stelle hinweisen, an der Blut zu sehen war. Dann genoss ich Ricks erstaunte Ausrufe und freute mich, dass ich endlich mithelfen konnte. Jetzt war ich nicht nur ein Zuschauer, sondern ein Teil dieser Verfolgungsjagd.

Wir liefen in seltsamen Kreisen, suchten nach Blutspuren an gekrümmten Baumstämmen und bemerkten, dass sich die Fährte immer wieder wandte und überkreuzte. Das Tier war ganz eindeutig in Panik geraten, und Rick sah das als Zeichen, dass es sich vielleicht ganz in der Nähe hingelegt hatte. Aber einen Augenblick später begann er wieder vor sich hin zu murmeln. Es war einfach nicht genug Blut. Der schlimmst-möglicher Fall war eingetreten. Der Schuss war nicht tödlich gewesen.

Manchmal mussten wir eine Stelle berühren, um feststel-len zu können, ob es sich um Blutspritzer oder die beginnende Herbstfärbung eines Blattes handelte. Blut. Ich verrieb die ver-traute Wärme zwischen meinen Fingerspitzen, wischte mir die Hand an der Hose ab, wo die Flecken nie wieder herausge-hen würden. Ab und zu gab es Lücken und es waren keine Blutspritzer zu sehen. An einer Stelle fand Rick ein Stück Kno-chen, ein Teil vom Bein oder Schulterblatt, und erkannte, dass der Schuss am Körper des Tieres abgeprallt und nicht direkt ein inneres Organ getroffen hatte. Er fluchte noch einmal.

Nach einer langen Weile kamen wir zurück in den Schnee und fanden eine riesige Pfütze, ein breites Band hellroten Bluts. Ich war mir sicher, dass wir gleich das tote Tier finden würden, und stellte mir voller Furcht den Rückweg mit einem schweren Tierkörper auf den Schultern vor. Aber nein. Der Hirsch hatte aufgeben wollen und sich im kalten Schnee hin und her gerollt, war dann aber mit letzter Kraft noch einmal aufgestanden. Ein paar Schritte weiter sahen wir eine kleinere Blutlache, wo er noch einmal hingefallen war. Aber wieder war er weitergelaufen.

Als ich das Hirschblut an meinen Fingern sah, wurde mir klar, dass ich mich nicht länger von der Tatsache würde abwenden können, dass Tiere starben, damit wir sie essen konnten. Selbst wenn wir kein Fleisch essen, müssen wir uns bewusst sein, dass unsere Handlungen zum Tod von Tieren beitragen. Vege-tarier, die Fleischersatzprodukte essen, kaufen lediglich an-dere Produkte von multinationalen Firmen, die auch Tiere schlachten. Sogar auf einem kleinen Biogemüsehof in Famili-enbesitz werden mit natürlichen Mitteln Schädlinge getötet.

Wenn wir uns eingestehen, dass wir ein Teil des Lebens sind, müssen wir uns auch eingestehen, dass jede Handlung, durch die wir Nahrung gewinnen, das Gleichgewicht dieses Lebens beeinflusst. Wegzuschauen bedeutet, die Verantwortung von uns zu weisen. Den Tod des Bisons zu ignorieren bedeutet, unsere eigene Sterblichkeit nicht zu akzeptieren, zu vergessen, dass auch wir nur Tiere sind, die ums Überleben kämpfen in einem komplizierten System, in dem es um die Qualität eines tierischen Lebens genauso geht wie um die Umstände und die Würde seines Todes.

Sieben Jahre nachdem ich aufgehört hatte, Fleisch zu essen, stand ich in den Wäldern Montanas hinter einem Mann, der zweimal auf einen Wapitihirsch zwischen den Bäumen schoss. Ich schlich mit ihm durch den Wald, berührte Fichtennadeln und Baumstämme auf der Suche nach einer Blutspur, die uns auf seine Fährte bringen würde. Ich ruhte mich am Rande einer Bergschlucht aus, während er weiterrannte und im schwächer werdenden Licht tiefer in die Schlucht vordrang, um das Tier doch noch zu finden und die Jagd zu beenden. Ich sah ihn an, als er immer wieder zwischen dem violetten Himmel und der verblassenden Fährte hin- und herblickte, und erkannte die Erschütterung in seinen Gesichtszügen, als er sich eingestehen musste, dass er das Tier nicht hatte töten können. Er hatte es nur verwundet.

Nach den zwei Blutlachen, die wir gefunden hatten, hörte die Blutspur einfach auf, und Rick erklärte mir, dass der Hirsch sich in den Schnee gelegt hatte, um die Wunde zu verschließen. Instinktive erste Hilfe. Tiere wussten, dass sie sich im Schnee wälzen mussten, um Blutungen zu unterbinden. Er stand vor mir, in seinen Carhartt-Klamotten und mit Tarnmustermütze, das Gewehr in der Hand, und es brach ihm förmlich das Herz, ein verwundetes Tier am Leben lassen zu müssen. Nicht, weil er das Fleisch wollte, oder den Nervenkitzel des Sieges. Als Jäger wusste er, dass er dafür sorgen musste, dem Tier so wenig Schmerzen wie möglich zuzufügen. Er spürte, dass er das Tier verraten hatte.

Er wollte unbedingt zurückkehren und den verwundeten Hirsch finden. Aber es wurde dunkel und wir würden keine Zeit haben, das tote Tier zu zerlegen. Wir mussten vor allem den Wanderweg wiederfinden. Er erzählte mir, dass er in 22 Jahren 21 Hirsche erlegt und noch nie ein Tier verloren hatte. Ich konnte nicht umhin, mich wie ein Unglücksbringer zu fühlen. Erschöpft und enttäuscht ließen wir die Jagd hinter uns.

Auf unserer Suche nach den Blutspuren waren wir kreuz und quer gelaufen und hatten uns weit von unserem Ausgangspunkt entfernt. Wir waren auf einem Berghang am anderen Ende der Schlucht gelandet, die wir vorher umrundet hatten. Unser Rückweg führte uns zunächst über einen Geröllhang voller Gesteinsbrocken, erst danach würden wir auf den Wanderweg gelangen, dem wir noch einige Kilometer bis zum Parkplatz folgen mussten. Die Sonne ging unter, es wurde kalt, und meine Oberschenkel waren vor Erschöpfung ganz wackelig. Meine Knie schmerzten von den An- und Abstiegen. Meine Beine waren so schwer, dass ich kaum einen Fuß vor den anderen setzen konnte, aber wir hatten keine andere Wahl. Mit zerkratzten Händen und zitternden Füßen kletterte und rutschte ich auf allen vieren voran.

Später, in meinem Motelzimmer, überkam mich die Erschöpfung. Ich schälte mir die verschwitzten Klamotten vom Körper und die inneren Schichten pellten sich wie Hautfetzen ab. Ich stellte die schmutzverkrusteten Wanderschuhe auf eine Plastiktüte, damit der Matsch hart werden konnte, ohne den Fußboden schmutzig zu machen. Mein ganzer Körper zitterte, und es tat sogar weh, die Zöpfe aufzuflechten. Ich ließ mich ins heiße Wasser der niedrigen Badewanne gleiten und schlief dort beinahe ein, die Knie über Wasser, damit das Wasser mich bis auf die Kopfhaut entspannen konnte. Ich konnte mir danach gerade noch etwas Trockenes anziehen, bevor ich fest einschlief.

Am nächsten Tag schlich ich wie der Glöckner von Notre Dame durch Missoula. Meine Oberschenkelmuskeln zitterten vor Erschöpfung und meine Hüften waren völlig verspannt. Meine Kniegelenke brannten, aber ich musste trotzdem lächeln. So sehr es auch wehtat, wusste ich doch, dass ich nicht aufgegeben hatte, dass es schmerzte, weil ich auf der Jagd gewesen war. Meine Muskeln schmerzten im Lauf des Vormittages und auf dem Rückflug nach Iowa immer weniger. Die Verspannung löste sich, und ich konnte wieder aufrecht gehen.

Am Abend vor der Jagd, als Rick und ich mit ein paar Bekannten zusammensaßen und etwas tranken, hatten wir von unserer geplanten Tour erzählt. Einer der anderen Schriftsteller hatte gelacht und gesagt: »Deine erste Jagd und du fängst gleich mit einem Wapiti an? Das ist ja, als würdest du mit einem Steelhead zum Fliegenfischen gehen!« Ich hatte gelacht, obwohl ich den Vergleich nicht verstanden hatte.

Aber später unterhielten wir uns noch einmal in Ruhe, und er erzählte mir, dass er das Angeln für heilig erachtete. Er sagte: »Man konzentriert sich auf das Tier. Manchmal sind noch andere Leute da, und es fühlt sich einfach nicht richtig an, aber wenn ich ein Tier herausfische, dann sehe ich direkt ins Wasser und konzentriere mich darauf und blende alles um mich herum aus. Dann wird alles andere plötzlich ganz langsam und unwichtig, und die kleinen Dinge, einen Knoten zu machen, die Schnur perfekt auszuwerfen, die werden wichtig. Egal, wie viele Menschen um einen herum sind, es ist wie eine Liturgie.«

»Und diese kleinen Handlungen«, sagte ich, »sind deine Gebete.«

Am Tag der Jagd war es schon seit Stunden dunkel, als wir endlich zurück zum Auto kamen. Erst als ich mich setzte, merkte ich, wie eiskalt mir war. Meine Füße waren in den Schuhen klitschnass geworden und meine Muskeln zitterten vor Erschöpfung und konnten nur noch Warnsignale von sich geben. Ich würde an diesem Tag keinen Schritt mehr laufen können. Von der Rückfahrt weiß ich nur noch wenig. Rick gab mir Aspirintabletten für meine schmerzenden Knie, nahm aber selbst keine, weil er meinte, sein Körper hätte einfach auf Autopilot umgeschaltet. Die Scheinwerfer zuckten über die kurvenreiche Gebirgsstraße, die aus dem Tal führte, und wir sprachen wenig.

»Was ich mir merken werde«, sagte ich, »ist, wie wenig Vorteile es eigentlich bringt, ein Gewehr dabeizuhaben.«

Nach stundenlangem Wandern und vorsichtigem Schleichen durch die Wälder, ohne Ästchen abzubrechen oder Steine loszutreten, hatte er einmal die Chance zum Schuss gehabt, einen abgegeben und aus sechzig Metern Entfernung verfehlt. Die Waffe war die einzige Möglichkeit gewesen, jemals ein Tier zu erlegen, und das war für mich überraschend gewesen.

Und er erzählte mir, dass die meisten Leute nicht einmal auf diese Art jagten. Meist stehen sie vor dem Morgengrauen auf und kommen in den Wald, während die Hirsche grasen. Sie legen sich hin oder warten mit geladenen Waffen auf einem Baum, bis die vollgefressenen, müden Tiere nichtsahnend zu ihren Rastplätzen zurückkehren, und schießen dann auf sie. Das sei viel einfacher.

Ich lachte kurz auf. In jenem Moment konnte ich mir wirklich nicht vorstellen, dass Jagen auch einfach sein könnte.

»Ja«, stimmte er mir zu. »Es ist eine verdammt schwierige Art, an Fleisch zu kommen.«

Kapitel Fünfzehn

****

Von Grund auf

Ich fuhr auf mein neues Grundstück in Kansas, während um mich herum die heißen Winde eines Augustunwetters peitschten. Dunkle Streifen zogen über den grauen Himmel, und der Regen fiel nicht, sondern kam von der Seite geflogen. Ich betrat das leere Wohnzimmer meines neuen Hauses, stand mutterseelenallein an einem Ort, von dem ich nie gedacht hätte, dass ich dort einmal leben würde, und sagte mir: *OK. Und jetzt baue ich mir hier etwas auf.*

Als ich mein Graduiertenprogramm in Iowa begonnen hatte, hatte ich mich in einer ziemlich tiefen Sinnkrise befunden. Mit Anfang zwanzig war ich ständig hin und her und quer durchs Land gezogen, hatte in der Stadt gewohnt, einem Skiresort, einem Surferparadies am Meer und in einer Universitätsstadt. Als ich meinen Umzugswagen packte und nach Iowa ging, war ich langsam bereit, mich irgendwo niederzulassen. Der Mittlere Westen war mir dabei nie in den Sinn gekommen. Ich zog wieder um, obwohl es mir eigentlich langsam reichte, und dazu noch an einen Ort, der mich nicht interessierte.

Viele Jahre waren seit jenem Umzug vergangen, und zu meiner großen Überraschung hatte ich mich in den Mittleren Westen verliebt und konnte mir gut vorstellen, dort zu bleiben. Als ich Kalifornien verlassen hatte, war das allerletzte, was ich mir vorgenommen hatte, eine fleischessende Feministin in den Great Plains zu werden. Ich hatte gelernt, niemals nie zu sagen, und dass die Unterschiede, die Menschen und Orte trennten, weit weniger wichtig waren als die Dinge, die sie verbanden. Im Mittleren Westen hatte ich entdeckt, dass Gemeinschaft weniger mit dem Wo, als mit dem Wie zu tun hatte. Man muss sich seine Heimat aussuchen.

Den ganzen Winter meines Abschlussjahres über, als mir langsam klar wurde, dass ich die Uni bald beenden würde, machte ich mir Gedanken darüber, wo ich im Anschluss eine Stelle finden könnte. Es war dringend: Meine Studiendarlehen mussten abbezahlt werden, und ich würde mich nach drei Jahren Pause der nationalen Rezession stellen müssen. Scott und ich hatten uns getrennt, weil es zu kompliziert und anstrengend gewesen war, gemeinsame Zukunftspläne zu schmieden. Ich war bereit, mir wieder selbst etwas Neues zu suchen.

Der Arbeitsmarkt hatte trotz meines Abschlusses nicht viel für mich zu bieten. Bis Mai hatte ich mehr als hundert Bewerbungen abgeschickt und war zu zwei Gesprächen eingeladen worden, aber eine Stelle hatte ich nicht gefunden. Als im Juli 2011 ein Angebot kam, handelte es sich um eine Dozentenstelle in einem kleinen Ort im ländlichen Westen von Kansas, einer Stadt ohne Genossenschaftsladen oder Einkaufsring, aber dafür voller staubiger, offener Weiten.

Nachdem ich ausgeladen und den Mietwagen zurückgebracht hatte, bahnte ich mir einen Weg durch die Kistenstapel in meiner neuen Wohnung. Mein allererster Weg führte mich zum

Lebensmittelladen, wo mir schnell klar wurde, dass die Dinge in Kansas anders liefen. Der einzige Laden der Stadt, der Ableger einer großen Kette, bestätigte meine schlimmsten Vermutungen: Ich war die letzten drei Jahre über verwöhnt worden. Ich hatte in einer Stadt mit großem Biomarkt, verlässlichen Einkaufsringen für Gemüse, Fleisch und Fisch und wöchentlichem Bauernmarkt gelebt. Ein Blick in die Reihen des Lebensmittelladens in Kansas, in denen ich vergebens nach Freilandeiern, besonderen Käsesorten oder auch nur einer Biomarke suchte, zeigte mir genau, wie verwöhnt.

In der Obst- und Gemüseabteilung gab es eine kleine Ecke mit Bioprodukten, und ich kaufte Paprika, Grünkohl, ein paar Cherrytomaten und kernlose grüne Weintrauben. Das alles kam aus Kalifornien, und ich wusste, dass es nach dem langen Transportweg schnell verderben würde, sogar im Kühlschrank. Als ich dort vor dem kleinen Bioregal stand, wurde mir klar, warum viele Leute Bioprodukte für teure Spinnerei hielten, für Luxusprodukte, die nur für die wohlhabende Elite infrage kamen. Nebeneinander lagen zwei völlig gleich aussehende Tüten mit Trauben, aber eine kostete 99 Cent das Pfund und die andere 3,99. Sogar ich fand das zu teuer. Ich hatte nicht viel Geld und wusste, dass ich aufgrund des fehlenden Angebots auch Produkte kaufen musste, die nicht Bio waren. Und wenn nicht alles Bio sein kann, war dann nicht alles egal?

In der Nähe des Obst- und Gemüseregals gab es eine kleine Ecke, die von einem handgeschriebenen Stück neon-orangen Kartons als »Nature's Market« ausgewiesen wurde. Ich fand dort einige vertraute Lebensmittel: Biotomatensoße von Muir Glen, Frühstücksflocken von Kashi, Macaroni and Cheese von Annie's, mit dem kleinen Häschen auf dem wohlbekannten Etikett. Ich versuchte die Stimmen in meinem Kopf zu ignorieren, die mir zuflüsterten, dass viele dieser Marken zu den Lebensmittelgiganten gehörten, und freute mich, dass in diesen

Gerichten zumindest kein Maissirup zu finden war. Ich nahm eine Dose Thunfisch aus Wildfang und ein paar Dosen Bohnenmus mit, und das war's. Ende der Bioecke.

Ich starrte ins Kühlregal um herauszufinden, welche Möglichkeiten sich mir für Milchprodukte und Eier boten. Die Biomarke der Supermarktkette, die im Namen ein Wortspiel mit »natürlich« trug, war meine einzige Option. Ich konnte nicht mehr wählen zwischen der großen Biomarke Horizon und »Picket Fence«-Erzeugnissen aus Iowa. Ich konnte nur hoffen, dass diese Supermarktkette ihre Kühe auf einigermaßen nachhaltige Weise hielt, denn mir blieb nur die Wahl zwischen jener Marke und normaler Milch und Eiern von Käfighühnern.

Danach stand ich vor den Tiefkühltruhen und fragte mich, welcher Sinneswandel sich in meinem Land in den letzten zwei Jahren vollzogen hatte, seit ich wieder angefangen hatte, Fleisch zu essen. Ich sah eine Unmenge von Fleischersatzprodukten: MorningStar, Boca, alle Arten von Qorn; drei verschiedene Tofu-Marken, Seitan, Tempeh, sogar Yves-Aufschnittersatz. Aber kein echtes Fleisch.

Mein neuer Lebensmittelladen hatte nichts, was antibiotikafreiem, tiergerecht geschlachtetem Fleisch aus Freilandhaltung auch nur nahekam.

Ich stand neben den Prospekten mit Sonderangeboten, gleich neben dem Zwölferpack von Hühnerbrüsten im Schinkenmantel, und dachte: *Kein Wunder, dass die Leute meinen, es sei sinnlos, Vegetarier zu sein. Kein Wunder, dass niemand weiß, wie schlecht chemisch aufgearbeitete Lebensmittel für uns sind.* Auf einmal war die Auffassung, dass Amerikaner zu viel zuckerhaltige Getränke und zu wenig Obst und Gemüse zu sich nahmen, kein abstraktes Konzept mehr. Es war die Realität, die sich auch in meinem Einkaufswagen widerspiegelte, wo ein kleiner Bund Grünkohl von Kartons und Dosen und Plastikverpackungen zerdrückt wurde.

Das beeindruckende Lebensmittelangebot in Iowa war entstanden, weil es dort so viele Bauernhöfe gab. Da es auch in Kansas viel Farmland gab, hatte ich angenommen, dass die Landwirtschaft dort ähnlich aussehen würde: grüne Felder voller Obst und Gemüse und Bauernmärkte, auf denen ein großes Angebot nachhaltiger, biologisch-dynamischer und lokaler Lebensmitteln zu finden wäre.

Der Ausflug zum Lebensmittelladen war deprimierend, aber lehrreich gewesen. Endlich war ich gezwungen, in einer Welt ohne Überangebot leben zu müssen, würde mir selbst eine gesunde Ernährung erarbeiten und von Grund auf zusammenstellen müssen, wie viele Amerikaner, für die es keine anderen Möglichkeiten gab. Ich würde mich vom bestehenden System entfernen und ein neues finden müssen, mehr Arbeit, Geld und Fahrtzeit investieren müssen, um die Nahrungsmittel zu finden, denen ich vertraute.

Ich war den Großteil meines Erwachsenenlebens über eine Intellektuelle, Aktivistin und Vegetarierin gewesen und ich hatte mich daran gewöhnt, dass die Leute dachten, ich würde mich für etwas Besseres halten. Meine Freundin Liz hatte dieses Gefühl einmal so beschrieben: Man wird als die Person angesehen, die immer Ärger macht. Die fragt, ob die T-Shirts für die Spendenaktion auch ohne Sklavenarbeit hergestellt worden sind, und ob die Schokolade auch das Regenwald-Gütesiegel besitzt.

Ein alter Kommilitone namens Bob war einer der wenigen Leute, die mir vorwarfen, ein Snob zu sein, weil ich Vegetarierin war. Einmal war ich mit ein paar Freunden auf dem Rückweg von New Jersey zur Uni abends bei McDonald's gelandet. Meine Freunde bestellten Milchshakes, McRibs, Cheeseburger und Pommes, während ich auf der Karte nach etwas Vegetarischem suchte, das es doch geben musste, nach einem Käsetoast oder einer Ofenkartoffel.

Als ich an die Reihe kam, stieß ich einen kleinen genervten Seufzer aus und sagte: »Nur einen Salat, bitte.«

Bob rollte die Augen und versuchte gar nicht erst, sein spöttisches Lachen zu verbergen. »Du meinst wirklich, du bist etwas Besseres? Das ist hier alles unter deinem Niveau, oder?«

Ich ließ mich damals nicht irritieren, aber er hatte ja recht. Obwohl ich ab und zu eine große Tüte Pommes von McDonald's aß, stimmte es tatsächlich. Und das war problematisch.

Als Vegetarierin hatte verantwortungsvolle Ernährung nur zwei Facetten gehabt: Es gab richtige und falsche Entscheidungen, gut oder schlecht. Und indem ich mich vom Nahrungssystem absonderte und den Verzehr von Fleisch ablehnte, hatte ich die Komplexität der Situation einfach nicht sehen wollen. Natürlich essen manche Leute bei McDonald's, weil es ihnen dort schmeckt, aber wenn Menschen auf Fast Food oder Fertiggerichte aus dem Supermarkt nicht verzichten können, dann nur, weil sie keine Alternativen haben. Sie tun es, weil der Laden nebenan ist. Sie tun es, weil sie für ihre letzten fünf Dollar eine ganze Mahlzeit bekommen können. Sie tun es, wenn sie unterwegs sind, wenn keine Küchen oder Läden zu finden sind, und die Zeit drängt. Sie tun es, weil sie nur fünf Minuten Zeit haben, bevor sie sich umziehen und zur nächsten Schicht gehen müssen. Sie tun es, weil es die billigste, schnellste, nächstgelegene Option ist. Ich hatte Glück, dass ich es mir leisten konnte, in solchen Dingen mehr Wahlmöglichkeiten zu haben.

Wieder in unser Lebensmittelsystem einzusteigen und Fleisch zu essen war meine Art, mich mit den Widersprüchen und der Naivität meines jüngeren Selbst auseinanderzusetzen. Ich wollte daran mitarbeiten, das Nahrungsmittelsystem zu verändern, damit jeder die Wahlmöglichkeiten hatte, die mir offengestanden hatten. Ich wusste, dass ich privilegiert aufgewachsen war. Ich hatte immer die Möglichkeit gehabt, die bestmöglichen Lebensmittel zu kaufen, die dazu noch aus der Umgebung und bezahlbar waren. Dazu kamen das Wissen und die Zeit, um etwas Gesundes und Leckeres daraus zu machen. Ich war nicht so naiv zu glauben, dass die ganze Welt so funktionierte. Es war mir klar, dass die Leute, die Vegetarier oder Menschen, die nur regionale oder Bioprodukte verzehren, für elitäre Snobs halten, das deswegen tun, weil Biogemüse in unserer Gesellschaft teurer und schwieriger zu beschaffen ist.

Und deshalb war ich nicht länger böse auf Menschen, die nachhaltige Ernährung missverstanden. Ich wusste, dass ich privilegiert lebte. Stattdessen wurde ich wütend auf das System. Ich war wütend, dass es nicht genug Lebensmittelläden gab und dass Supermärkte zu wenig frische Lebensmittel verkauften. Ich war wütend auf den Vormarsch von Fast Food. Es machte mich wütend, dass es unser System einkommensschwachen Minderheiten einfacher machte, einen Cheeseburger zu essen als frisches Gemüse.

Ich wollte ein System, in dem es jedem möglich war, Bioprodukte zu kaufen und Fleisch zu essen, das auf ethische Art und Weise produziert wurde. Ich wollte ein System, in dem wir alle wussten, wo genau unsere Nahrungsmittel herkamen, was für die Aufzucht nötig gewesen war und wie wir es in Mahlzeiten verwandeln konnten. Ich wollte ein System, in dem gutes Essen weniger kostete und wir alle ein wenig mehr Zeit hatten, die wir mit unseren Familien in der Küche verbringen konnten.

Ich wollte eine Welt, in der jeder, auch wenn er in einer Nahrungswüste wie Südost-Washington oder West Oakland, Kalifornien, lebte, gleich um die Ecke etwas Frisches und Regionales kaufen konnte. Ich wollte, dass jeder Mensch einer Gemeinschaft angehören konnte, mit der sein Essen ihn verband, die eine Verbindung zur Natur nahe der Stadt darstellte, und durch die er den Kreislauf der Jahreszeiten verstehen konnte. Essen ist die Grundsubstanz unserer Körper, der Körper unserer Kinder und die Basis unserer Gesundheit. Genau das hatte Nona uns vermitteln wollen, als sie uns alle um den Esstisch scharte, sogar wenn das bedeutete, dass wir zusätzliche Klappstühle heranholen mussten, uns beim Weiterreichen der Lasagne anstießen und im Weg waren. Durch Essen entsteht eine Gemeinschaft. Und niemand sollte außen vor bleiben, nur, weil er woanders lebte, weniger verdiente oder die falsche Hautfarbe hatte.

Aber auch ich war noch lange nicht perfekt. Meine Ernährung bestand aus vielen kleinen Kompromissen, die ich aufgrund von Zweckmäßigkeit, Verfügbarkeit, Kosten oder Idealen ständig eingehen musste. Ich konnte nicht für jede Zutat auf einen anderen Bauernhof fahren, aber ich wusste, dass eine frisch geerntete Tomate immer besser schmecken würde als eine, die im Tiefkühltransporter durch das ganze Land herangeschafft worden war. Ich kaufte nicht nur Biogemüse, aber ich konnte eine Salatschleuder bedienen. Ich aß noch immer die vertrauten Gerichte, die ich brauchte, um mich aufzumuntern, aber inzwischen machte ich meine Käsenudeln selbst. Manchmal wollte ich einfach nur Doritos essen. Ich hatte nicht für alles eine Lösung, aber ich scheute mich nicht, alles zu hinterfragen.

In Kansas wollte ich wirklich arbeiten und nicht aufgeben oder frustriert gewisse Dinge boykottieren. Nicht nur Schwarz und Weiß unterscheiden, sondern mich in den Grautönen zurechtfinden, in denen die meisten von uns leben.

Am Mittwoch nach meinem enttäuschenden Besuch im Lebensmittelladen fuhr ich zum Wochenmarkt in Hays. Ich hatte keine großen Hoffnungen. Anfangs sah es nach nicht viel aus. Von der Ampel in der Vine Street konnte man die Schilder sehen, aber der Markt selbst wirkte wie eine Ansammlung von Autos mit offenen Kofferraumklappen in einer staubigen Senke. Als ich jedoch in die 22nd Street abbog, um einen Parkplatz zu suchen, war ich vom Verkehrsaufkommen völlig überrumpelt. Ununterbrochen fuhren Autos vom und auf den Parkplatz des Wochenmarktes und sogar ein zweiter war schon belegt. Von hier aus konnte ich ungefähr zehn Verkäufer sehen. Einige von ihnen verkauften tatsächlich aus den Kofferräumen ihrer Autos.

Ich stieg hoffnungsvoll aus dem Auto, fühlte mich aber genauso beklommen wie überall, wo ich neu war. Ich hatte Angst, sofort als Außenseiter aus der Stadt abgestempelt zu werden, deren Skinny Jeans und Sonnenbrille misstrauisch beäugt werden würden. Aber nach und nach fühlte ich mich wohler. Ich ärgerte mich ein paar Mal darüber, dass ich etwas im Laden gekauft hatte, was ich auch hier bekommen hätte; dass ich gedacht hatte, Knoblauch wäre zu exotisch für einen kleinen Wochenmarkt; oder dass ich nicht darauf gekommen war, dass es noch Kartoffeln gab. Dabei erinnerte mich der Wochenmarkt in Hays daran, was am Entdecken von regionalen Produkten so interessant war – man lernt schnell etwas über den Ort, in dem man wohnt. Als ich sah, dass ich in Kansas im August mehlige Russet-Kartoffeln kaufen konnte, fiel mir wieder ein, dass ich jetzt in einem anderen Klima lebte, dem der High Plains. Es ähnelte stellenweise dem der Subtropen und der Wüste, und keine andere Gegend in den USA hatte ein solches Klima. Es war ein Ort mit eigenem Charakter.

Ich kam an jenem Tag vom Bauernmarkt mit Sommerkürbis, Zwiebeln und Sun-Gold-Tomaten zurück und wusste bereits, was ich nächstes Mal kaufen wollte, zum Beispiel hausgemachte Konserven, Salsa und Apfelbutter, Okra, Kartoffeln, Wasser- und Buttermelone sowie jede Menge lecker aussehender Backwaren, die von Frauen mit Häubchen verkauft wurden.

Essen verbindet, und wenn wir beginnen, einzelne Existenzen aneinanderzubinden, entsteht ein aufwendiges Gewebe, das wir als Gemeinschaft bezeichnen. Wo Essen und Menschen zusammenkommen, fällt es leicht, das Wesen eines Ortes zu erkennen. Jeder Bauernmarkt, auf dem ich bis jetzt gewesen bin, hatte seinen ganz eigenen Charakter, ein Gewusel von Verkaufsständen und Tauschgeschäften, ein sensorisches Erlebnis, das dem Ort eigen war, und Teil eines neuen städtischen Idylls.

In einigen der Orte, in denen ich gewohnt hatte, gab es keine besonders großen Märkte. In Bozeman zum Beispiel lag der Markt direkt neben dem örtlichen Freibad und die Stimmen der spielenden Kinder waren allgegenwärtig. An Dienstagabenden ging ich von der Arbeit direkt dorthin und lief mit dem Jutebeutel in der Hand ziellos unter den Betonstreben des Marktes entlang. Oft kaufte ich außer ein paar Kräutern oder einem Laib Brot nichts, denn die meisten Stände gehörten Kunsthandwerkern und nicht Bauern; in Montana gibt es hauptsächlich Rinder und Weizen. Ich kaufte auf dem Markt Schmuck und Kerzen aus Sojawachs, streichelte Hunde aus dem Tierheim und Ziegen, die neben dem aus ihrer Milch gewonnenen Käse posierten. Aber es gab immer Live-Bluegrass-Musik, die zum Sommer in Montana einfach dazugehörte. Manchmal brachte ich eine Flasche Wein und eine Decke mit, kaufte Brot und Käse, und sah zu, wie kleine Kinder mit ihren Eltern zum stampfenden Rhythmus des Kontrabasses im Kreis herumwirbelten.

Obwohl ein Markt zunächst die Saisonalität seiner Waren sichtbar macht und damit das Klima eines Ortes, tut er noch viel mehr. Er lehrt uns etwas über die Menschen, die dort zu Hause sind. Der Markt in Ames wird im alten Eisenbahndepot abgehalten, zur Erinnerung an die transkontinentale Eisenbahnlinie, der die Stadt ihre Existenz verdankte. Auf dem

Bauermarkt in Bedford, New Hampshire, auf den meine Eltern inzwischen gehen, gibt es einen Verkehrspolizisten, der den Verkehrsstrom auf dem Parkplatz voller Lexus und Audis regelt. Durch solche Details sehen wir, wer unsere Nachbarn sind. Aus diesem Grund, der Menschen wegen, ist mir der Markt in Ithaca, New York, bei Weitem der liebste.

Ein riesiger Freiluftpavillon aus Holz, eigens für den Wochenmarkt errichtet, steht an der Anlegestelle am Cayuga Lake, wo einst die ersten Handelsplätze der amerikanischen Ureinwohner gewesen waren. Beinahe 150 Händler verkauften hier so ziemlich alles – von Rhabarber über handgeflochtene Körbe aus Schwarzesche bis zu Crêpes oder vietnamesischem Essen. Auf dem Markt in Ithaca gibt es alles: glänzendes Obst und Gemüse von engagierten Kleinbauern, die mit ihren Biodiesel-Kleintransportern aus ihren Ökogenossenschaftsdörfern kamen und Möhrenbündel oder Radicchioköpfe in Jutebeutel stopften; Hippie-Kunsthandwerker mit Dreadlocks oder Tattoos, die Hängematten aus Hanf fertigten oder ihre eigene Lavendelseife herstellten; neue Unternehmer aus der Stadt, die ihren neuesten Pinot Noir zum Verkosten dabeihatten; sowie verschiedene Essensstände, die das kulturelle Erbe der Stadt widerspiegeln: tibetisch, mexikanisch, sri-lankisch, kubanisch. Es war schon vorgekommen, dass ich die zwei Meilen von meinem lilafarbenen Mietshaus zum Markt mit dem Fahrrad gefahren war und dann keinen Platz gefunden hatte, um es anzuschließen, so voll waren die von der Stadt bereitgestellten Fahrradständer gewesen.

Ich mag den Markt von Ithaca nicht deshalb so sehr, weil er der Beste ist oder das größte Angebot hat, sondern weil er auf so wundervolle Weise den Charakter von Ithaca veranschaulicht, jener wilden, chaotischen Stadt voller ehemaliger Hippies und junger Berufstätiger, vollgestopft mit protestierenden tibetischen Mönchen, christlichen Kommunen mit

Yerba Mate Workshops, und Poetry Slams an Freitagabenden. Und irgendwie schafft der Wochenmarkt es, all das mit Kunst und Natur und Nahrung auszudrücken.

Bauernmärkte verbinden uns direkt mit dem Ort, an dem wir leben, sowohl mit den Menschen als auch mit dem Essen. Wir erfahren, was in unseren eigenen Gärten im Boden wachsen kann, und wann. Wir erfahren aber auch, wer unsere Nachbarn sind, welche Art von Musik sie mögen, wir erfahren, wie alt sie ungefähr sind, wie sie sich kleiden und wie viel ihnen an unserem gemeinsamen Wohnort liegt. Und all das zu erfahren ist der erste Schritt auf unserem Weg, Teil dieses Gewebes zu werden, der Anfang unserer Suche nach Identität im Gefüge eines Ortes.

Als mein erster Herbst in Kansas in den Winter überging, begann sich langsam ein Netzwerk herauszubilden, das es mir erleichterte, mich in meiner neuen Stadt zurechtzufinden. Ein Kollege erzählte mir von einem Naturkostladen, den ich nicht einmal bei meiner Internetsuche gefunden hatte, denn die Stadt entwickelte sich nur langsam von ihren ländlichen Wurzeln hin zum Digitalzeitalter. Dort fand ich Naturkosmetika, Kräutertees und Bisonfleisch aus Freilandhaltung in Wyoming. In Kansas etwas zu essen zu finden war also nicht ganz einfach. Die Suche danach war anstrengender, als im Internet Wildlachs aus Alaska zu bestellen oder nach der Uni auf dem Nachhauseweg beim Genossenschaftsladen anzuhalten. Aber vielleicht war das ja auch eine Möglichkeit, mehr zu erfahren, mehr Zeit mit den Menschen zu verbringen, von denen ich kaufte, und beim Aufbau neuer Netzwerke mitzuhelfen, die die Stadt verändern würden. Der Aufbruch in eine nachhaltige Nahrungsgemeinschaft.

Im ersten Semester an meiner neuen Universität fragte mich der Dekan, der ein wenig von meinem Hintergrund und

meinen Interessen wusste, ob ich nicht der Nachhaltigkeits-
initiative der Universität beitreten wolle. Bei der ersten Jahres-
versammlung stellte sich mir ein hühnenhafter Physikprofes-
sor mit Brille und gestutztem Bart als »Tiny« vor, ein Name,
der nur ironisch gemeint sein konnte.

Als er meinen Namen hörte, sagte er: »Oh ja, die Dame mit
dem nachhaltigen Essen, oder?« Und dann lächelte er ver-
schmitzt und fragte: »Brauchst du jemanden für Eier?«

Wie sich herausstellte, hielt Tiny in seinem Garten Hühner,
weil ihm das Eierangebot im Supermarkt nicht zusagte. Er
wollte keinen Profit damit machen, sondern lediglich die Fut-
terkosten decken. Er würde mir gerne jederzeit Eier mitbrin-
gen, und ich könne gern einmal vorbeischauen und die Hühner kennenlernen. Alles, was er wollte, waren ein oder zwei
Dollar für das Dutzend und die leeren Kartons zurück.

Anderthalb Jahre zuvor, als ich bei Black Earth Meats beim
Schlachten zugesehen hatte, war es mir seltsam und verwir-
rend vorgekommen, wohin mein Weg mich geführt hatte. Auf
der Suche nach einer bewussten, nachhaltigen Ernährungsweise hatte ich so viel mehr gesehen, als ich erwartet hätte. Ich
war hinter einem Mann mit Gewehr durch die Wälder Montanas gezogen und ich war auf Knien durch den Matsch ge-
krabbelt, um Steckrüben zu ziehen. Ich war überall dorthin
gegangen, wohin mich meine Suche nach ethischem Fleisch
gebracht hatte, zu Weiden und Hühnerställen und regionalen
Schlachtbetrieben, und es hatte mich an meine Wohlfühlgren-
zen gebracht. Ich wusste, dass ich so viel wie möglich sehen
und so viel wie möglich lernen musste, und ich folgte jedem
Pfad in der Hoffnung, dass sich mir der Weg zu einem verant-
wortungsbewussten Fleischverzehr zu erkennen geben würde.

In der darauffolgenden Woche brachte ich Tiny zur Fakul-
tätssitzung ein paar zerknitterte Dollarscheine mit und fühlte
mich, als wäre mir ein Durchbruch gelungen. Ich hatte drama-

tische Schritte gewagt. Ich hatte schockierende Dinge gesehen. Ich zog mich aus den tiefgehenden Untersuchungen zurück, die ich führen musste, um das komplexe Leben moderner amerikanischer Allesfresser verstehen zu können, und begann damit, die Erkenntnisse in mein tägliches Leben einzubauen. Von nun an kam es Tag für Tag darauf an, wirklich ethisch korrekt zu essen.

Ich rief mir wieder ins Gedächtnis, dass Aktivismus mit Handeln zu tun hatte. Ich wusste, dass meine Handlungen nur winzig waren im Vergleich zu den riesigen Veränderungen, die in unserem Nahrungsmittelsystem nötig waren. Es war mir klar, dass ich mich manchmal fragen würde, ob es überhaupt einen Unterschied machte, die Eier von einem Nachbarn statt aus industrieller Erzeugung zu kaufen.

Aber ich wusste nach all dem, was ich in den letzten zwei Jahren gesehen hatte, dass ich mich von der Größe und den Ausmaßen des Problems nicht davon abhalten lassen würde, solche kleinen Schritte zu unternehmen. Ich dachte an die konzentrierte Aufmerksamkeit des Fliegenfischers in Montana, seine Gebete für den Fisch, den er töten würde. Ich wusste, dass auch kleine tägliche Gesten etwas bewegen konnten. Ich wusste, dass mich die Erinnerung an den Todestanz des geschlachteten Ochsen nie verlassen würde und dass sie mich nach vorne blicken ließ, auch wenn meine Taten unbedeutend erschienen. Ich wollte nicht vergessen, dass wahre Veränderung ihre Zeit braucht. All jene kleinen Schritte würden zu etwas Großem werden, zu einem nachhaltigen Lebensstil beitragen.

Als ich meine erste Packung von Tinys Hinterhofeiern nach Hause brachte, merkte ich, wie eine solche dauerhafte Veränderung aussah. Die Feinheiten waren vielleicht nicht gleich zu erkennen und diese eine Packung Eier würde die Welt nicht verändern. Aber diese Entscheidungen zu treffen und auf eine solche Art zu leben würde mich verändern. Ich hatte gelernt, Essen als Hingabe zu sehen, und ich wusste, dass die oftmals schwierigeren ethischen Entscheidungen mich immer wieder verändern und belohnen würden. Denn wenn ich mir diese Eier ansah, erkannte ich darin ein wirklich kommunales, lokales Nahrungssystem. Sie mochten zwar den ästhetischen Ansprüchen eines großen Supermarktes nicht genügen, aber ich fand sie wunderschön: verschiedene Größen, gefleckt und braun, und immer noch warm.

Epilog

****

Fleischbällchen

Ich verbrachte nur ein Jahr in Kansas. Im Frühjahr 2012 bekam ich das Angebot für eine Stelle an einem lokalen Ableger der University of Pittsburgh. Ich packte wieder alles in meinen Subaru und fuhr, dieses Mal begleitet von einem Hund, quer durchs Land ins postindustrielle Städtchen Johnstown, Pennsylvania.

Und dort fand ich endlich Stabilität, einen festen Job und eine rege Schriftstellergemeinschaft, und all das nicht weit entfernt von einer Stadt mit reichem Kulturangebot. Dort verliebte ich mich und heiratete, wurde dreißig und begann endlich, mich zu Hause zu fühlen.

Johnstown hat sich vom Zusammenbruch der Stahlindustrie immer noch nicht erholt, leidet unter Armut und den daraus resultierenden Kriminalitäts- und Suchtproblemen. Es ist eine Stadt voller kleiner Supermärkte und einer Bevölkerung, die über wenig Einkommen verfügt. Aber es gibt dort während der warmen Jahreszeit auch fünf lokale Bauernmärkte. In Pennsylvania fand ich weder ein Nahrungsparadies wie in Iowa noch eine komplette Nahrungswüste, sondern ein Mittelding: Lokale Bioprodukte sind zwar noch immer teurer, aber es gibt sie und die Nachfrage wächst.

Ich bin noch immer Omnivorin und mache mir oft Gedanken darüber, ob ich die richtigen Entscheidungen treffe. Manchmal kann ich Junkfood einfach nicht widerstehen oder unkomplizierten Fertiggerichten, und manchmal ist es einfacher, normale Markenprodukte aus dem Supermarkt zu kaufen. Wenn mir die ständigen Entscheidungen und der Verzicht zu viel werden, versuche ich mich auf das Prinzip der Verbindung zu berufen: Wenn ich nicht perfekt essen kann, dann doch meiner Stellung im großen Ganzen so bewusst wie möglich.

Ich versuche mich an den Abend vor der Jagd in Montana zu erinnern, als ich mich mit dem Fliegenfischer über meine Pläne unterhalten hatte. Als ich ihm meine Geschichte erzählte, meinte er, für ihn sei es moralischer, seine Nahrung auf ethische, nachhaltige Weise zu fangen und zu essen, als Vegetarier zu sein. Er sagte, dass Menschen, die Vegetarismus als die Lösung betrachteten, sich willentlich blind stellten – ganz so wie ich es getan hatte, als ich die industriellen Verstrickungen hinter meinem Boca Burger zu ignorieren versucht hatte. Nur wenn man nie Auto fährt, nie Kleidung kauft, die im Ausland produziert wird, nie chemisch hergestellte Körperpflegeprodukte benutzt, verursacht man auch kein Leid.

»Wir alle sind irgendwie am Töten beteiligt«, sagte er. »Da ist es das Mindeste, es dir anzusehen.«

Das, was ich von der Tierhaltung auf kleinen Höfen gesehen habe und was ich über die Verbindungen von Großunternehmern, Umweltzerstörung und menschlichem Leid im Nahrungssystem erfahren konnte, lässt für mich den Schluss zu, dass die Art, wie ein Tier aufgezogen und getötet wird – und somit auch meine Entscheidungen darüber, welche Tiere ich esse – auf mehr als nur eine einzige Mahlzeit Einfluss hat. Die Art, wie das Tier gehalten wird, hat Einfluss auf das Land, auf dem es lebt, auf die Bodenqualität, das Wasser und die Luft. Die Bodenqualität beeinflusst den Hof und den Bauern, sowohl umwelttechnisch als auch finanziell. Die Aufzuchtmethoden und die Nahrungsmittelpreise bestimmen, wie viele Arbeitsplätze es in einer Gemeinschaft gibt, und das wiederum beeinflusst, wie viel Nahrung sich ein Mensch leisten kann. Ob jemand ein Tier zum Essen kauft oder nicht, hat Einfluss darauf, wie viel die Landarbeiter verdienen und welchen Arbeitsbedingungen sie ausgesetzt sind. Ein nachhaltig aufgezogenes Tier zu essen kann einen äußerst positiven Einfluss auf die Gesundheit des Essers haben, ihn davon abhalten, industriell verarbeitete Nahrungsmittel, giftige Chemikalien und Maissirup zu sich zu nehmen. Ein Tier auf die richtige Art und Weise zu halten, kann der Umwelt zuträglich sein. Ein Tier zu essen, das auf die richtige Art und Weise gehalten wurde, kann dem menschlichen Leben zuträglich sein.

Für manche Menschen wird die Frage danach, ob man Fleisch isst, immer eine Frage von Tierrechten sein, und das akzeptiere ich. Denn genau so hatte es auch für mich angefangen. Aber inzwischen sehe ich es immer auch als eine Frage der Umwelt, des Arbeitsrechts, des fairen Handels, des Fortschritts und nicht zuletzt als ein globales Wirtschaftsproblem. Wenn es mein Ziel ist, im Einklang mit meiner Welt zu leben, muss der Verzehr eines Hamburgers nicht einer Katastrophe gleichkommen. Er kann eine Möglichkeit darstellen, meine Ideale zu vertiefen und sie jeden Tag aufs Neue auszuüben, mit jedem Bissen.

Essen hat mich mit fast jedem Menschen, der mir je begegnet ist, zusammengebracht. Wenn man jemanden aufs Essen anspricht, wird er immer etwas zu sagen haben. Als ich auf dem

Bauernhof arbeitete, nahm Jenny mich eines Abends mit in die örtliche Bar, um ihre Freundinnen zu treffen. Ich redete stundenlang mit fremden Frauen – Keramikerinnen, Bäuerinnen und Therapeutinnen – über Essen, und sie alle hatten etwas zu erzählen. Eine sagte mir, sie sei seit Jahren immer wieder zur Vegetarierin geworden, weil sie im Osten von Colorado aufgewachsen sei, in Windrichtung von Rinderfutteranlagen. Bei einer Schriftstellerkonferenz im Jahre 2010 kamen meine Zimmergenossin und ich beim Abendessen ins Gespräch, als sie mir etwas über den Nährwert von Kakteen erzählte. Ich habe mir vom Pilzsammeln, Fliegenfischen und von Rohkostdiäten berichten lassen. Wir alle haben in der Küche etwas gemeinsam.

Wir müssen nicht alle die gleiche Geschichte haben – das Verbindende ist die Tatsache, dass wir alle eine Geschichte haben. Essen bietet uns eine Gemeinsamkeit, ein Gesprächsthema, aber auch die Grundlage für Freundschaften, für gemeinsame Werte. Ich habe Jahre dafür gebraucht, aber jetzt ist mir klar, dass eigene Identitäten und Gemeinschaften koexistieren können, dass unsere Werte in die Gemeinschaft aufgenommen werden können, in der wir leben wollen, dass wir alle selbst Verantwortung dafür tragen, die Welt zu verändern, anstatt uns von ihr loszusagen.

Und selbstverständlich hat mich mein verändertes Denken über Essen auch meiner Familie wieder nähergebracht. Als ich wieder anfing Fleisch zu essen, hatte ich keine Ahnung, wie ich es zubereiten sollte. Ich war absolute Anfängerin und musste mir alles ganz von vorne beibringen. Es war ganz natürlich, ohne dass ich es überhaupt richtig merkte, dass ich mich an meine Familie wandte. Wenn ich zu Hause zu Besuch war, bat ich meine Mutter um ihre Lieblingsrezepte. Ich rief meine kleine Schwester an – inzwischen eine hochrangige Konditorin mit den besten Qualifikationen –, um sie nach

Brattemperaturen von Steaks und Schweinefilets zu fragen. Und irgendwann kochte auch ich nach den alten Familienrezepten und wandelte sie für mich um.

Erst vor ein paar Monaten wachte ich an einem verregneten Sonntag auf und hatte nichts weiter zu tun, also beschloss ich, den Tag mit Kochen zu verbringen. Ich rief meine Mutter an und ließ mir das Rezept von Nonas Fleischklößchen geben. Ich machte einen Topf Tomatensoße, ließ das Tomatenmark und die pürierten Tomaten vor sich hin köcheln, gab nacheinander Knoblauch und rote Paprika dazu, Basilikum und Oregano, und verkostete alles. Ich vermischte Schweine- und Rinderhack, würzte es mit Paprika und Petersilie, gab ein wenig Ei und Parmesan dazu. Und als ich meine Hände in das klebrige Hackfleisch steckte, verstand ich, was es bedeutet, ein Teil von etwas zu sein, Teil einer Familientradition: von Gärten hinter dem Haus und Weinflecken auf dem Küchentisch. Ich fühlte eine Verbindung und ich wusste, dass sie schon immer da gewesen und auf mich gewartet hatte. Ich gehörte dazu.

Danksagung

****

Der größte Dank gilt meiner Familie, die dieses Buch im wörtlichen und übertragenen Sinne genährt hat. Mom und Dad, ich wäre ein anderer Mensch ohne eure ständige Unterstützung und Ermutigung, die ihr seit meinem sechsten Lebensjahr für meine schriftstellerischen Bemühungen gezeigt habt. Danke euch beiden und Meaghan und Caitlin, Nana und Gampi und Onkel Paul, dafür, dass ihr die ersten Küchen mit mir geteilt habt und dafür, dass ihr immer noch mit mir kocht, wenn sich die Gelegenheit bietet.

Vielen Dank an die Lektoren der Publikationen, in denen Ausschnitte dieses Buches erschienen sind: »Slaughterhouse« in *Alimentum*, »Gursha« in *The Inquisitive Eater*, »Catch & Release« in *Guernica*, »Garbanzo Beans for Breakfast« in *Fringe* und »Elk Country« in *Creative Nonfiction*. Mein besonderer Dank gilt Hattie Fletcher, deren Lektorat in jenem letzten Essay sich im ganzen Buch niedergeschlagen hat.

Ich bin sehr froh, zur großen Greystone-Books-Familie zu gehören, und mein ewiger Dank gilt allen, die mit mir daran gearbeitet haben, mein Manuskript in ein echtes Buch zu verwandeln. Ich danke meiner Lektorin Jen Croll für ihren Enthusiasmus und ihren Sachverstand; Rob Sanders für sein einladendes Wesen und seine Unterstützung und Shiarose Wilensky für ihr gutes Auge.

Jeden aufzuzählen, der im Entstehungsprozess des Buches Teile gelesen oder seine Meinung geäußert hat, ist ein Ding der Unmöglichkeit, aber einige Lehrer und Freunde waren von unschätzbarem Wert. Vielen Dank an die Bread Loaf Writer's Conference, mein dortiges Workshop-Team und besonders an Marytza K. Rubio, die mir grenzenlose Liebe und Unterstützung zuteilwerden ließ. Vielen Dank meinen Kollegen an der Philosophischen Fakultät der Pitt-Johnstown-Uni, vor allem Michael Cox und Eric Schwerer, für ihren Rat und Solidarität, als ich versuchte, in Vollzeit zu unterrichten und dieses Buch fertigzustellen.

Mein Dank gilt Sheila Squillante, Sheryl St. Germain und Sherrie Flick, die allesamt Wonder Women und großartige Vorbilder sind. Danke an Dave Housley, Mike Ingram und Tom McAllister, dafür, dass ihr mich immer eingeladen und zum Lachen gebracht habt. Ihr alle seid die Definition des guten literarischen Bürgers. Jeder von euch hat mich an verschiedenen Stellen motiviert weiterzumachen.

Ich verdanke dem MFA-Programm der Iowa State University so unendlich viel, vor allem meinen Workshop-Kollegen, die zu meinen ersten Lesern gehörten. Mein Dank gilt Scott Ricketts, der als erster vorschlug, dass hieraus ein Buch werden könnte. Deb Marquart, Rachel Lopez, Liz Clift und Rachael Button haben diese Seiten gelesen, bevor überhaupt etwas aus ihnen geworden war, glaubten daran und halfen mir dabei, das auszudrücken, was ich wirklich sagen wollte.

Meinen zwei Wegbereitern kann ich nicht genug danken: Dean Bakopoulos und Benjamin Percy. Dean, danke für den Perspektivwechsel, wenn ich ihn am Nötigsten brauchte, dass du sahst, wie nötig diese andere Perspektive war, und dafür, dass du mich immer wieder dazu gebracht hast, noch genauer hinzusehen. Ben, du hast dieses Projekt von Anfang an vor dir gesehen und nie aufgegeben. Danke dafür, dass du mich immer dazu gebracht hast, härter zu arbeiten, mehr zu riskieren und in jeder Aufzählung drei Dinge zu verwenden. Ohne euch wäre dieses Buch nicht dieses Buch.

Viele Bauern, Jäger, Gärtner und Köche haben mit mir ihr Essen geteilt, aber besonderen Dank schulde ich denjenigen, die mir ihre Türen weiter öffneten, als man es gemeinhin erwarten würde. Bartlett Durand, danke dafür, dass ich bei Black Earth Meats beim Schlachten zusehen durfte. Ich freue mich schon auf deine nächsten Projekte. Rink und Jenny, ich danke euch dafür, dass ihr eine unerfahrene Kleinstädterin so herzlich aufgenommen habt, obwohl sie nicht mal Rucola schneiden konnte, und ihr das kleine gelbe Haus für ein paar Wochen überlassen habt. Den allergrößten Dank schulde ich Rick Bass, der mit mir spazieren gegangen ist. Ich weiß, ich habe viel verlangt, und ich bin so froh, dass ich mitgehen durfte.

Vielen Dank an Bonnie und Becky, die mich in ihre Familie aufgenommen haben, und für das Geschenk, Thanksgiving auf dem Bauernhof verbringen zu dürfen.

Nicht zuletzt gilt mein Dank meinem Ehemann, Jeremy Justus, der auch daran glaubt, Liebe durch Essen zu zeigen. Du bist mein Lieblingskoch, der lustigste Mensch, den ich kenne, und der beste Partner, den ich mir je hätte erträumen können. Ich kann kaum glauben, dass ich das Glück habe, all dies mit dir zu teilen.

Anmerkungen

****

[1] Alle Informationen zu Sodexo stammen von der Clean-Up-Sodexo-Kampagne der Gewerkschaft der US-Servicedienstleister, cleanupsodexo.org, letzter Zugriff am 01.06.2016.

[2] Borf-Brigade: »Borf Brigade Communique«, YouTube, 21.08.2006, letzter Zugriff am 01.06.2016.

[3] D.C. Hunger Solutions and Social Compact: »When Healthy Food Is out of Reach: An Analysis of the Grocery Gap in the District of Columbia, 2010«, www.dchunger.org/pdf/grocerygap.pdf, letzter Zugriff am 01.06.2016.

[4] »Little Ethiopia: African Diaspora Who Call US Capital Home«, in: *BBC News*, 12.06.2013, www.bbc.com/news/magazine-22803973, letzter Zugriff am 01.06.2016.

[5] McMillion, Scott: »Belgrade Hunter Bags Bison«, in: *Bozeman Daily Chronicle*, 15.11.2005, www.bozemandailychronicle.com/news/article_8ba8f7b4-b1f1-5b40-b3b6-55f9b6b840ed.html, letzter Zugriff am 01.06.2016.

[6] Die historischen Informationen über Bisons in diesem Kapitel stammen aus: Hornaday, William T.: *The Extermination of the American Bison*, Washington, D.C. 2002.

[7] Alle Informationen über die Unterstützung der Bisonjagd vonseiten des US-Militärs zur Ausrottung der Ureinwohner stammen aus einem Artikel von Smits, David D.: »The Frontier Army and the Destruction of the Buffalo: 1865–1883«, in: *The Western Historical Quarterly*, 25,3 (Herbst 1994), history. msu.edu/hst321/files/2010/07/smits-on-bison.pdf, letzter Zugriff am 16.09.2016.

[8] Larmer, Paul: »Ted Turner: A Good Guy After All?«, in: *High Country News*, 17.07.2013, www.hcn.org/articles/ ted-turner-conservationist-entrepreneur, letzter Zugriff am 01.06.2016.

[9] Das Originalzitat lautet: »The land takes you back. All you have to do is show up. Finding your place among the people, now, that's a different proposition.« (Das Land nimmt dich wieder in Empfang. Du musst nur da sein. Sich zwischen den Leuten zurechtzufinden, das ist eine ganz andere Sache.) Perry, Michael: *Population 485: Meeting Your Neighbors One Siren at a Time*, New York 2002, S. 111.

[10] Zusätzliche Informationen über Waiya, den Job des Küstenwächters von Ventura und die International Waterkeepers Alliance sind auf der Webseite der Wishtoyo Chumash Foundation zu finden, www.wishtoyo.org, letzter Zugriff am 01.06.2016.

[11] Schlosser, Eric: »In the Strawberry Fields«, in: *The Atlantic*, November 1995, www.theatlantic.com/magazine/archive/ 1995/11/in-the-strawberry-fields/305754, letzter Zugriff am 01.06.2016.

[12] Sämtliche Statistiken zur landwirtschaftlichen Produktion in Kalifornien stammen aus einem Bericht des republikanischen Ausschusses im kalifornischen Senat: »Our Agricultu-

ral Bounty – The True California Gold Rush«, 04.02.2009, cssrc.us/publications.aspx?id=5403&AspxAutoDetectCookie Support=1, letzter Zugriff am 01.04.2016.

[13] Alle Informationen zu den Lebensumständen von Landarbeitern entstammen einem Bericht des North Carolina Farmworker Institute aus dem Jahr 2007, www.saf-unite.org/content/north-carolina-farmworker-health-facts, letzter Zugriff am 01.06.2016.

[14] Chaparro, M. Pia/Langellier, Brent/Birnbach, Kerry/Sharp, Matthew/Harrison, Gail: »Nearly Four Million Californians Are Food Insecure«, UCLA Center for Health Policy Research California Food Policy Advocates, *Health Policy Brief,* Juni 2012, healthpolicy.ucla.edu/publications/Documents/PDF/FoodPBrevised7-11-12.pdf, letzter Zugriff am 01.06.2016.

[15] Die Übersicht wurde von Phil Howard erstellt, Assistenzprofessor für Community, Agriculture, and Recreation and Resource Studies an der Michigan State University, und erschien in der Ausgabe März/April 2008 des *GOOD Magazine.*

[16] »US Smoker Wins Billions in Damages«, in: *BBC World News,* 07.06.2001, news.bbc.co.uk/2/hi/americas/1374451.stm, letzter Zugriff am 01.06.2016.

[17] »Judge Slashes Tobacco Award«, in: *The Guardian,* 10.08.2001, www.theguardian.com/uk/2001/aug/10/smoking, letzter Zugriff am 01.06.2016; Pender, Kathleen: »Some Food for Thought on Philip Morris' $8 billion Kraft iPo/Analysts Mixed on Long-Term Prospects of Stock«, in: *SF Gate,* 12.06.2001, www.sfgate.com/business/networth/article/some-food-for-thought-on-Philip-Morris-8-2910757.php, letzter Zugriff am 01.06.2016.

[18] Diese Strafzahlungen resultierten aus einer einzigen Untersuchung der US-Umweltschutzbehörde und dem darauf folgenden Gerichtsverfahren, Details siehe unter www.justice.gov / archive / opa / pr / 2003 / June / 03_enrd_383.htm, letzter Zugriff am 01.06.2016.

[19] Pollan schreibt ausführlich über Polyface Farms in: Pollan, Michael: *Das Omnivoren-Dilemma. Wie sich die Industrie der Lebensmittel bemächtigte und warum Essen so kompliziert wurde*, München 2011. Ich möchte betonen, dass ich Joel Salatin nicht unbedingt als Vorbild eines guten Landwirtes betrachte, sondern vielmehr ausdrücken, dass Polyface nach den frustrierenden Erkenntnissen über die industrielle Landwirtschaft für Michael Pollan eine neue Hoffnung darstellte. Eine kritische Betrachtung von Salatins Konzept der nachhaltigen Landwirtschaft, vor allem seiner Auffassungen über den freien Markt und antiregulatorische Maßnahmen sowie sein Blick auf hauptsächlich weiße männliche Konsumenten, liefern Pilgeram, Ryanne / Meeuf, Russell: »The Celebrity of Salatin: Can a Famous Lunatic Farmer Change the Food System?«, in: *Journal of Critical Thought and Praxis*, 3,1 (2014), lib.dr.iastate.edu / jctp / vol3 / iss1 / 4, letzter Zugriff am 01.06.2016.

[20] Cohen, Roger: »Advantage France«, in: *New York Times*, 30.08.2009, www.nytimes.com / 2009 / 08 / 31 / opinion / 31iht-edcohen.html?_r=1&emc=eta1, letzter Zugriff am 05.04.2016.

[21] Die Informationen über die Büffeljagd und -verarbeitung in diesem Kapitel entstammen: Rinella, Steven: *American Buffalo: In Search of a Lost Icon*, New York 2008.

Über die Autorin

****

Marissa Landrigan wächst in einer italienischen Familie in einer Kleinstadt in New Hampshire auf. Die Großfamilie kocht zusammen in der kleinen Küche, das gemeinsame Abendessen ist ein Pflichttermin und Fleisch gehört selbstverständlich dazu. Als sich Marissa Landrigan mit der Frage auseinandersetzt, ob man sich heutzutage noch halbwegs moralisch korrekt ernähren kann, wird sie zur militanten Vegetarierin. Am Ende muss sie jedoch feststellen, dass eine verantwortungsvolle Ernährungsweise weniger einer Entscheidung zwischen Tier und Pflanze als vielmehr die Suche nach einer wirklich nachhaltigen Ernährung bedarf, die unseren Planeten nicht ruiniert. Marissa Landrigan lehrt Kreatives Schreiben an der Universität Pittsburgh und schreibt unter anderem für den *Atlantic*.